창덕궁 깊이 읽기

일러두기

- 책·신문 등의 명칭은 『 』로, 미술·음악작품 및 논문명은 「 」로 표시했다.
- 「동궐도」를 비롯해 이 책에 실린 그림은 전체 그림이 아닌 부분도로 들어간 것이 많다.
  「동궐도」 부분도는 고려대박물관과 동아대박물관에 소장된 작품으로 따로 소장처를 표시하지 않았다.
  또한 캡션에 명기된 그림 크기는 전체 그림 크기를 말하며, 별도로 부분도임을 표시하지 않았다.
- 책에 실린 도판 가운데 일제강점기에 촬영한 사진 몇몇은 소장처가 분명치 않아 명기하지 못했다.
  추후 소장처가 확인되는 대로 게재 절차를 밟고 소장처를 밝힐 예정이다.
- 책에 실린 촬영 사진 가운데 31, 38~39, 42~43, 108~109, 121, 144~145, 206, 207, 209, 285, 312쪽은
  서헌강 사진작가가 촬영한 것이다. 그 외의 사진은 저자들이 제공했다.
- 한자 병기는 우리말과 독음이 일치하지 않아도 괄호를 삽입하지 않고 모두 첨자로 처리했다.
- 김동욱 교수의 원고는 국립고궁박물관 특별전 도록 『창덕궁, 아름다운 덕을 펼치다』(2011)에, 유홍준 교수의
  원고는 『조선왕실의 인장』(2006)에 실렸던 원고를 수정하여 실은 것이다.

# 창덕궁 깊이 읽기

—국립고궁박물관 엮음
김동욱·유홍준 외 9인

Changdeokgung

글항아리

# "조선왕조의 혼이 담긴 창덕궁
## 이해의 밑거름이 되기를 바라며"

국립고궁박물관에서 올해 세 번째 왕실문화 기획총서인 『창덕궁 깊이 읽기』를 펴내게 되었습니다. 2011년에 개최한 〈창덕궁, 아름다운 덕을 펼치다〉 특별전시회에 이어, 아름다운 우리의 문화유산인 창덕궁에 대해 더욱 깊이 있게 이해할 수 있도록 같은 해 '왕실문화 심층탐구' 교양강좌를 열었습니다.

열한 차례로 진행된 이 강좌는 창덕궁의 역사, 건축과 조경, 회화, 공예, 음악과 춤, 풍수 등 여러 분야에 걸쳐 대중에게 소개할 수 있는 뜻깊은 시간이었습니다. 지금 펴내는 이 책은 강연 이후 내용을 좀더 보완하고 풍부한 도판 자료를 실어 '왕실문화 심층탐구' 강좌를 새롭게 선보이는 것입니다.

유네스코 세계문화유산으로 지정된 창덕궁은 조선왕조의 5대 궁궐 가운데 그 원형이 가장 잘 보존되어 있을 뿐만 아니라, 자연과 조화를 이룬 독특한 공간 구성을 지닌 아름다운 궁궐입니다. 또한 가장 오랫동안 왕의 사랑을 받았던 궁궐이자 조선왕조 최고의 문화가 집결된 장소이기도 합니다.

이 책을 통해 조선 500여 년의 역사가 고스란히 담겨 있는 창덕궁의 다양한 면모를 종합적으로 살펴보고, 조선왕조의 역사와 문화에 대해 많은 사람이 보다 쉽게 접근할 수 있는 계기가 되기를 바랍니다.

마지막으로 바쁘신 가운데 강의를 하고 원고를 가다듬어주신 여러 선생님과 사진 자료를 제공해주신 소장자 여러분께 깊은 감사의 말씀을 드립니다.

국립고궁박물관은 지난 6개월여 간 임시 휴관을 하면서 노후된 시설을 개선하고 전시 구성의 스토리텔링을 강화했을 뿐 아니라 다양한 전시 기법을 도입하여 상설전시실을 새롭게 단장했습니다. 앞으로도 국립고궁박물관은 관람객들이 보다 편안하고 쾌적하게 조선왕조의 품격 있는 왕실문화를 접할 수 있도록 최선을 다할 것입니다. 국립고궁박물관을 찾는 모든 분께 우리의 왕실문화유산이 더욱 애정과 관심으로 다가서기를 진심으로 기원합니다.

2012년 8월
국립고궁박물관장 정종수

# 조선왕조 최고의
## 문화와 예술의 전당,
# 창덕궁

조선왕조 500년이 이전의 삼국, 통일신라나 고려시대와 다른 점 가운데 하나로 이웃 나라와의 문화적 교류가 거의 없었던 점을 꼽을 수 있다. 조선왕조는 사람들에게 허락 없이 바다로 나가는 것을 엄격하게 금했고 육로로도 함부로 국경을 넘지 못하도록 했다. 제한된 사절단이 1년에 한두 차례 중국을 오갔을 뿐이며 일본과는 왕래가 더욱 뜸했다.

이런 철저한 단절 때문에 바깥으로부터 오는 새로운 문화적 자극이 줄어든 흠이 있었지만 반대로 자기만의 독자성을 심화시키는 계기가 만들어진 것이 조선왕조 500년이라고 할 수 있다. 우리가 한국인의 문화적 특성이라고 생각하는 것 대부분이 바로 이 조선왕조 500년 동안 형성되고 숙성되었다. 그 진면목은 17세기 이후에 와서 한층 확실하게 드러났다. 17세기에서 19세기 사이에 중원은 만주족이 다스리는 청 제국이 들어섰으며 섬나라 일본은 도쿠가와 막부가 권력을 잡고 각기 나라 문을 닫아걸고 있었으며 세 나라는 각자의 고유한 길을 걸어갔다. 즉 17세기 이후는 동아시아 삼국이 자기만의 문화 특성을 심화시킨 시기였다.

궁궐은 조선왕조의 모든 문화 특성이 집결된 곳이라고 할 수 있다. 임금이 사는 도성을 수선首善이라고 했듯이 왕조 시대에 임금은 모든 사람의 으뜸이면서 본보기로 여겨졌다. 최고 수준의 학자들이 궁궐에 모이고 가장 모범적인 사람들이 관리가 되어 궁궐에서 일하고 가장 뛰어난 기량을 갖춘 장인들이 궁궐을 위해 봉사했다. 궁궐은 당대 모든 제도와 사상과 문화의 최고봉을 장식하는 곳이었던 셈이다. 그중에서도 조선왕조의 문화 특성이 한층 심화되었던 17세기에서 19세기 사이 궁궐 문화는 단연 조선시대를 대표하는 것이었다고 하겠다.

조선 전기까지 궁궐을 대표하는 곳은 정궁으로 지은 경복궁이었고 창덕궁은 이궁에 지나지 않았지만 17세기에 들어오면서 그 위상은 달라졌다. 임진왜란으로 도성의 궁궐들이 소실된 뒤 경복궁은 복구되지 못하고 260여 년을 비워진 채로 지냈다. 대신 임금이 거처하는 법궁法宮의 자리를 이어받은 곳이 창덕궁이었다. 창덕궁은 조선왕조 문화가 그 색깔을 가장 짙게 드러내던 17세기에서 19세기 중반을 법궁으로 지내온 곳이었다. 당연히 창덕궁은 조선왕조가 갖고 있던 최고 수준의 문화가 한곳에서 빛을 발하는 장소가 되었다. 최고 수준의 건축과 조경이 여기에 담기고 최고의 회화작품이 이곳을 그려냈으며 가장 세련된 음식과 복식, 사람들의 생활양식이 이곳에서 발현되었다. 장엄함의 절정에 도달한 음악이 연주되고 화려함의 극치를 다한 춤이 이곳에서 피로되었다. 창덕궁은 조선왕조 최고의 문화전당이었던 셈이다.

조선왕조가 막을 내리고 대한제국이 새로운 꿈을 펼치려 애쓰다가 좌절을 맛보고 끝내 일본의 식민지가 되었을 때 가장 철저하게 유린되고 파괴된 곳이 궁궐이었다. 장대한 전각들이 철거당한 것은 물론이고 화려함을 자랑하던 모든 궁궐의 문화가 흔적도 없이 사라지고 말았다. 사람들이 떠난 궁궐은 엉뚱한 용도로 뒤바뀌어 이용되었고 그 와중에 궁궐은 제 모습을 잃었다. 경복궁은 1915년 조선물산공진회의 관람장이 되었고 경희궁은 일본인을 위한 학교로 전용되었으며 창경궁은 진기한 동물과 식물을 전시하는 놀이터가 되었다. 그나마 창덕궁만이 본래의 모습을 유지했지만 곳곳이 왜곡되고 파손되었다.

식민지 시대에 궁궐은 문화유적의 보존 대상에서도 철저히 외면되었다. 조선총독부는 1933년에 와서 조선보물고적명승천연기념물보존령이라는 긴 제목의 법령을 제정하여 조선 안에 있는 유물과 유적을 보존하는 제도를 시행하기 시작했다. 이 법령에 의해서 1934년부터 중요 유물들이 보물이나 고적 등으로 지정되기 시작했으며 1943년까지 보물 419점, 고적 145점, 천연기념물 133점, 고적 및 명승 4점이 지정·고시되었다. 그런데 이 가운데 궁궐은 단 한 점도 들어 있지 않았다. 이 시기에 60기가 넘는 석탑이 보물로 지정되었으며 목조건물도 40여 동이 지정되었지만 대부분 불교 사찰에 속한 것이었고 궁궐 전각은 하나도 포함되지 않았다. 궁궐은 철저하게 보존 대상에서 제외되었던 것이다.

광복 이후 유적보존 정책은 거의 일제강점기의 체제를 따랐다. 그나마 다행이라면 1960년에 와서 비로소 경복궁이 사적으로 지정된 일을 꼽을 수 있으며 1962년에 와서 창덕궁과 창경궁, 덕수궁이 사적에 포함되었다. 그러나 창경궁은 창경원으로 불리며 동물원으로 인식되어 봄이면 벚꽃을 즐기고 동물을 구경하려는 사람들로 인산인해를 이루었으며 사적지 경복궁에서는 외국 서커스단의 줄다리기 공연이 연출되는 지경이었다. 이런 양상은 1970년대가 되어서도 달라지지 않았다.

궁궐이 이처럼 홀대되었으니 학자들의 관심이 멀어지는 것도 당연했다. 국보, 보물로 지정된 유물을 연구하기도 힘이 벅찼던 연구자들이 아무 지정도 되어 있지 않은 궁궐 유물을 연구 주제로 삼기는 쉽지 않았다. 그 사이에 소중한 유물들이 소리 없이 사라지고 없어졌다. 뛰어난 궁중 예술품들이 궁궐 안 창고에 처박혀 있거나 바깥으로 유출되어 민간 박물관 수장고에서 빛을 잃어갔다.

다행스럽게도 1980년대에 접어들면서 나라에서도 궁궐을 새롭게 인식하고 그에 따라 연구자들의 관심도 모아지기 시작했다. 궁궐의 각종 행사를 기록한 의궤의 중요성이 연구자들에게 인식되어 연구 성과가 서서히 나왔다. 음악이나 공연 분야가 이 일에 앞장을 섰다. 또 음식과 복식이 그 뒤를 이었다. 과천에 서울대공원이 개장되어 창경원의 동물들이 과천으로 이사하면서 창경궁이 본래의 모습을 조금 되찾았다. 이어서 창덕궁에 대한 정비도 이루어졌다. 궁궐 복구와 정비는 1995년 광복 50주년을 맞아 조선총독부

청사를 철거하고 경복궁에 대한 전면적인 복원 작업이 시작되면서 본격적인 궤도에 올랐다. 궁궐을 연구하는 이들도 늘어났으며 분야도 크게 다양해졌다. 회화에서부터 공예, 음식, 공연은 물론 궁궐 역사에 대한 역사학자들의 논저가 나오고 건축이나 조경에 대한 연구 성과도 쌓였다.

일반인들의 궁궐에 대한 관심도 비상하게 높아졌다. TV 드라마가 여기에 한몫을 했다. 이제 궁궐은 국민 모두의 문화 자산이 되었다. 국민 대중의 높은 관심도에 비하면 궁궐의 각 분야에 대한 연구는 아직도 갈 길이 멀다. 궁궐은 여전히 풀지 못한 수수께끼투성이고 장막에 가려져 있다. 그렇다보니 엉뚱하게 꾸며낸 이야기들이 횡행하기도 한다.

최근에 와서 궁궐 연구는 한층 성과를 쌓아가고 있으며 그간에 잘 알려지지 않았던 중요한 내용이나 잘못 알려져 있었던 것들이 속속 제 모습을 드러내고 있다. 여기에 일반 시민들의 높은 관심이 호응하여 좋은 반향을 일으키고 있다. 그 중심에 국립고궁박물관이 자리하고 있다. 국립고궁박물관은 이전의 궁중유물전시관을 개편하여 2005년에 발족한 신생 기관이지만 참신한 기획과 적절한 전시운영으로 기대 이상의 성과를 거두고 있다고 평가된다. 일반 시민들을 대상으로 한 특강을 다시 모아 왕실문화총서를 간행하는 것도 그런 성과의 하나다.

총서의 세 번째인 이 책에서는 건축과 조경, 회화, 공예, 음악과 춤, 풍수, 그리고 근대기에 있었던 소중한 기억들을 한자리에 모았다. 이 책이 조선왕조 궁궐이 지녔던 조선 최고의 문화와 예술

의 특성을 일반인들에게 알리는 작은 역할을 하기를 바라 마지않
는다.

2012년 8월

지은이를 대표해서 김동욱

# 창덕궁에 스며든
# 오백 년 세월,
# 그 어긋남의 미학

## 건축적 아름다움은 어떻게 완성되는가

**김동욱** 경기대 건축학과 교수

# 응봉 자락에
# 자리잡은 창덕궁,

# 어떻게
# 변해왔나

조선 제3대 태종의 명에 따라 이궁離宮 창덕궁이 지어진 것은 1405년(태종 5) 10월이었다.[1] 궁이 완성되기 이레 전에 왕은 신하들을 거느리고 개성에서 한양으로 다시 도읍을 옮겼다. 조선을 세운 태조가 한양에 도읍을 정했다가 제2대 정종이 전 왕조의 수도였던 개성으로 도읍을 옮겨간 지 6년 만의 일이었다. 이미 한양에는 태조가 지은 경복궁이 있었지만 태종은 경복궁에 들어가기를 꺼려 이궁을 새로 짓고 그곳을 자신의 거처로 삼았다. 이궁의 이름은 창덕궁昌德宮으로 정했다.[2]

이궁 창덕궁이 지어진 곳은 도성 한양의 북쪽 산봉우리인 응봉鷹峯에서 남쪽으로 내려오는 긴 자루 모양의 경사지 아래였다. 한양은 사방이 산으로 둘러싸인 분지였으며 북쪽의 제일 높은 봉우리는 백악白岳이고 남쪽에는 목멱산目覓山(남산)이 자리잡고 있었다. 백악 아래 남쪽은 평탄하고 완만한 경사지인데 이곳에 정궁인 경복궁이 지어졌다. 그런데 백악은 서북쪽에 치우쳐 있어서 남쪽 한가운데 있는 목멱산과는 서로 마주보는 위치가 아니었다. 오히려 응봉이 남산과 남북으로 마주하는 곳에 있었다.

창덕궁이 들어선 응봉 아래는 언덕이 많고 골짜기가 발달해 궁궐이 들어설 만큼 넓고 평탄한 곳이 아니었다. 뒤로는 응봉으로 이어지는 경사지가 펼쳐지고 양옆은 언덕과 골짜기 사이로 물길이 몇 갈래를 이뤄 흘러내리며 남쪽은 종묘를 사이에 두고 큰 언덕

창덕궁
깊이 읽기

「도성도」, 종이에 채색,
67.0×92.0cm, 1788년경,
규장각한국학연구원.

이 가로막고 있었다. 이 사이에 동서 방향으로 약간의 평지를 이용해서 궁의 주요 건물들이 배치되었다.

이궁으로 발을 내딛은 창덕궁이었지만 역대 왕들은 이곳에 자주 머무르며 정사를 보고 나라의 큰 행사를 치렀다. 이에 따라 건물을 늘리고 비좁은 정전을 크게 지으면서 창덕궁은 확장을 거듭했다. 그러던 중 1592년(선조 25) 임진왜란이 일어나면서 건물이 모두 불에 타고 말았다. 이때는 경복궁 등 다른 궁들도 화염을 비껴가지 못했다. 전란이 끝나고 궁궐의 모습을 되찾는 일에 착수했는데, 처음에는 당연히 정궁正宮인 경복궁 복구 준비가 우선이었다. 그러다가 이 일을 포기하고 창덕궁을 다시 지었다. 왜 정궁을 두고 창덕궁을 복구하기로 결정했는지에 대해서는 그 이유가 아직 분명히 밝혀지지 못했지만 창덕궁의 공사 규모가 작아서 다시 짓기가 수월했던 점 말고도, 경복궁 터가 풍수상으로 좋지 않다는 조선 초기 풍수 전문가들의 견해가 영향을 미쳤을 가능성이 있다.[13]

창덕궁의 복구는 1608년(광해군 즉위)에 대체로 이루어졌다. 그 뒤 창덕궁은 260여 년 동안 조선왕조의 정궁으로서 그 역할을 다했다. 나라의 크고 작은 행사와 외국 사신의 접대, 왕실의 기념할 만한 온갖 일들이 이곳에서 벌어졌다. 창덕궁과 담장 하나를 사이에 두고 있었던 창경궁은 창덕궁의 비좁은 공간을 해결해주는 보조 역할을 맡았다. 간혹 궁을 비워야 할 일이 생기면 도성 서쪽의 경희궁慶熙宮으로 잠시 옮겨갔다.

복구된 창덕궁은 소실되기 이전의 모습을 충실히 따랐다. 정문은 이전과 같이 궁장의 서남 모서리에 놓이고 두 번 정도 꺾어서 왕이 신하들로부터 하례를 받는 정전에 이를 수 있었으며, 정전의 동편으로 왕의 집무실인 편전과 잠자고 휴식을 취하는 침전이 놓였다. 세월이 흐르면서 잦은 화재가 있었지만 그때마다 옛 모습에 따라 건물이 다시 지어졌다. 큰 화재로는 1623년(인조 즉위년)에 있었던 인조반정 때의 화재, 1803년(순조 3)의 정전 인정전의 화재, 1833년(순조 33)의 내전 일곽에서 일어난 화재가 커다란 사건이었다. 그때마다 건물 규모나 형태에 세부적인 변화는 있었지만 옛 모습을 되살린다는 원칙만큼은 달라지지 않았다.

왕들의 개인적인 취향이나 정치적 의지에 따라 새로운 건물이 들어서고 그에 따라 전체 공간 배치에 변화가 일기도 했다. 제17대 국왕 효종은 모후 장렬왕후를 위해 신하들의 반대를 무릅쓰고 정전 서쪽에 만수전萬壽殿을 지어 서쪽 영역에 변화를 주었으며, 제22대 국왕 정조는 왕세자 처소를 침전에서 가까운 창덕궁의 거의 중앙부에 세움으로써 왕세자의 위상을 높이려 했다. 또 대문 밖에는 학자들이 머물며 공부하고 왕을 보필할 수 있는 관청을 들였다. 이런 일들로 인해서 건물 배치에 변화는 있었지만 궁궐로 진입하는 방식이나 정전과 편전, 침전의 배치는 처음 지었을 때의 골격을 그대로 간직해나갔다.

그에 비해 후원에는 큰 변화가 있었다. 창덕궁 후원은 면적도 넓었을 뿐만 아니라 응봉 아래 울창한 숲으로 이루어진 많은 언덕과 골짜기를 지닌 자연이 만들어낸 정원이었다. 역대 왕들이 후원에 들러 자연을 즐기고 자신만의 취향을 살린 작은 정자들을 짓고 시를 읊었다. 때로는 신하들을 불러 함께 자연을 노래하고 창경궁

「을사친정계병」, 비단에 채색,
각 폭 118.0×47.8cm, 1785,
국립중앙박물관.
1785년(정조 9) 창덕궁 중희당에서
정조가 친히 거행해 관리 후보자를
인사한 장면을 그린 것이다.
창덕궁의 각 장소는 조선시대
궁중 행사의 주요 무대가 되었다.

뒤편의 넓은 공터에서는 과거시험이 벌어져 무사들이 활 쏘는 솜씨를 겨뤘다. 급제한 사람들은 왕 앞에 나아가 술잔을 받기도 했다.

제16대 국왕 인조는 후원 제일 깊숙한 골짜기를 개척해서 이곳에 옥류천玉流泉 샘을 파고 곳곳에 정자를 지었다. 제19대 국왕 숙종 역시 빈터로 남아 있던 언덕이나 골짜기에 여러 형태의 정자를 짓는 데 열심이었다. 제22대 왕 정조는 조금 다른 입장에서 후원을 경영했다. 정조는 침전에서 언덕 하나를 넘어간 곳에 장대한 누각을 지어 왕실의 글씨나 유품을 보관하도록 하고 곁에는 도서를 보관하는 서고를 여러 동 지었으며 누각 아래 못을 크게 확장해서 아름다운 정자를 지었다. 이곳에 자주 신하들을 불러들여 왕실의 존엄을 일깨워주는 행사를 벌였다. 뒤를 이은 순조 때에는 대리청정을 하던 효명세자가 할아버지의 유풍을 살려 후원 안쪽에 왕실의 유물을 보관하는 건물을 짓고 자신의 독서처를 마련했다.

1868년(고종 5) 왕실의 숙원이었던 경복궁이 드디어 모습을 되찾아 고종이 신하들을 거느리고 경복궁으로 거처를 옮기면서 창덕궁은 빈 궁이 되었다. 빈 궁궐에 다시 왕실 가족이 삶의 터를 마련한 것은 1907년 마지막 군주인 순종 황제 때였다. 순종은 창덕궁으로 옮기면서 정전 내부를 서양식으로 꾸미고 후원에도 새로운 모습의 정자들을 지었다. 1917년에는 내전에 화재가 일어나 3년에 걸쳐 대조전과 희정당이 다시 세워졌는데 이때는 서양식 가구를 들이고 창문도 서양식으로 꾸몄다. 특히 희정당은 건물 자체가 그 형태 면에서 새로운 옷으로 갈아입었다. 1926년 4월 순종황제가 창덕궁 대조전大造殿에서 숨을 거둠으로써 창덕궁은 궁궐로서의 기능

「동궐도」에 그려진 후원의 옥류천 일대,
273×576cm, 국보 제249호, 1830년 이전, 고려대박물관.

을 완전히 접었다.

## 풍부함,
## 율동감,
## 편의성의
# 삼박자를 갖추다

궁궐에는 왕실 가족이 생활할 공간이 필요하고 왕이 신하들과 나
랏일을 보고 국가의 공식 행사를 치르는 장소가 있어야 하며, 궁을
지키는 군사들이 머물고 궁 안에서 업무를 맡아보는 관리들이 일
할 시설도 갖추어야 한다. 이런 여러 시설이 기능적으로 잘 연결되
면서 엄격한 질서를 유지하는 것이 궁궐 건물 배치의 중요한 특징
이다.

창덕궁을 지을 당시의 건물 규모를 기록한 『태종실록』에 따
르면 창덕궁의 공간은 크게 보아 내전內殿과 외전外殿으로 구분되었
다. 내전은 침전 등 왕실 가족이 생활하는 공간이며 외전은 왕이
정사를 보는 편전과 문무백관으로부터 하례를 받는 정전을 중심으
로 한 곳이었다.[14] 또 다른 기록들에 따르면 창덕궁의 출입문을 정
문正門, 대문大門, 중문中門으로 파악한 것을 볼 수 있다. 즉 1610년
(광해군 2)에 중국 사신을 영접하는 제반 절차를 기록한 『영접도감
사제청의궤迎接都監賜祭廳儀軌』에서는 창덕궁의 진선문進善門을 '대문',
인정문仁政門을 '중문'으로 밝혀놓았다. 헌종 연간에 편찬된 『궁궐지
宮闕志』에서는 돈화문敦化門을 '정문'이라고 칭했다. 정문은 궁궐 바
깥의 민간인 거주 구역과 궁을 구분짓는 궁궐 담장의 정正출입문이

되고 대문은 궁궐 안 군사들이 거주하거나 관리들이 근무하는 대내大內의 바깥과 대내의 안을 구분짓는 문, 중문은 정전에 나아가기 위한 중간 단계의 출입문을 가리키는 것으로 풀이된다.

　　창덕궁은 정문(돈화문)이 서남쪽 모서리에 놓이고 문을 들어서면 북쪽으로 나아가다 한 번 오른쪽으로 방향을 틀어 금천교 다리를 건너게 되고 대문인 진선문을 지나면 다시 방향을 왼쪽으로 틀어서 중문(인정문)을 지나 정전인 인정전으로 향할 수 있었다. 왕이 정사를 보는 편전(선정전宣政殿)은 정전의 동편에 놓였고 다시 편전의 동편으로 침전인 대조전이 펼쳐졌다. 이런 건물 배치는 정문, 대문, 중문과 정전, 편전, 침전이 남북 일직선상에 배열된 경복궁과 크게 달랐다. 이러한 차이는 두 궁궐이 지어진 지형 조건에 기인하는 것이라고 볼 수 있지만 정궁과 이궁이라는 기능의 차이에서 온 것이기도 하다. 경복궁은 주요 전각을 남북에 일렬로 배치해, 왕이 남쪽을 향해 앉아서 관청이나 백성들의 살림집을 내려다보도록 함으로써 통치자의 위상을 드러낸 점이 돋보인다. 이에 비해 창덕궁은 언덕과 골짜기가 발달한 아늑한 지형에 건물을 맞춰 동서 방향으로 자유스럽게 배치하여 편안하게 거처하도록 한 의도가 잘 드러났다. 이처럼 창덕궁의 건물 배치가 보이는 특징은 세월이 흘러 조선왕조의 정궁 역할을 하면서도 크게 달라지지 않고 그 모습을 간직했다.

　　이렇듯 창덕궁은 굴곡이 많은 지형 조건 속에서 편안히 머물 곳을 마련함과 동시에 궁궐의 의례와 행사를 치를 수 있는 공간을 만들어냈는데, 그 성격은 세 가지로 설명할 수 있다.

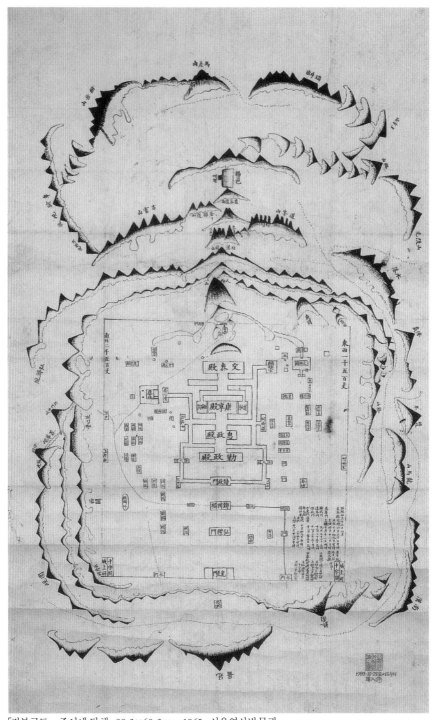

「경복궁도」, 종이에 담채, 99.3×60.3cm, 1865, 서울역사박물관.
경복궁의 정전 근정전은 남북 일직선상에 위치해 있다. 반면 창덕궁은 이와 큰 차이를 보인다.

첫째는 연속해서 꺾이는 진입이 가져오는 시선 변화의 풍부함이다. 창덕궁 정문에서 정전까지 이르려면 적어도 두 번 방향을 직각으로 틀어야 한다. 정문에서 북쪽으로 나아가다가 오른쪽으로 꺾어 금천교를 지나 진선문을 들어가서 다시 왼쪽으로 방향을 틀어 인정문을 통해 인정전에 나아가게 된다. 이 과정에서 정문을 들어선 사람은 방향을 바꾸지 않으면 안 되며 그때마다 각기 다른 장면을 마주치게 된다. 돈화문을 통과해서 북쪽으로 가면 내각에 이르는 낮은 행랑이 눈앞에 펼쳐진다. 행랑 문을 바라보며 나아간 사람은 중간에 방향을 동쪽으로 바꿔 금천교 돌다리를 바라보며 진선문을 향해 나아간다. 진선문을 통과하고 나면 맞은편에 또 하나의 통용문인 숙장문肅章門이 나타나는데 이 문을 향해 나아가다가 중간에서 북쪽으로 방향을 바꿔 인정문을 바라보게 된다. 인정문을 통과하면 비로소 목표로 하는 인정전이 눈앞에 펼쳐진다. 중심 건물이 일직선상에 배치된 경복궁이라면 진입하는 사람은 정문인 광화문을 통과해 시선을 흩뜨리지 않고 정면을 응시하면서 두 번째 문인 흥례문을 지나고 다시 정면을 향해 나아가 근정문을 통과해서 정전인 근정전에 이를 것이다. 즉 그 시선은 정면에 고정되어 있게 마련이다. 그에 반해 창덕궁에 들어선 사람은 풍부한 시선 변화를 경험하게 된다.

이런 진입 동선의 변화는 개성에 있었던 고려시대 궁궐에서도 찾을 수 있다. 고려의 궁궐은 황성의 정문이 성벽 동쪽에 놓였고 궁을 드나드는 사람은 동쪽 문을 통과해서 서쪽으로 나아가다가 북쪽으로 방향을 틀어 궁성 정문에 이르게 된다. 정문을 지나

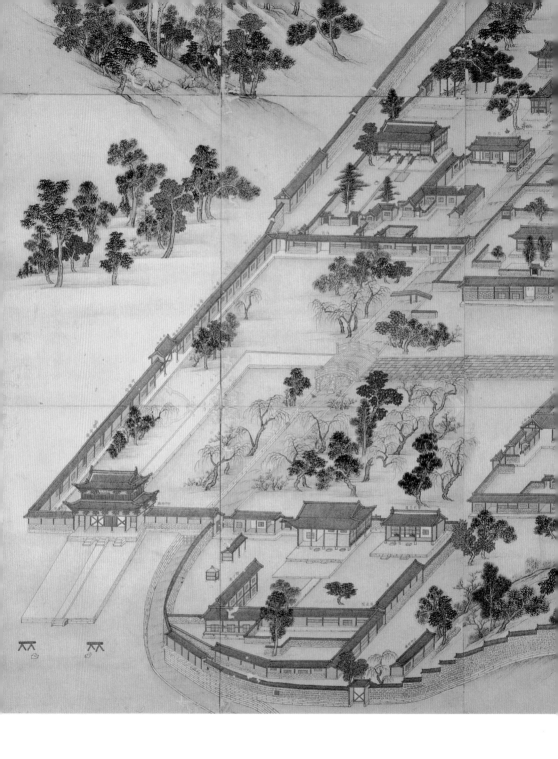

「동궐도」에 그려진 인정전 일대.

북쪽으로 나아가다가 다시 서북쪽에 있는 문을 통해서 통상의 정전 구역으로 다가갈 수 있었다. 개성의 궁궐은 송악산 아래의 경사지를 이용해서 언덕과 냇물이 흐르는 곳에 자리잡았으며 정전이나 편전 등 중요한 전각들이 냇물을 따라 비스듬히 놓였다. 창덕궁의 진입 방식은 여러모로 개성의 궁궐과 그 모습이 비슷했고, 진입할 때 전개되는 시선의 변화 역시 공통점이 많이 발견된다.

둘째는 크고 작은 비대칭 공간이 이어지면서 나타나는 율동감이다. 창덕궁의 주요 전각들은 행랑으로 둘러싸여 있다. 정전은 뒤쪽이 언덕으로 막혀 있지만 동쪽과 서쪽은 2칸 크기의 행랑이 길게 뻗어서 좌우를 감싼다. 남쪽은 1칸 폭의 빈 행랑이 앞으로 가로막아준다. 좌우 행랑은 길이나 형태가 다르다. 서쪽 행랑은 지대가 경사져 있어서 지붕을 3단으로 나누었고 전체 길이는 16칸이다. 동쪽 행랑은 지세가 서쪽보다 평탄하며 길이는 17칸이다. 인정전 남쪽 행랑 바깥은 외행랑이라 부르는 곳인데 서쪽에는 진선문이 있고 동쪽에는 숙장문이 있다. 이곳은 동쪽과 서쪽 폭이 다른 사다리꼴 형태다. 인정전 행랑보다 남북 길이는 짧고 동서는 길다. 인정전을 둘러싼 마당은 남북이 길면서 동서 행랑의 형태나 크기가 다르고 인정전 바깥 행랑으로 둘러싸인 마당은 동서 방향으로 길면서 전체는 사다리꼴을 이룬다. 크기가 다르고 좌우가 비대칭인 공간을 드나드는 사람들은 경직되지 않은 율동감 있는 공간감을 느낄 수 있다.

셋째는 좌우 방향으로 전개되는 건물 배치가 주는 편의성이다. 궁궐 건물은 정면이 남쪽을 바라보도록 하는 것을 중요하게 여

창덕궁 인정전 일대.

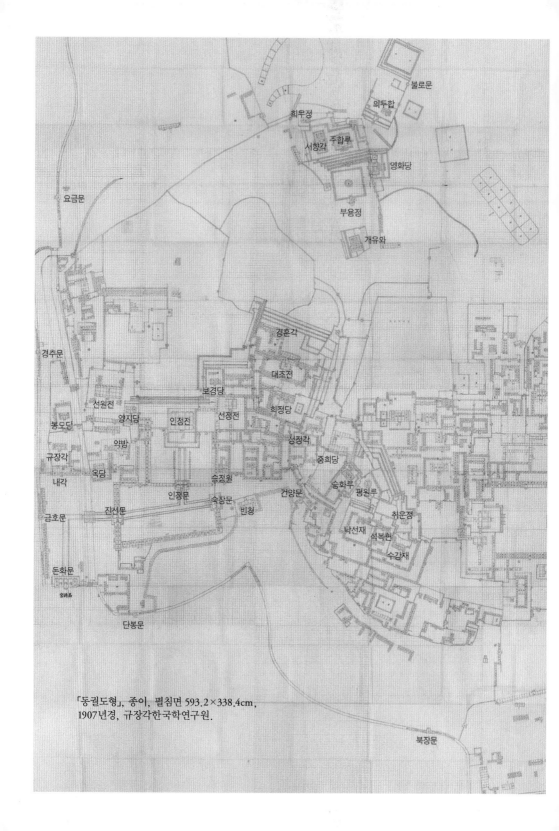

불로문

의두합

희우정

주합루

서향각

영화당

요금문

부용정

개유와

경추문

경훈각

대조전

보경당

선원전

양지당

선정전

희정당

봉모당

인정전

성정각

규장각

약방

승정원

중희당

내각

옥당

송화루

평원루

금호문

진선문

인정문

숙장문

빈청

건양문

취운정

돈화문

낙선재

석복헌

수강재

단봉문

「동궐도형」, 종이, 펼침면 593.2×338.4cm,
1907년경, 규장각한국학연구원.

북장문

긴다. 신하들이나 외국 사신을 접견할 때 왕은 북쪽을 등지고 남쪽을 내려다보며 북쪽을 향해 서 있는 이들을 바라보게 마련이다. 이 것은 앉는 방향이 만들어주는 위계질서를 나타낸다. 그런데 건물이 남북으로 나란히 배열될 때 한 건물에서 앞의 건물로 나아가기 위해서는 건물을 관통하거나 돌아가지 않으면 안 되며 이것은 동선상 불편함을 낳는다. 한 예로 왕이 매 5일마다 신하들을 대면하는 조참례朝參禮를 들어보자. 조참례는 궁궐의 정전 앞 중문에서 거행하는 것이 관례였다. 경복궁에서 조참례를 치르면 왕은 침전인 강녕전에서 나와 사정전에 가서 의관을 갖추고 근정전 북쪽 계단을 통해 월대月臺에 올라 동쪽 기단으로 돌아가서 남쪽 기단에서 월대를 내려가 근정문에 이르는데, 건물 뒤로 돌아 앞으로 나아가지 않으면 안 된다. 더욱이 근정전은 높은 월대 위에 세워져 있어 그 이동이 번거로웠다.|5 이에 비해서 창덕궁에서는 침전인 대조전에서 서쪽의 선정전으로 가서 옷을 갈아입고 서쪽의 행랑을 통해 바로 인정문에 갈 수 있었다. 이것은 창덕궁의 정전과 편전, 침전이 모두 동서 방향에 놓여 있었기 때문에 가능했다. 창덕궁은 인정전 뒤로 언덕이 가로막고 있는 지형 조건 때문에 편전이나 침전이 모두 정전의 동편에 놓였는데 그것이 결과적으로는 왕의 이동 동선을 편리하게 만들어준 것이다.

# 창덕궁, 조선시대 건축의 박물관

현재 우리가 볼 수 있는 창덕궁의 건물은 17세기 이후 20세기 초 사이에 여러 차례 화재와 재건, 수리와 개축을 거쳐 살아남은 모습이다. 가장 오래된 곳으로는 15세기 초에 만들어진 금천교 돌다리를 들 수 있다. 2개 홍예虹霓 사이로 물이 흐르고 다리 바닥은 가운데에 임금의 통행만을 허용하던 어도가 남아 있다. 양쪽 난간 끝에는 장난기 가득한 익살스런 표정의 짐승 조각이 올려져 있어 조각가의 여유 있는 표현 의지를 읽을 수 있다.

17세기의 건축으로는 정문 돈화문과 편전인 선정전을 꼽을 수 있다. 돈화문은 경복궁 광화문처럼 장대한 석축 위에 누각을 세우지는 않았지만 정면 3칸인 광화문에 비해 규모를 정면 5칸으로 확대해 위용을 갖추었다. 선정전은 청기와를 덮은 건물이다. 조선시대에는 궁궐의 중요한 건물에 청기와를 덮곤 했지만 모두 사라지고 지금은 선정전만 유일한 청기와 건물로 남아 있다. 기둥 위에 짜여 처마 아래를 장식하는 공포栱包는 17세기의 견실한 시대 특징을 잘 보여준다.

후원 안의 주합루와 서향각, 부용정은 18세기 건축의 좋은 사례다. 왕권 강화를 위해 심혈을 기울인 정조는 후원 안에 주합루를 지어 왕실의 기념물을 보관하도록 하고 서향각에서는 도서를 관리하도록 하며 부용정에서 신하들을 불러 연회를 열었다. 이런 일련의 행위를 통해 신하들 위에 군림하는 왕의 위상을 다지고자 했

창덕궁
깊이 읽기

선정전의 청기와, 도기, 조선시대,
국립고궁박물관.

다. 위풍당당한 높은 누각과 국왕만이 볼 수 있는 귀한 서책들을
관리하는 집, 부용지 연못 위에 반쯤 떠 있는 듯 빼어난 아름다움
을 간직한 정자는 위엄 있는 왕이 되고자 한 정조의 의도를 잘 드러
낸다. 동시에 세 건물은 18세기 건축의 완숙한 기술 수준을 잘 드
러내고 있다.

　　　19세기 건물로 인정전과 낙선재, 연경당이 있다. 인정전
은 창덕궁의 정전이며 1804년에 지어졌다. 현재 남은 조선시대 궁
궐 정전 중에 지붕을 이중으로 꾸민 것은 이 건물과 경복궁 근정
전(1868년)뿐이다. 2단의 화강석 월대를 두고 그 위에 정면 5칸, 측
면 4칸 규모로 세워졌으며 19세기 초기 공포의 세부가 돋보인다.
실내는 1907년에 서양풍으로 바닥과 실내 장식을 고쳤다. 낙선재
(1847년)와 연경당(1865년 수리)은 19세기 중반 서울 사대부의 살림
집을 본떠 지어졌다. 한쪽에 누마루를 두고 남성과 여성의 사용 공

간을 뚜렷이 구분하는 등 사대부 살림집의 특색이 잘 드러나 있다. 그러면서 창문이나 난간에는 한층 세련된 가공을 더했다. 특히 낙선재에는 청나라 건축술의 영향이 반영된 세부 장식이 돋보인다.

20세기 초에는 침전인 대조전과 편전인 희정당이 새롭게 지어졌다. 두 건물은 경복궁의 교태전과 강녕전을 철거해 그 자재를 활용해서 지은 것이다. 따라서 건물의 골격은 경복궁의 두 건물 것을 유지했다. 다만 실내는 20세기 초의 달라진 궁중 문화를 반영해 중앙 대청 좌우 벽면에 당대 최고 수준의 동양화가를 불러 그림을 그렸으며 가구는 서양의 침대와 의자, 책장 등을 들여놓았고 난방 시설도 라디에이터를 설치하고 건물 곁에는 보일러실도 만들었다. 대조전은 비교적 옛 건물의 형식을 살렸지만 희정당은 건물 앞에 행랑과 부속건물을 ㄷ 자 형태로 짓고 바깥 행랑 한가운데에는 지붕을 돌출시킨 출입구까지 만들어 이전 궁궐에서 볼 수 없었던 외양을 갖추었다.

이처럼 창덕궁의 전각 중 석조물은 15세기까지 건립 연대가 올라가고 목조 건물도 17세기에서 20세기 초까지 다양한 시기의 것들이 남아 있다. 시기를 넘나드는 건물들이 한곳에 모여 있지만 기본적인 배치는 달라지지 않았고 형태도 서로 간의 균형과 조화를 잃지 않아서 전체적으로는 시대를 뛰어넘는 통일성과 통합성을 잘 간직하고 있다. 창덕궁은 500년의 세월을 거치면서 조선시대 건축 전통이 한 장소에서 적절히 수렴되고 통합된 모습을 보여준다. 그 세부 특징을 다섯 가지로 말할 수 있다.

첫째는 건축 세부에 나타난 왕권의 상징 요소들이다. 궁궐은 왕실 가족이 생활을 이어가는 곳인 동시에 왕조 통치의 정점이며 국왕의 존재를 상징하는 곳이다. 따라서 궁궐에는 왕을 상징하는 여러 요소가 담겨 있으며, 그것은 건물에서 가장 뚜렷이 드러난다. 문무백관으로부터 하례를 받을 때 국왕이 임하는 장소는 정전 가운데 높이 마련된 어좌인데 어좌는 왕을 상징하는 갖가지 치장으로 둘러싸인다. 1804년 인정전을 다시 짓는 공사를 기록한 『인정전영건도감의궤仁政殿營建都監儀軌』에 따르면, 어좌는 당가唐家라고도 불렸는데 한 길쯤 되는 높은 단을 만들고 삼면에 난간이 딸린 계단을 두며 난간머리는 용 조각으로 치장된다. 단 위는 좌탑坐榻이라는 왕이 앉는 의자가 있고 뒤는 곡병曲屛이라는 장식 벽이 놓이며 곡병 뒤에는 오봉병五峯屛이라는 해와 달, 그리고 다섯 개 산봉우리를 그린 병풍이 뒤를 막는데, 곡병·오봉병은 조선시대에는 왕이 있는 곳에서만 쓰였다. 또 천장은 봉황 두 마리가 구름 사이를 나는 그림이 있고 주변은 섬세한 화초 문양 장식이 기둥과 벽선을 채운다. 정전에 오르는 월대에도 가운데 계단 중간에 역시 봉황 두 마리를 새긴 답도踏道가 꾸며진다.

둘째는 당대 최고 수준의 기술이 발휘된 건축이라는 점이다. 조선시대에는 정부 최고위 관청의 하나인 공조에서 기술이 뛰어난 장인들을 관리하고 이들을 나라의 중요한 공사에 동원해 수요에 응하도록 했다. 장인 가운데는 석공이나 목수 등 건물을 짓는 데 필요한 사람들도 포함되었다. 이들은 1년의 절반 정도를 나라의 부름에 응해서 일하고 나머지 기간에는 민간 공사장에도 나갔다. 이런 장인을 관공장官工匠이라 불렀는데 그 가운데서 기량이 가

희정당, 보물 제815호.

장 뛰어난 장인들이 궁궐 공사에 동원되었다. 이런 제도는 17세기 들어 조금씩 달라져 우수한 장인들이 관청을 떠나 민간 공사장에 더 종사하는 경향을 보이지만, 기본적으로는 당대에 가장 뛰어난 기술을 보유한 장인이 궁궐을 지었다는 점에서는 차이가 없었다. 17세기 창덕궁을 짓는 일에 목수 우두머리인 목수변수木手邊首를 맡았던 곽기종郭起宗은 10년이 넘는 동안 궁궐이나 왕릉 등 나라의 가장 중요한 건축 공사의 최고 기술자로 일했고 석공 신영생申永生 역시 20년 이상을 궁궐 공사에서 석수변수石手邊首로 일했다.[16] 이처럼 궁궐은 당대 최고 수준의 기술자들이 동원된 공사장이었으며, 특히 창덕궁은 17세기 이후로는 각 분야 최고 수준의 장인들이 그 솜씨를 발휘해서 지은 건축물이었다. 지금 남아 있는 17세기의 돈화문이나 선정전, 18세기의 주합루, 19세기의 인정전 등은 그것을 보여주는 증거물인 셈이다.

셋째는 조선왕조 500년 동안의 건축술이 고스란히 남아 있는 점을 꼽을 수 있다. 창덕궁은 1405년에 처음 세워지고 20세기에 와서 순종 황제가 숨을 거둘 때까지 500년 넘는 기간 동안 궁으로 활용되었다. 그 사이에 많은 건물이 지어졌다 사라지기를 되풀이했으며 그중 몇 안 되는 건축물이 처음의 모습을 간직한 채 남아 있다. 가장 이른 것으로는 처음 지었을 때 만들었던 금천교가 있고, 17세기 이후에는 목조건물 중 일부가 각 시대를 대표해서 잘 남아 있다. 조선시대 건축은 500년 긴 시간을 거치면서 부단히 변화하고 달라졌다. 초기의 건축은 왕조 초기의 진취적인 기상이 반영된 듯 힘차고 씩씩한 외관이 드러나며 16세기에는 조금씩 유연한 변화를 보이다가 17세기 중반을 넘어서면서는 자재를 아끼면서 조금씩 장식 효과를 드러내기 시작하고, 19세기에 이르면 생활의 편의가 강조되며 치장이 한층 과도해지는 변화를 보인다.[17] 창덕궁은 비록 각 시대의 모든 사례를 담고 있지는 못하지만 적어도 커다란 시대 흐름을 읽어낼 정도의 갖은 모습들을 간직하고 있다. 그런 점에서는 마치 조선시대 건축의 박물관과 같은 곳이다.

넷째는 동일한 건물이 없고 각각의 용도에 따라 다양한 형태를 이루고 있는 점이다. 조선시대 장인들은 판박이처럼 똑같은 물건을 만드는 일을 싫어한 듯 보인다. 이런 점은 도자기에서도 쉽게 볼 수 있지만 건축에서 더 분명히 드러난다. 창덕궁은 각각의 건물이 서로 다른 쓰임새를 위해 지어졌다. 어떤 건물은 국가의 공식 행사를 치르고자, 어떤 건물은 왕실 가족이 잠자고 쉬기 위해, 또 어떤 건물은 조용히 자연을 감상하고 휴식을 취하기 위해 지어졌다. 이런 집이 같은 형태를 취하지 않는 것은 당연한 일이다. 그러나 궁궐에는 쓰임새가 같은 건물을 되풀이해서 지어야 할 때도 많았다. 정자도 한곳만 아니고 여러 곳에 지어야 했을 것이다. 이런 때에조차 창덕궁에 지어진 건물들은 같은 모습을 반복하지 않았다. 심지어 나인들이 거주하거나 허드레 물건을 넣어두는 행랑칸조차 같은 형태로 지어지는 것을 피했다. 기단의 모습도 건물마다 다르다. 기둥 위에 짜이는 공포는 말할 필요도 없이 서로 차이가 난다. 1칸의 작은 정자도 지어진 위치에 따라 기둥 높이를 달리하고 치장을 새롭게 했다. 지금 남아 있는 많지 않은 건물들에서도 이런 변화는 충분히 읽힌다. 다만 이런 차이는 창덕궁을 애정어린 눈으

창덕궁은 조선왕조 500년 건축술을 고스란히 간직하고 있다.

로 꼼꼼히 관찰하는 사람들에게만 발견된다.

　다섯째는 특히 후원에서 돋보이는 점으로, 인공을 될 수 있는 대로 줄이고 건축을 자연에 조화시키는 데서 탁월한 성과를 이루고 있는 점이다.

　산이 많은 한반도에서 사람들은 산을 존중하고 가급적 건드리지 않으면서 거기에 조화를 이루며 살아가려는 자세를 중요하게 여겼다. 건물을 짓더라도 지형에 맞춰 집을 짓고 불가피할 때에

낙선재.

만 지형을 최소한으로 다듬었다. 그러다보니 건물이 서로 나란하게 놓이지 않기도 하고 담장이 구불구불 휘기도 했는데 이런 것들이 오히려 자연과 조화된 건축의 아름다움을 만들어냈다.

창덕궁은 이런 한국 건축의 전통이 잘 살아 있는 곳이다. 특히 후원은 광대한 영역은 물론이고 건물이 거의 숨어 있는 듯이 다소곳이 자리잡고 있는 점이 돋보인다. 여기서 주인은 자연이고 건축은 그곳에 찾아와 잠시 들렀다 가는 손님 같은 모습이다. 창덕궁의 건축은 집을 지으면서 인공을 최소화하려는 세심한 노력이 담겨 있는 곳이다. 꼭 필요할 때면 물길을 잡고 산을 깎아내기도 했지만 그런 곳은 드물고 전체적으로는 비록 건물의 방향이 서로 비뚤어지더라도 구애받지 않고 자연 지형을 살렸다. 정전인 인정전과 침전인 대조전은 다 같이 남향을 하고 있지만 대조전 쪽이 약간 서쪽으로 더 틀어져 있다. 대조전을 둘러싼 뒤쪽 지형을 살린 결과다. 진선문을 들어서면 남쪽 행랑이 크게 안쪽으로 좁아져서 공간이 사다리꼴을 이루고 있는데 그 이유는 오른쪽 언덕을 건드리지 않으려던 결과로 보인다. 낙선재가 있는 곳도 경사진 언덕이 그대로 살아있고 건물이 거기 맞추어 조금씩 비뚤어져 있다. 이런 자세가 한국 건축의 특징을 만들어냈으며 창덕궁은 그 대표적인 본보기다.

# 붓끝에서
# 살아난
# 창덕궁

그 림 으 로   살 펴 본   궁 궐 의   이 모 저 모

**박정혜** 한국학중앙연구원 문화예술학부 교수

# 궁중기록화의
# 현장,

# 도성의
# 5대 궁궐

궁중기록화에서 궁궐이 차지하는 비중은 매우 크다. 궁궐은 궁중 의례의 현장으로서 궁중기록화의 배경이 될 뿐만 아니라 화면에서 이야기를 구성하는 공간적 틀을 형성하기 때문이다. 궁궐을 화면 안에 배치하는 방식에 따라 그림의 시각 구조가 달라지므로 내용의 전달이 중요한 궁중기록화에서 건물의 포치는 매우 중요한 문제가 아닐 수 없다.

도성 내의 5대 궁궐, 즉 경복궁景福宮, 창덕궁昌德宮, 경희궁慶熙宮, 창경궁昌慶宮, 경운궁慶運宮 등은 궁중기록화의 배경으로 골고루 등장한다. 조선의 건국과 함께 법궁法宮으로 건립된 경복궁에서부터 대한제국기의 경운궁에 이르기까지 다섯 개의 궁궐은 시기적으로 존폐의 변천을 겪으며 왕의 생활공간이자 행정의 중심으로 역할을 다하였는데 그러한 변천 과정을 궁중기록화에서 어느 정도 짐작할 수 있는 것이다.

제작 연도를 알 수 있는 궁중기록화 중에서 가장 시대가 올라가는 1535년(중종 30)「중묘조서연관사연도中廟朝書筵官賜宴圖」의 배경이 경복궁의 근정전이며 가장 시대가 내려가는 그림인 1902년(광무 6)「임인진연도병壬寅進宴圖屛」의 배경이 경운궁의 중화전과 함녕전인 점에서도 알 수 있다. 조선 건국 초 법궁으로 건립된 경복궁의 경우만 해도 임진왜란 이전의 모습은「중묘조서연관사연도」에서 찾을 수 있고, 임진왜란으로 폐허가 된 구기舊基의 모습은 영조대의

「중묘조서연관사연도」, 종이에 채색, 42.7×57.5cm, 1535년 행사, 홍익대박물관.

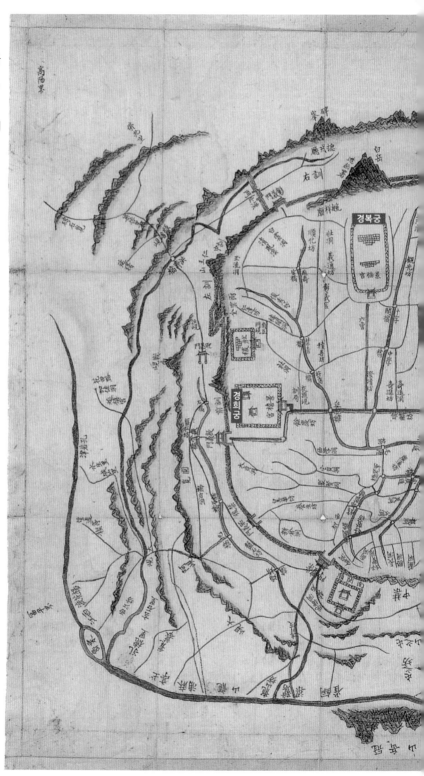

「조선성시도」,
66.0×86.0cm, 1830,
서울역사박물관.
조선의 5대 궁궐이 위치한
도성의 모습. 경복궁,
창덕궁, 창경궁, 경희궁은
확인할 수 있으나
경운궁(덕수궁)은 터만
남겨져 지도에는 표시되어
있지 않다.

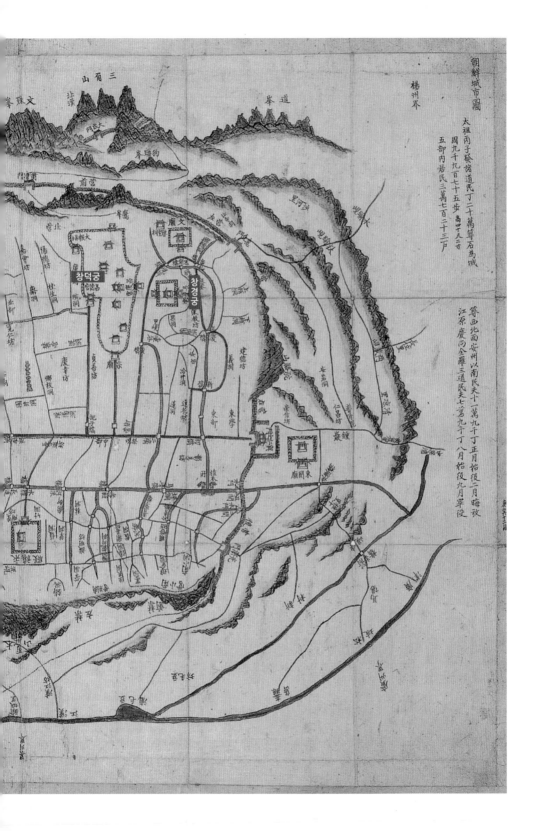

홍익대박물관 「영묘조구궐진작도」의 서쪽 월대 부분(왼쪽)과 경복궁 근정전 월대의 동물 조각상.

그림에서만 나타난다.[1] 영조가 근정전 옛 터에서 다양한 행사를 치름으로써 근정전의 상징성에 주목하고 계술지사繼述之事(선왕의 뜻과 사업을 이어가는 일)의 이념을 표방했던 사실은 1747년(영조 23)의 「친림광화문내근정전정시시도親臨光化門內勤政殿庭試時圖」와 1767년(영조 43)의 「영묘조구궐진작도英廟朝舊闕進爵圖」에서 확인할 수 있다. 그

창덕궁
깊이읽기

후 고종대에 중건된 경복궁의 모습은 1868년 대왕대비 신정왕후의 회갑 진찬, 1877년 신정왕후의 칠순 진찬, 1892년 고종의 망오와 등극 30년을 기념한 진찬을 그린 도병圖屛에서 찾을 수 있다. 이 진찬이 치러진 장소가 근정전, 강녕전康寧殿, 만경전萬慶殿 등이었으므로 그림의 배경에서 새로 지어진 건물을 볼 수 있다.[12] 이와 같이 시대의 변천에 따라 국초의 경복궁, 임진왜란으로 폐허가 된 경복궁터, 중건된 경복궁의 새로운 모습을 차례로 기록화 속에서 확인할 수 있는 것이다.

한편 경희궁의 모습은 숙종과 영조대의 그림에 국한되어 나타난다.[13] 1693년(숙종 19) 대대적으로 경희궁을 수리하였던 숙종은 말년을 경희궁에서 보내는 시간이 많았으며 영조가 경덕궁慶德宮에서 경희궁으로 명칭을 바꾼 후 도합 15년간을 이곳에서 살았던 사실이 반영된 것이다. 1719년(숙종 45)의 『숙종기사계첩肅宗耆社契帖』과 1744년(영조 20)의 『영조기사경회첩英祖耆社慶會帖』 등을 대표적인 예로 들 수 있겠다.[14] 또 경운궁의 경우에 궁궐이 겪었던 시대성은 명확하게 드러난다. 경운궁을 배경으로 한 궁중기록화는 대한제국 시기의 그림에 집중되어 있기 때문에 당시의 정치적 상황이 설명된다. 이와 같이 궁궐 사용의 변천 과정은 고스란히 궁중기록화의 배경 안에 담겨 있다고 해도 과언이 아니다.

창경궁을 배경으로 한 궁중기록화가 유난히 진찬도進饌圖에 집중되어 있는 점도 흥미롭다. 1795년(정조 19) 혜경궁의 회갑일에 거행된 연희당延禧堂 진찬, 1809년(순조 9) 혜경궁의 관례 주갑을 기념한 경춘전景春殿 진찬, 1829년(순조 29) 순조의 사순四旬을 칭경

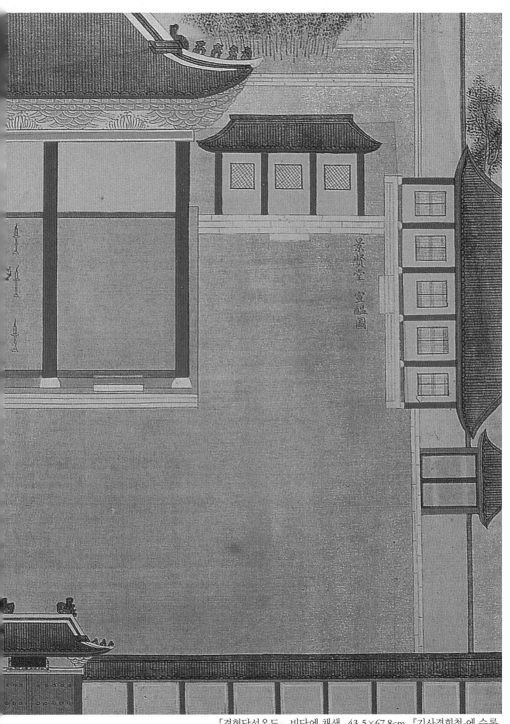

景賢堂 宣醞圖

「경현당선온도」, 비단에 채색, 43.5×67.8cm, 『기사경회첩』에 수록,
1744~1745, 국립중앙박물관.

「동궐도」에 나타난 창경궁의 전각, 동아대박물관

환취정

연경당

통명전 터

연희당

경춘전

홍화문

진수당

시민당 터

한 명정전明政殿과 자경전慈慶殿 진찬, 1848년(헌종 14) 대왕대비(순원왕후)의 육순을 칭경한 통명전通明殿 진찬 등이 그것이다. 19세기에는 혜경궁(1735~1815), 순원왕후(1789~1857), 신정왕후(1808~1890) 등 왕대비 또는 대왕대비가 장수를 누리면서 이들이 거처하던 창경궁에서 진찬이 빈번하게 설행되었기 때문이다. 그에 따라 진찬소의 병풍과 진찬의궤에서 창경궁 건축의 일단을 살펴볼 수 있다.

사실 조선시대 도성의 궁궐 모습은 국초부터 여러 용도를 위해 그림으로 그려졌다.[15] 궁궐의 영건에 앞서 도감都監에서는 화원과 목수 등을 대동하여 궁궐 도형圖形을 그렸고[16] 궁궐 담장을 고치거나 새로운 전각을 지을 때에도 도형을 제작하였다.[17] 예를 들어 창경궁의 담 일부를 고쳐 쌓는 일에 앞서 연산군은 「창경궁도昌慶宮圖」, 「동변축장도東邊築墻圖」, 「동소문외금한도東小門外禁限圖」 같은 궁궐건축도를 내리며 세부 사항을 지시하였다.

궁궐도는 궁궐의 축조에 대비하거나 축조 과정에 참조하기 위한 실용적인 도형으로 가장 많이 제작된 것 같지만 평시에 감상과 소장을 위해 서화書畫로 제작되기도 하였다. 명종대에 제작된 한양궁궐도漢陽宮闕圖는 정사룡鄭士龍(1491~1570)이 시를 짓고 홍섬洪暹(1504~1585)이 기문을 써서 병풍으로 만들어져 대내에 보관되었던 사례로 대표적이다.[18]

궁궐도는 대내大內 및 관련 기관에 상시에 비치되는 관례가 있었다고 생각한다. 지금은 남아 있지 않지만 경복궁의 중건 후에 경복궁의 전체 모습을 조감할 수 있는 '경복궁전도景福宮全圖'가 제작되었다.[19] 이러한 궁궐도는 여러 벌을 제작하여 대내에도 들이고 관런 관청에서도 가지고 있었던 듯 고종은 1873년의 화재로 소실된 대내의 경복궁전도를 대신하여 호조에 남은 경복궁전도를 내입하라는 지시를 내렸다. 이에 호조에서는 새로 지은 건청궁乾淸宮을 더 그려 넣고 중건된 건물도 포함하여 다시 전도를 그려야겠다고 아뢰는『승정원일기』의 대목이 나온다. 창덕궁과 창경궁을 그린「동궐도東闕圖」, 경희궁을 그린「서궐도안西闕圖案」, 순조의 생모 수빈 박씨의 사당을 그린「경우궁도景祐宮圖」같은 궁궐도는 19세기 전반에 갑자기 등장한 것이 아니라 궁궐의 전체 모습을 조망하는 궁궐도의 오랜 전통 아래 생산될 수 있었을 것이다.

## 옛 기록화에 담긴 창덕궁 건축

궁중기록화에서 창덕궁이 그려진 예가 수적으로 월등히 많은 것도 아닌데 '궁중기록화와 궁궐 건축' 하면 가장 먼저 떠오르는 것이 창덕궁이다. 경복궁이 임진왜란 이후 법궁으로서 역할을 제대로 수행하지 못하였고 중건된 이후에도 창경궁, 경운궁, 경희궁 등과 함께 일제강점기 때에 대부분의 모습이 변형, 왜곡되었기 때문이다. 반면에 창덕궁은 현재 원래의 모습을 가장 많이 간직하고 있는 덕분에 사람들의 마음속에 가장 친숙한 궁궐로 인식되어 있다.

그런데 그러한 기대만큼 궁중기록화에 창덕궁의 모습이 많이 등장하는 편은 아니다. 그러한 아쉬움을 19세기의 진하도陳賀圖

병풍들이 모두 상쇄시켜준다. 19세기에 들어서 궁중기록화에 나타나는 커다란 특징 중의 하나가 문무백관이 궁궐의 정전에 모여 진하를 올리는 광경을 그린 진하도가 관청의 기념화로서 매우 유행하였다는 점이다. 왕세자의 관례, 왕의 가례, 왕대비의 생신 주년, 왕세자의 두후 평복, 왕세자의 탄강 등의 칭경 진하례를 마친 후에 여러 관청에서는 관청 별로 관원들이 기념화의 제작을 발의하여 나누어 가진 것이다. 어떤 내용으로 기념화를 제작하느냐 하는 문제는 관원들의 취향과 합의의 결과에 따라 달라졌다. 이중에 창덕궁의 정전인 인정전을 중심으로 주변의 주요 전각들을 파노라마식으로 화면에 담은 것이 선호되었다. 실제 진하례가 거행된 의례의 현장과 상관없이 창덕궁을 배경으로 한 진하도가 많이 그려진 점이 특이한데, 이는 1865년 경복궁이 중건되기 전까지 창덕궁이 도성 내의 대표 궁궐로 인식되고 있었음을 방증하는 것이다.

창덕궁의 외전外殿을 주제로 삼은 진하도는 4종이 알려져 있는데 앞으로 더 발굴될 가능성은 크다. 그중에서 가장 널리 알려져 있고 시대도 올라가는 그림이 1844년(헌종 11) 헌종이 계비를 맞아들인 것을 칭경하는 진하례를 그린 「헌종가례진하도병憲宗嘉禮陳賀圖屛」이다. 진하의 장소는 경희궁의 숭정전이었지만 인정전 배경의 진하도를 채택한 특이한 경우이다.[10] 동뢰연은 10월 21일에 있었으며 진하례는 22일에 거행되었다. 병풍의 좌목이 선전관宣傳官 25명으로 구성되어 있어서 이 병풍은 선전관청에서 만든 계병임을 알 수 있다. 「헌종가례진하도병」은 왼편에서 사선으로 부감하는 평행사선구도를 사용하여 인정전을 중심으로 그 주변의 전각을 파노라

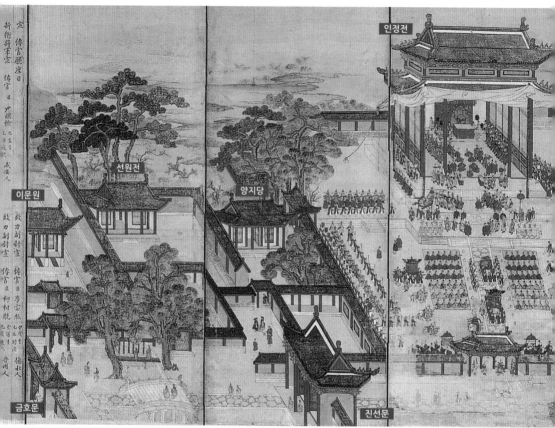

「헌종가례진하도병」(2~7폭), 비단에 채색, 각 115.7×51.5cm, 보물 제733호, 1844, 동아대박물관.

마식으로 포치하였으므로 상당히 장엄한 궁궐의 이미지를 전달한다. 시각의 범위는 서쪽 금호문金虎門에서 희정당熙政堂까지 외전 중심인데, 모든 건물을 다 그리지 않고 주요 건물 위주로 선별적인 묘사를 하였다.

창덕궁의 진입 방향에 맞추어 병풍의 왼편부터 살펴보면 제7첩 하단에는 조신朝臣들이 출입문으로 사용하던 금호문을 시작으

창덕궁
깊이 읽기

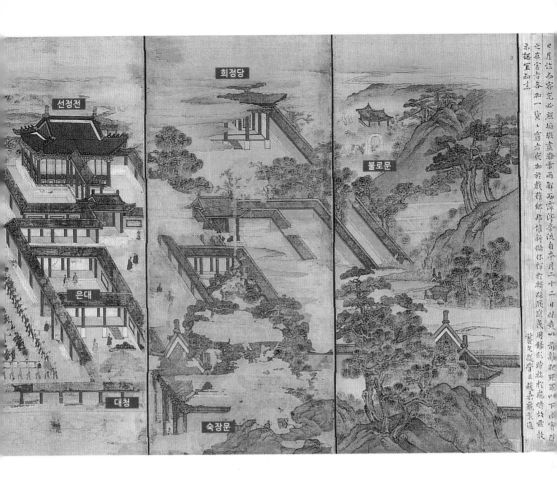

로, 금천錦川과 금천교錦川橋가 그려지고 금호문 맞은편에 진선문進
善門이 큼직하게 배치되어 있다. 진선문을 들어서면 인정문, 진선문
과 대칭으로 마주보고 있는 숙장문肅章門, 그리고 이들을 연결하는
행랑이 만들어낸 독립된 공간에 이르게 된다. 인정전으로 진입하기
전의 완충적인 역할을 하는 마당인 셈인데 박석이 깔린 길이 표현
되어 있다. 인정문보다 진선문과 숙장문이 크게 그려진 점이 눈에

「동궐도」에서 표현된 외전 영역.

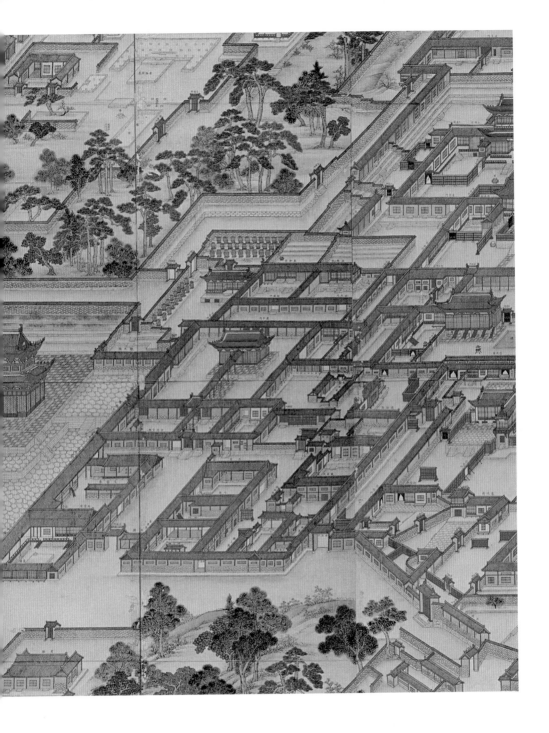

띄는데 원근의 표현에 유념한 때문이 아닐까 한다.

화면의 중간인 제5첩에는 인정문과 인정전이 큰 비중으로 배치되어 있다. 인정전 기둥은 길게 과장되어 실내를 훤히 들여다보기 편하고 전정殿庭에는 품계석과 어도의 박석이 표현되어 있다. 인정전의 동쪽에 해당되는 제3·4첩에는 선정전宣政殿과 선정문宣政門이 보인다. 선정전은 청색 지붕으로 그려져 구별되며 인정문에 이르는 길은 지붕이 있는 복도로 이루어져 있다. 인정문에 연결된 복도에 지붕을 얹은 모습은 1735년에 제작된「영조신장연화시도병英祖宸章聯和詩圖屏」에도 그려져 있어서 이러한 설치는 비교적 일찍부터 있었던 것으로 여겨진다. 선정전은 정조의 빈전殯殿과 혼전魂殿으로 사용된 이래 순조·헌종·철종·순종의 빈전과 혼전으로도 사용되었는데 찬궁欑宮이나 신주神主의 안전한 출입을 위해 이 지붕이 있는 복도는 매우 유용하였을 것으로 생각된다. 선정문에서 서쪽으로 연결된 행각은 선전관청으로 쓰인 곳이다. 선전관은 왕의 측근에서 왕을 호위하고 왕명을 전달하던 역할을 하였으므로 왕의 집무처인 선정전 가까운 곳에 집무소가 마련되어 있었다.

선정전의 아래쪽 궐내각사가 있는 영역은 두 개의 일日자가 대칭을 이룬 듯한 형태로 간략하게 그려져 있다. 서쪽의 일日자형 행각에는 왕의 가까이에서 날마다 일어나는 일을 기록하던 사관들이 주로 활동하던 공간이었다. 이곳에는 승정원承政院, 승정원 부속의 상서성尙書省과 육선루六仙樓, 주서注書를 포함한 사관들이 거처하던 당후堂后와 우사右史가 있었다. 이외에도 남쪽 행각에는 사간원·사헌부의 관리들이 모여 의논하던 대청臺廳과 전정에 배설되는 큰 악기를 보관하던 악기고樂器庫 등이 위치하였다. 동쪽의 일日자형 행각은 어전을 시위하던 환관들이 집무하던 장방長房, 하급관리들이 거처하던 서리방書吏房, 그리고 사옹원司饔院 등이 있던 곳이다.

선정전의 오른쪽으로 반쯤 구름에 가린 채 그려진 것은 왕의 또 다른 집무 공간인 희정당熙政堂이다. 희정당 너머 나머지 제 2·3첩은 산수와 서운瑞雲으로 마감하고 더 이상 자세한 표현은 시도하지 않았다. 지붕만 드러낸 건물 3개가 그려졌지만 어떤 건물인지 확실하게 파악되지 않는다. 다만 제2첩의 원경遠景에 표시된 석조石造의 홍예는 후원後苑의 불로문不老門으로 생각된다. 희정당 너머에도 건물과 후원이 계속 이어짐을 암시적으로 나타낸 것인데 특별히 불로문을 그려 장수를 기원하는 뜻을 담았음은 흥미롭다.

「헌종가례진하도병」에서 인정전의 서쪽, 즉 병풍의 제6첩에는 양지당養志堂, 제7첩에는 선원전璿源殿과 규장각신들이 근무하던 이문원摛文院이 그려졌다. 양지당은 왕이 선원전에 전배하러 갈 때 재숙齋宿하던 재실로 사용된 건물인데 그 동쪽에 인정전과 통하는 만안문萬安門, 그리고 행각 남쪽으로 난 만복문萬福門도 묘사되었다. 양지당 서쪽 조금 뒤로 물러선 곳에 선원전이 있고 이문원은 반쯤 그려져 있다. 금호문에 연결된 담장에 인접해 있으며 남쪽으로부터 두 개의 문을 지나야 접근할 수 있는 누각 형태의 구조가 「동궐도」의 이문원 표현과 일치한다. 이문원 앞마당에는 동銅으로 만든 측우기와 순학馴鶴 한 쌍이 있었다고 하는데 「헌종가례진하도병」에는 원통 모양의 측우기가 그려져 있다. 이는 1782년(정조 6)에 제작 설치된 것이다. 많은 전각 중에서 어진을 봉안하던 선원전과 어재실,

홍문관

「왕세자탄강진하도병」, 비단에 채색, 각 133.5×37.5cm, 보물 제1443호, 1874, 국립고궁박물관.

그리고 규장각의 분관격인 이문원을 대표적으로 그린 것은 건물의 기능과 관련하여 당시 관료들이 중요하게 생각하였던 건물이었음을 짐작케 한다.

　　「헌종가례진하도병」과 같은 시각 구성으로 창덕궁의 전경을 조망한 그림이 한 건 더 전하는데 바로 「왕세자탄강진하도병王世子誕降陳賀圖屏」이다. 「왕세자탄강진하도병」은 1874년(고종 11) 2월 8일 창덕궁 관물헌에서 고종과 명성황후(1851~1895)의 둘째아들 순종이 탄

관천대

생했을 때 산실청産室廳에 종사했던 관원들이 계병으로 제작한 것이
다. 순종 탄강의 진하는 인정전에서 2월 14일에 치러졌으므로 실제
행례 장소와 다른 곳을 배경으로 계병을 만든 「헌종가례진하도병」
과는 다르다. 「왕세자탄강진하도병」의 세부적인 전각의 위치와 묘사
는 「헌종가례진하도병」과 약간의 차이가 있지만 전체적인 구성은 동
일하다.

　　먼저 인정전 서편 행각에 난 만안문과 양지당이 그려진 점

은 「헌종가례진하도병」과 동일하나 담장을 사이에 두고 약간 남쪽에 그려진 건물은 홍문관弘文館으로 생각된다. 홍문관 서편으로는 이문원이 반쯤 모습을 드러내고 있는데 「헌종가례진하도병」에는 없는 대유재大猷齋가 그려져 있다. 대유재는 정조가 황단과 선원전에 전배할 때마다 재숙하는 어재실로 사용된 건물이다. 「왕세자탄강진하도병」에서 「헌종가례진하도병」에 그려지지 않은 것을 추가한 또한 가지는 제2첩에서 관측기기를 올려놓은 관천대觀天臺이다. 관천대는 창경궁의 진수당進修堂, 시민당時敏堂, 그리고 세자시강원과 세자익위사가 있던 동궁 영역의 남쪽 끝에 있었음을 「동궐도」를 통해

「조대비사순칭경진하도병」, 비단에 채색, 각 140.0×56.0cm, 보물 제732호, 1847, 동아대박물관.

알 수 있다. 창덕궁의 정전과 궐내각사를 중심으로 한 구성이지만
멀리 후원과 창경궁의 존재를 암시하는 장치를 화면 안에 두었음이
눈길을 끈다.

　　창덕궁을 파노라마식으로 전개할 때 「헌종가례진하도병」처
럼 사선부감의 시점을 사용하는 방법이 있었고 다른 한 가지는 정
면부감의 시점을 사용하는 방법이 있었다. 후자에 해당하는 것이
바로 「조대비사순칭경진하도병趙大妃四旬稱慶陳賀圖屛」이다. 1847년(헌
종 13) 신정왕후의 보령 40세를 맞아 원단元旦에 이를 칭경하여 거
행된 진하례 장면을 그린 것이다. 중앙의 인정전이 화면의 중심을

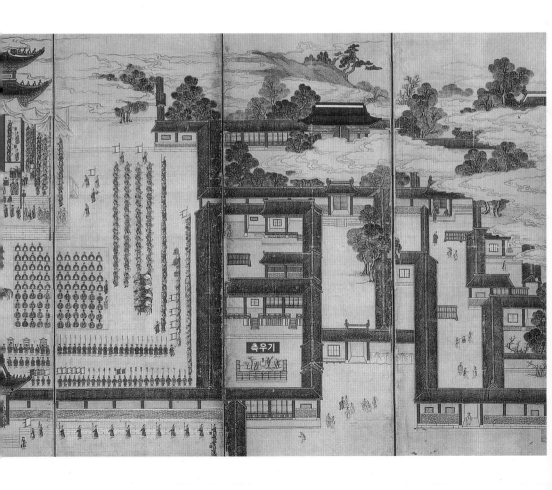

측우기

이루는 구성은 일치하나 「헌종가례진하도병」보다 포함된 영역은 좁다. 인정전 동쪽에는 선정전과 희정당을 서운으로 가려 비중을 줄이고 간단히 처리하였다. 그 대신 궐내각사는 「헌종가례진하도병」이나 「왕세자탄강진하도병」보다 행각의 구조와 형태가 「동궐도」에 가깝게 부합하고, 계단과 난간, 차폐의 기능을 가진 판장板墻 등 세부 표현에서 사실성이 돋보인다. 승정원과 대청이 이루는 마당에는 석단石壇 위에 측우기가 세워져 있는데 3면에 취병翠屏을 두르고 나무를 심은 모습에서도 사실적인 세부 표현의 정도를 느낄 수 있다. 「조대비사순칭경진하도병」에는 선정문에서 바라보이는 연영문延英門도 그려져 있다.

　　「조대비사순칭경진하도병」의 인정전 서쪽에는 이문원과 대유재, 소유재小酉齋, 홍문관, 양지당이 그려져 있어서 선택된 건물은 「헌종가례진하도병」보다 「왕세자탄강진하도병」과 가깝다. 특히 여느 병풍들과는 달리 이문원 및 그에 부속된 대유재와 소유재까지 온전하게 그려져 있다. 이문원 뜰의 측우기는 물론 실내에는 정조가 하사하였다는 투호投壺와 의자가 그려져 있는 점이 흥미롭다.

　　「조대비사순칭경진하도병」과 같은 형식으로 그려진 진하도가 한 건 더 있는데 1783년 규장각신들이 주체가 되어 제작한 「진하도」 8첩 병풍이다. 화면에 선택된 건물도 「조대비사순칭경진하도병」과 상통한다. 규장각의 계병답게 이문원 일대가 담장 안에 독립적으로 부각된 점이 다르다. 이 진하도 병풍은 19세기에 크게 유행한 진하도 병풍이 18세기 말 정조 연간부터 시작되었음을 말해준다.

　　진하도 병풍 외에 궁중기록화 중에는 편전으로 사용되던 선정전과 희정당을 배경으로 한 그림이 하나씩 전하는데 둘 다 인사 행정을 그린 친정도親政圖이다. 선정전의 모습은 1735년(영조 11) 6월 12일과 13일 이틀 동안 친림대정親臨大政을 끝내고 이조와 병조의 관원 및 사관들에게 선온하는 장면을 그린 「영조신장연화시도병英 祖宸章聯和詩圖屛」에서 볼 수 있다. 선온 석상에서 참석자들이 갱진한 연화시로 이루어진 6첩 병풍인데 그중의 한 첩이 선온 장면과 좌목 으로 이루어져 있다. 『조선왕조실록』에서 선정전은 1461년(세조 7) 부터 이름이 등장하며 그 이전에는 비슷한 기능의 조계청朝啓廳이 라는 건물 이름이 확인된다. 이 병풍에 그려진 선정전은 청기와로 묘사되지는 않았지만 선정문 외에도 중문을 지나야만 선정전에 이 를 수 있는 행각의 구조, 선정문까지 연결된 지붕을 덮은 복도, 선 정문 남쪽에 대칭을 이루듯 좌우로 서 있는 궐내각사의 부분적 포 치가 「동궐도」와 잘 비교된다.

　　희정당은 1734년(영조 10) 2월 9일과 10일 양일간 희정당에 서 행한 친정을 그린 「갑인춘친정도甲寅春親政圖」 화첩의 배경이다. 화면 중앙에 희정당을 부각시키고 좌·우 양측을 서운으로 간단히 처리한 결과 엄중하게 진행되고 있는 친정의 분위기가 잘 살아나 있다. 1920년 중건된 현재의 희정당과는 많이 다르지만 「동궐도」에 그려진 1828년경의 모습보다 100년 전의 희정당을 확인할 수 있다. 「동궐도」와 약간의 차이가 있어 자세한 전각의 명칭을 말하기 어렵 지만 희정당 서쪽의 선례문宣禮門, 북쪽의 장순문莊順門, 희정당 동 쪽의 연못(하월지荷月池), 여러 층의 석단과 계단을 올라 이르게 되 는 동인문同仁門 등이 그려졌음을 확인할 수 있다. 그리고 1688년

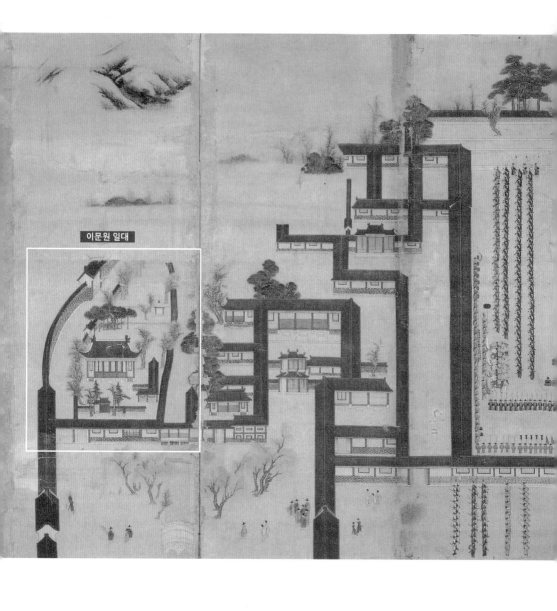

이문원 일대

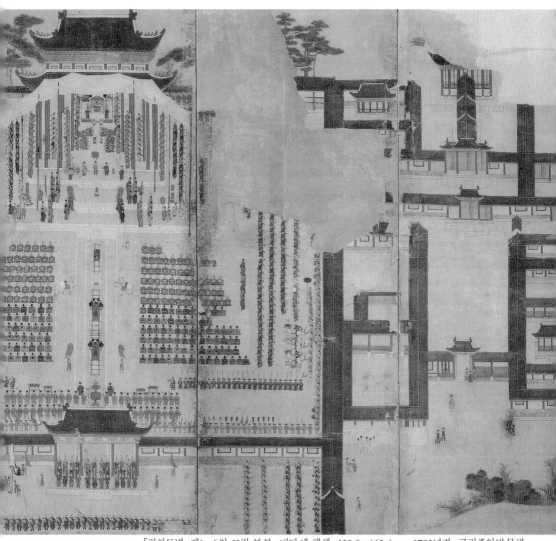

「진하도병」 제1~6첩 그림 부분, 비단에 채색, 153.0×462.4cm, 1783년경, 국립중앙박물관.

「영조신장연화시도병」 제5첩 그림 부분, 비단에 채색, 124.8×332.5cm, 1735, 서울대박물관.

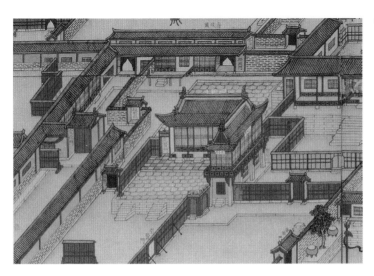

(숙종 14)에 세워진 제정각齊政閣과 그 앞마당에 하늘을 관측하기 위한 선기옥형璿璣玉衡도 주목되는 부분이다. 하늘의 도리를 근원으로 삼아 순천順天하는 정치를 한다는 뜻에서 숙종은 현종 때 만들어진 혼천의渾天儀를 수개하여 선기옥형을 만들라 명하였고 이듬해인 1688년 완성에 맞추어 이를 설치하기 위한 소각小閣인 제정각을 희정당 남쪽에 세운 것이다.[11] 제정각 남쪽의 건물은 성정각誠正閣이며 그 서쪽으로 선화문宣化門과 희인문熙仁門이 그려진 것으로 생각된다. 선화문 아래에는 서운을 짙게 드리워 건물을 생략하고 동시에 실제 거리를 단축하여 표현하는 방법을 사용하였다. 따라서 선화문 아래의 문은 영현문迎賢門을 그린 것으로 판단된다.

　　창덕궁의 동궁東宮 영역에서는 성정각과 그 동편의 중희당重熙堂이 궁중기록화에 그려졌다. 성정각은 『궁궐지』에 세자 서연을

「동궐도」에 그려진 희정당 부분.

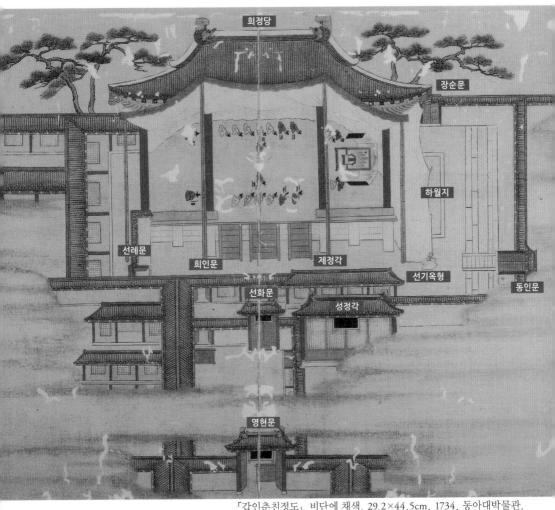

희정당

장순문

하월지

선례문

희인문

제정각

선기옥형

동인문

선화문

성정각

영현문

「갑인춘친정도」, 비단에 채색, 29.2×44.5cm, 1734, 동아대박물관.

행하던 장소라고 규정되어 있듯이 1813년 관물헌이 세자의 서연 장소로 정해지기 전까지 세자의 서연 장소로 이용되었다. 지금은 내의원으로 알려져 있지만 이는 일제강점기에 용도가 변경된 것이다.

성정각은 1817년 효명세자가 성균관 입학례를 의식 순서에 따라 그린 『왕세자입학도첩王世子入學圖帖』의 마지막 장면인 「수하의도受賀儀圖」의 배경이 되었다. 「동궐도」와 비교해보면 행각과 출입문의 묘사가 일치하여 『왕세자입학도첩』은 매우 사실에 입각하여 충실하게 표현되었음을 알 수 있다. 즉 그림에는 견현문見賢門, 존현문尊賢門, 영현문, 인현문引賢門, 유일문唯一門 등 여러 문이 표현되어 있다. 한편 성정각의 동쪽에는 보춘정報春亭과 희우루喜雨樓라는 현판을 가진 누대 형식의 건물이 연결되어 ㄱ자형을 이루는데 만일 지붕 근처가 서운에 가리지 않았다면 '보춘정'이라는 현판이 그려졌을 것이다.

중희당은 1782년(정조 6) 맏아들 문효세자文孝世子(1782~1786)의 탄생에 맞추어 정조가 창건한 창덕궁 동궁의 중심 건물이다. 동궁의 중심 건물이기는 하나 정조는 이곳에서 도목정사를 행하고 신하들을 인견하는 등 정사를 보았다. 특히 순조 연간 효명세자가 대리청정하던 기간 동안 중희당이 청정聽政하는 처소의 정당으로 사용된 이래[12] 헌종과 고종도 신하를 만나고 하례를 받거나 전강殿講을 행하는 등 중희당을 편전처럼 사용하였다.[13]

중희당은 1784년 문효세자의 책봉례를 기념하여 세자시강원에서 만든 「문효세자책례계병文孝世子冊禮稧屛」의 두 번째 장면 「수책도受冊圖」의 배경이다. 북쪽 행각에 난 구여문九如門, 서편 행각 쪽에 성정각으로 통하는 자시문資始門, 동쪽 행각에 자시문과 마주한 중양문重陽門이 표시되어 있다. 중희당과 육우정六隅亭인 삼삼와三三窩는 칠분서七分序로 이어지고 삼삼와 아래쪽으로 누대 형식의 소주합루小宙合樓가 보인다. 『궁궐지』에는 삼삼와로 기록되어 있지만 「동궐도」에 이이와二二窩라 쓰여 있으며[14] 「수책도」에는 누대 형식의 단층 건물이지만 「동궐도」에는 아래층에도 방이 들어선 이층 건물로 그려져 있어서 시대적인 간격에서 오는 차이로 이해해야 할 듯하다. 소주합루의 아래층은 의신합儀宸閤으로 구별하여 불렸는데 이 건물은 헌종대에 승화루承華樓라 하여 서책과 서화를 보관하는 장소로 사용하였다. 「동궐도」에는 중희당의 마당에 각종 천문기구가 배치되어 있고 소주합루의 기단에는 괴석함에 놓인 괴석이 늘어서 있는데 이 「문효세자책례계병」에는 의례의 묘사 때문에 천문기구는 생략되었으나 괴석은 다섯 개나 그려져 있다. 이와 같이 「수책도」에 중희당과 칠분서, 삼삼와, 소주합루가 모두 그려진 것을 보면 1782년 중희당을 건립할 때 이 일곽이 한꺼번에 완성되었음을 알 수 있다.

　　「동궐도」는 창덕궁과 창경궁, 그리고 후원이 자세하게 그려져 있고 건물명이 쓰여 있어서 조선시대 궁궐 연구에 더없이 귀중한 자료이다.[15] 다만 이 「동궐도」의 제작 연도는 많은 연구자가 관심을 가지고 있는 문제이다. 「동궐도」의 제작 연대를 추정하는 데에 관건이 되는 사실은 동궐에 화재가 난 시점, 화재를 입은 전각의 중건 시기와 해당 건물이 「동궐도」에 그려져 있는지의 여부, 건물의 개칭 시기, 현판에 쓰여 있는 건물의 명칭 등이다. 1830년 8월 화

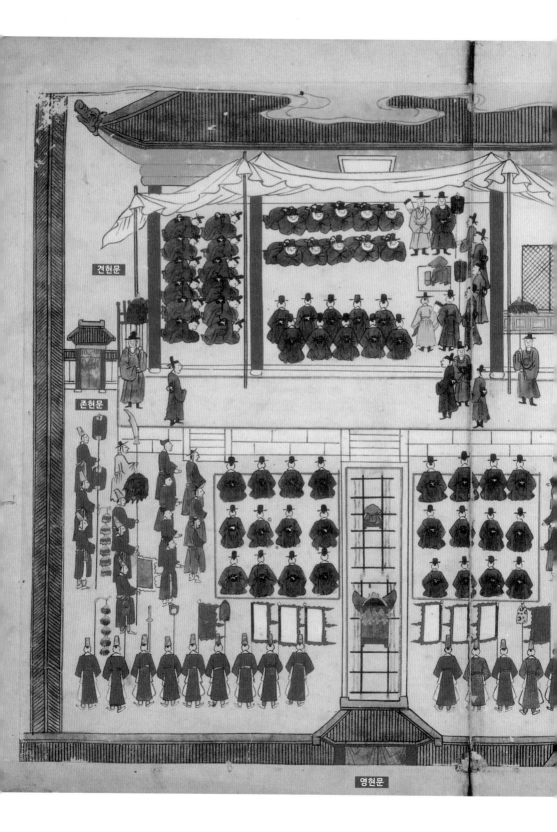

견현문

존현문

영현문

受賀儀

보춘정(현판)

유일문

인현문

『왕세자입학도첩』 제6장면 「수하의」,
종이에 채색, 36.5×25.3cm, 1817,
경남대박물관.

구여문

성정각

자시문

「문효세자책례계병」왕세자 수책 장면 , 비단에 채색, 110.0×421.0cm, 1784, 서울대박물관.

칠분서

삼삼와

원지문

소주합루

중양문

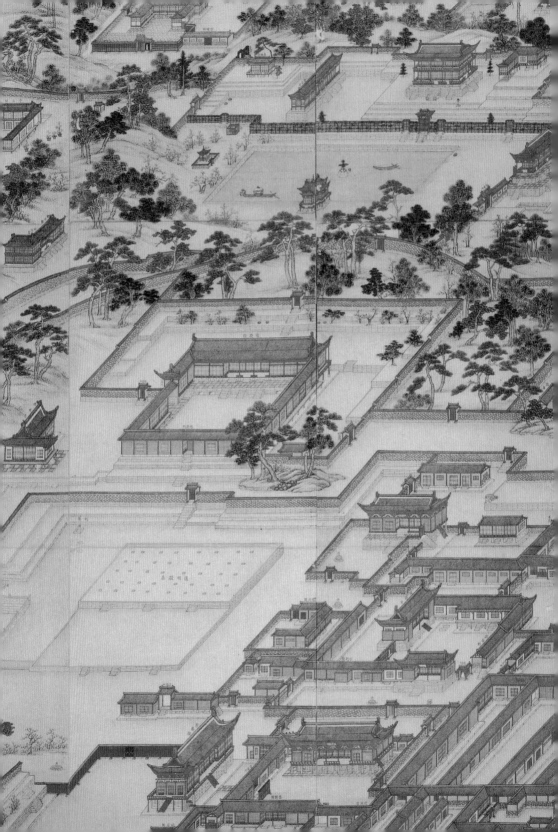

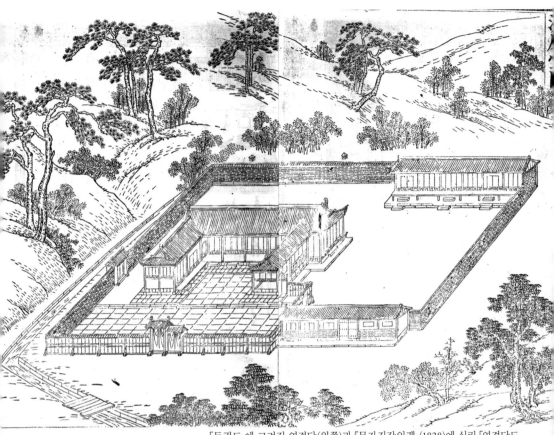

「동궐도」에 그려진 연경당(왼쪽)과『무자진작의궤』(1828)에 실린「연경당도」.

재로 소실된 환경전歡慶殿, 경춘전, 양화당養和堂, 함인정涵仁亭 등이
그려져 있고 1828년 여름에 무너진 금루각禁漏閣이 터만 그려져 있
는 점을 근거로 「동궐도」의 제작 연대는 1828년 여름 이후 1830년
8월 이전으로 좁혀졌다.[16] 그렇다면 역시 「동궐도」는 효명세자가 대

「동궐도」에 표현된 중희당(위)과 그 현판. 현판은 국립고궁박물관에 소장되어 있다.

리청정하던 시기에 제작되었다고 보아야 할 듯하다. 특히 「동궐도」에서 효명세자가 대리청정의 정당으로 사용하던 중희당과 1828년 1월에 완공된[17] 연경당演慶堂 및 그 옆의 환취정이 유난히 크게 그려진 점도 제작 주체로 추정되는 효명세자와 관련하여 간과할 수 없는 부분이다. 1828년 1월 개건된 연경당의 모습이 『무자진작의궤戊子進爵儀軌』(1828) 「도설」의 연경당 모습과 완전히 일치하는 점은 「동궐도」의 제작 시기와 관련하여 주목된다.

## 열 가지 아름다운 경치를 지닌 창덕궁 후원은 어떻게 표현되었을까

창덕궁 후원이 묘사된 궁중기록화는 많지 않은데 그중에서 서총대瑞葱臺가 가장 대표적이다. 1505년(연산군 11)에 조성된 서총대는 남쪽으로 창경궁 영역과 인접해 있다. 연산군은 원래 춘당대春塘臺라고 불리던 곳에 돌을 쌓아 1000명 정도가 앉을 만한 대臺를 만들었는데 그 높이가 10장丈이나 되었으며 용을 아로새긴 돌난간을 둘렀다고 한다.[18] 1장을 사람의 키(길)로 환산해도 15미터가 넘는 높이이다. 연산군은 서총대의 남쪽에는 깊이가 사람 키의 10배가 되고 큰 배大船가 다닐 수 있는 연못도 조성하였는데[19] 지금의 춘당지春塘池가 그것이다. 1507년(중종 2) 중종은 폐주廢主가 건축하였다는 이유로 서총대를 철거하라는 명령을 내리고[20] 춘당대라는 명칭도 회복하였지만 조선 후기까지도 계속 서총대라는 이름과 혼용하였다.

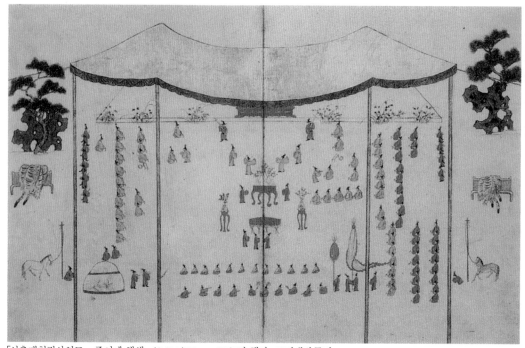

「서총대친림사연도」, 종이에 채색, 40.2×47.0cm, 1560년 행사, 고려대박물관.

넓고 평평한 지형을 활용하여 중종과 명종은 서총대에서 기우제를 지내거나 잔치를 벌이고 문무관이 제술과 활쏘기를 겨루는 행사를 자주 펼쳤다. 행사를 마친 뒤에는 친림사연親臨賜宴하는 예가 많았다. 이와 관련된 행사를 그린 궁중행사도가 두 건 전하는데 바로 널리 알려진 「서총대친림사연도瑞葱臺親臨賜宴圖」와 「명묘조서총대시예도明廟朝瑞葱臺試藝圖」이다.

「서총대친림사연도」는 1560년(명종 15) 9월 19일 신하들에

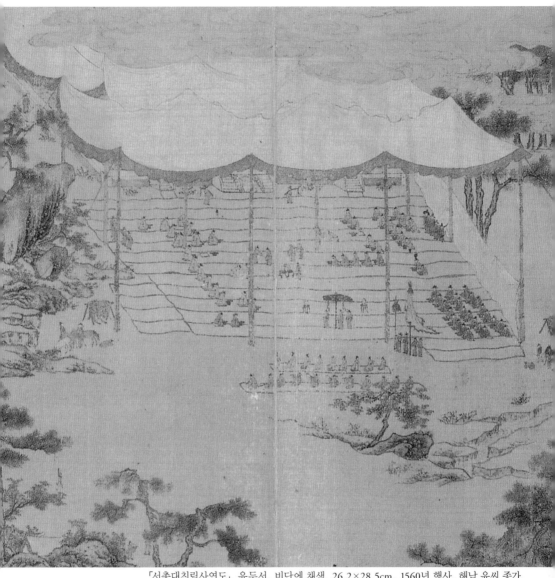

「서총대친림사연도」, 윤두서, 비단에 채색, 26.2×28.5cm, 1560년 행사, 해남 윤씨 종가.

게 내린 곡연曲宴(궁중에서 왕이 베풀던 비공식적인 작은 연향)의 모습을 그린 것으로 임진왜란 이전의 서총대 모습을 알 수 있는 좋은 자료이다. 화면에는 곡연 장면이 그려졌지만 사실 곡연을 베풀기 전에 문신은 시를 지어 올리고 무신은 짝지어 활쏘기를 행했던 순서가 있었다. 중종대에 철거된 서총대는 야트막한 대臺로 바뀌었으며 그 주변은 너른 공간임을 말해주듯 아무런 묘사가 없다. 좀 더 구체적인 서총대 주변의 모습은 윤두서尹斗緒(1668~1715)가 후대에 모사한 「서총대친림사연도」를 통해 짐작할 수 있다. 주변의 바위와 나무, 개울의 포치는 실제의 경관이 많이 가미된 듯 현장감이 느껴진다. 그러나 서총대에 오르기 위한 계단이 마치 정전正殿의 월대와 같은 형식으로 그려진 점은 1564년에 완성된 원작과 대비된다. 원작의 서총대는 그저 낮고 단순하며 계단도 없는 대臺로만 그려졌는데 이러한 차이가 150년이라는 시간의 흐름에 따른 변화인지 상상이 가미된 관념적 표현인지 가늠하기 어렵다.

서총대가 행사의 현장인 다른 하나의 그림은 「명묘조서총대시예도」이다. 명종 재위시의 정확한 연도는 알 수 없지만 서총대에서 거행된 문무시예를 주제로 한 그림이다. 이날 문장과 활쏘기에 모두 일등을 한 남응운南應雲(1509~1587)이 상으로 말 두 필을 하사받은 모습이 그려져 있다. 현재 남아 있는 「명묘조서총대시예도」 세 작품은 모두 18~19세기에 그려진 후대의 모사본인데 여기에도 서총대로 오르는 계단이 중앙에 그려져 있다. 윤두서의 그림과 마찬가지로 모사하는 과정에서 후대의 임의적인 표현이 가미된 것으로 보는 것이 타당할 것 같다.

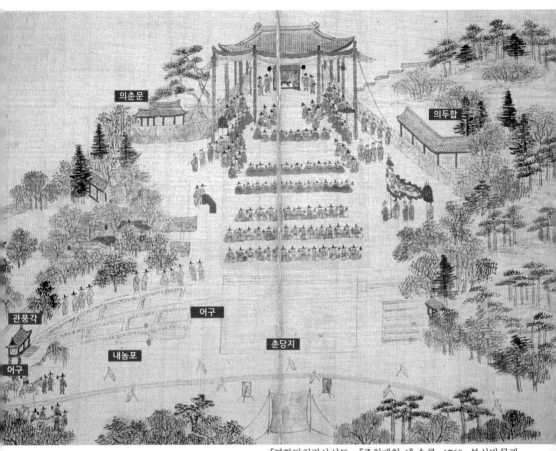

의춘문

의두합

관풍각

어구

어구

내농포

춘당지

「영화당친림사선도」, 『준천계첩』에 수록, 1760, 부산박물관.

    서총대 일대가 그려진 다른 예는 1760년(영조 36) 청계천의
준설사업을 성공적으로 완수하고 기념으로 제작한 『준천계첩濬川契
帖』에서 찾을 수 있다. 이 계첩의 두 번째 장면인 「영화당친림사선
도暎花堂親臨賜膳圖」는 왕이 영화당에 임어하여 준천의 책임자들을
시사試射하고 그들의 노고를 치하하는 자리를 묘사한 것이다. 활쏘

「명묘조서총대시예도」,
종이에 채색, 19세기,
국립문화재연구소.

기는 옛 서총대 자리, 즉 춘당대에서 이루어졌다. 화면에 포함된 시각적 범위는 영화당에서 춘당대를 지나 그 남쪽의 춘당지와 내농포內農圃, 그리고 관풍각觀豊閣을 포괄하는 매우 넓은 공간이다. 영화당 왼쪽에는 부용지芙蓉池로 통하는 의춘문宜春門이 보이고, 오른쪽에는 ㄴ자형의 건물이 들어서 있다. 이 건물은 「동궐도」에 이안재易安齋로 표시된 건물인데 효명세자가 1827년 고쳐 짓고 독서처로 사용하던 의두합倚斗閤이라 생각한다.[21]

정조는 1767년(영조 43) 왕세손 시절에 후원의 아름다운 열 가지 경치를 「상림십경上林十景」으로 읊은 바 있다.[22] 관풍춘경觀豊春耕·망춘문앵望春聞鶯·천향춘만天香春晩·어수범주魚水泛舟·소요유상逍遙流觴·희우상련喜雨賞蓮·청심제월淸心霽月·관덕풍림觀德楓林·영화시사暎花試士·능허모설凌虛暮雪의 열 수 안에 사계절의 풍광을 담았다.[23] 이중에서 '영화당에서 관리를 선발하다暎花試士'와 '관풍각에서 봄 논갈이를 보다觀豊春耕'는 「영화당친림사선도」에서 그 시상詩想이 연상된다.

영화당의 창건 시기는 명확하지 않지만 1610년(광해군 2)에 『광해군일기』에서 영화당의 건립에 대한 논의를 찾을 수 있어 아마 그즈음에 세워진 것으로 추정된다.[24] 1692년(숙종 18)에 지금과 같은 정자 형태로 고쳐 지었는데[25] 후원의 다른 건물과 다르게 높은 기단 위에 세워져 있어서 춘당지 너머 멀리 내농포까지 조망하기 좋은 조건을 갖추고 있다. 또한 영화당의 전면은 옛 서총대 터로서 넓고 평평한 지세를 이용하여 과거시험을 포함하여 여러 행사가 치러졌다. 탁 트인 시야가 확보된 영화당에 앉아 바라보는 유생의 시

창덕궁
깊이 읽기

춘당대

영화당

『동궐도』에 그려진 영화당 일대의 모습.

취는 왕에게 인재 선발이라는 상징적인 아름다움으로 다가왔을 것이다.

　　관풍각은 1647년(인조 25) 내농포 남쪽에 창건된 건물이다. 왕들은 이곳에 친림하여 직접 논을 갈거나 논갈이를 관람하고親耕, 觀耕 가을에도 벼 베는 광경을 관람하곤觀刈 하였다. 때로는 이곳에서 어제시를 지어 농사의 어려움을 일깨웠고 농사를 권장하는 교서를 내린 일도 있었으며[26] 친림도정親臨都政을 행하기도 하였다. 관풍각에서 바라보는 내농포 쪽의 경관은 영화당에서 바라보는 내농포의 경관과 사뭇 달랐겠지만 '관풍각에서 봄 논갈이를 보다'라는 시에서도 농사의 중요성을 늘 일깨워야 되는 군주로서의 책임감이 반영되어 있음을 느낄 수 있다.

　　후원 어구御溝의 물줄기는 북쪽 높은 곳에 있는 여러 연못의 물이 모아져서 관풍각 아래로 흐른다고 한다. 「영화당친림사연도」에는 이러한 어구의 물줄기가 잘 나타나 있다. 「영화당친림사선도」와 같은 행사를 그린 또 다른 준천계첩인 「준천당랑시사연구첩濬川堂郎試射聯句帖」은 영화당 부근만을 집중적으로 조명한 그림이다. 화면 왼편의 어구와 그 위에 걸쳐 놓은 판교板橋의 표현은 「동궐도」와도 일치하는데 내농포를 향해 흐르는 어구의 흐름을 명확하게 묘사한 것이다.

　　정조의 「상림십경」의 네 번째 시인 '어수당에서 배 띄운다魚水泛舟'는 『무신친정계첩戊申親政契帖』을 통해 연상된다. 『무신친정계첩』은 1728년(영조 4) 7월 7일 창덕궁 후원의 어수당魚水堂에서 거행된 친림도정을 그린 것이다. 화면에는 어수당을 중심으로 그 동쪽

「준천당랑시사연구첩」, 종이에 채색, 29.8×40.5cm, 1760, 경남대박물관.

의 애련정愛蓮亭과 애련지愛蓮池, 서쪽의 폄우사砭愚榭, 영소靈沼와 영
소문靈沼門이 그려져 있다. 소나무가 울창한 후원의 자연이 큰 비중
을 차지하고 있는 이 그림은 친림도정이라는 주제에 걸맞은 고요하
면서도 청신한 분위기가 잘 전달된다.

어수당은 명군과 현신이 만나고 왕과 백성이 함께 기뻐한다
는 뜻을 지니고 있다.[27] 어수당은『동국여지비고』에 의하면 효종대
에 창건되었다고 하나 1619년(광해군 11) 광해군이 경덕궁慶德宮(영조

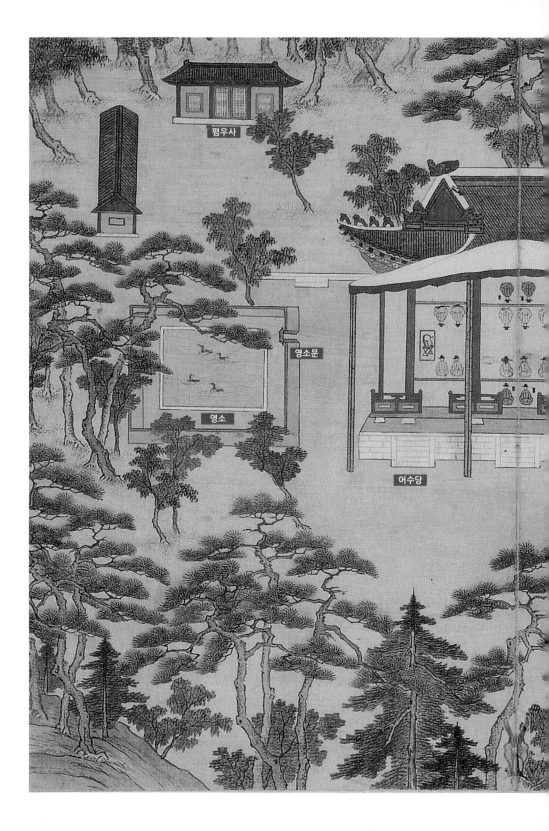

펌우사

영소문

영소

어수당

「무신친정계첩」, 비단에
채색, 41.6×54.8cm,
1728, 국립중앙박물관.

애련정

애련지

소간의

「동궐도」에 그려진 어수당과 애련정, 폄우사.

대에 경희궁으로 고쳐 부름)을 신건하면서 '어수당과 같은 별당別堂'의
건립을 언급하였고 어수당에서 연회를 베푼 적도 있는 것을 보면[28]
적어도 광해군대부터 어수당은 존재하였던 것 같다. 정묘호란으로
거의 퇴락한 어수당은 인조대에 개수되었다.[29]

　　　어수당은 지금 남아 있지 않지만「동궐도」에 의하면 불로문
을 지나 왼편에 자리하고 있다. 『무신친정계첩』을 보면 어수당은 이
층 기단위에 세워져 있으며 사방에 퇴를 내고 난간을 두른 형식이
다. 마당에는 소간의小簡儀가 대석臺石 위에 설치되어 있다. 애련지
북쪽에는 두 기둥만이 물에 걸쳐진 사모지붕의 정자가 있는데 바로
애련정이다. 영소는 네모난 형태로 사방에는 담장이 둘러져 있으며
동쪽에 어수당과 통하는 출입문을 냈다. 영소에는 오리가 헤엄치
고 애련지에는 연꽃이 피어 주변의 소나무 숲과 함께 후원의 아름
다운 분위기를 잘 전달하고 있다.

궁중기록화에
나타난
궁궐 표현의
특징

도성 내의 궁궐들은 임진왜란을 포함하여 빈번한 화재로 왕들의
이어가 잦은 편이었으므로 모든 궁궐이 골고루 궁중기록화의 배경
이 되었다. 궁중기록화에서 표현된 궁궐 전각은 주로 진하례가 치
러졌던 정전, 왕후와 동조東朝에게 올렸던 연향이 치러진 내전內殿,
그리고 동궁의 건물로 크게 나눌 수 있다. 이외에 후원의 몇몇 건

물이 그려진 예는 있지만 궐내의 관아 건물이 궁중기록화의 건물로 등장한 예는 없었다.

　창덕궁과 관련된 궁중기록화의 숫자가 특히 많은 것은 아니지만 무엇보다 상세한 「동궐도」가 있고, 19세기의 대형 진하도병이 여러 건 전하는 까닭에 창덕궁의 중심인 외전 영역을 현장감 있게 느낄 수 있었다. 이외에 편전으로 선정전과 희정당을, 동궁으로 중희당과 성정각을 궁중기록화에서 살펴보았다. 후원 영역에 대해서는 넓은 공간적 특징 때문에 과거를 포함한 행사를 개최하기 좋았던 서총대가 궁중기록화의 주요 배경이 되었다.

　궁중기록화의 제작에는 '사실을 있는 그대로 재현한다'는 전제가 항상 따랐다. 그러나 궁중기록화의 사실적 재현이 우수한 만큼 관념적이고 상상이 가미된 측면이 동반된다는 특징이 있다. 건물 안에서 펼쳐지는 인물 위주의 이야기가 내용의 중심이고 우선시되는 표현이었기 때문에 배경으로서의 건물은 이차적인 요소가 되었다. 따라서 궁궐 건축은 왕이 임어하는 공간으로서 궁중기록화 제작 시에 화원들이 매우 신중을 기해 표현해야 하는 부분이었음에도 불구하고 내용 전개를 위해 필요에 따라 생략되거나 변형되었다. 합리적인 크기와 거리의 비례는 사실과 멀어지고 중요도에 따른 우선순위와 상징적 의미에 따라 임의적으로 처리되는 경우도 있었다.

　현재 남아 있는 궁중기록화들을 놓고 볼 때 주문자의 성격이나 제작 건수, 제작 화원의 수준 등에 따라 사실을 반영하여 정확하고 세밀하게 그리는 정도에 편차가 있었다. 그리고 후대의 모사본일 경우에는 원작과 약간의 차이가 발견되는 예가 허다하였다. 이런 이유들 때문에 궁중기록화에 표현된 창덕궁의 모습은 매우 사실적이면서도 사실과 다를 수밖에 없다. 한편 현재 남아 있는 궁궐 건물들은 대부분 19세기 말에서 20세기 초 사이에 재건된 것이고 일제강점기를 겪으며 상당 부분 훼손되거나 왜곡되어서 궁중기록화에 표현된 궁궐 건축과 직접적으로 비교하기가 매우 어렵다. 궁중기록화의 궁궐 표현이 주는 의문점을 궁궐 현장에서 직접 해결하기 어렵다는 사실은 가장 아쉬운 점으로 남는다.

그럼에도 불구하고 궁중기록화에 표현된 궁궐 건축은 문헌 기록을 시각적으로 뒷받침하고 때로는 건물의 건립 시기를 추정하는 데에 단서가 되는 중요한 시각 기록물이다. 특히 창덕궁의 모습을 한눈에 바라볼 수 있는 진하계병의 존재는 「동궐도」 같은 궁궐전도를 제외한 궁궐건축 그림의 백미로 꼽을 만하다.

# 비운의 왕, 뛰어난 문예취미

낙선재에서 이뤄진 헌종의 서화 수장

유홍준 전 문화재청장

# 미완의
## 문화군주,
### 헌종

조선왕조의 역대 임금들은 모두 자기 고유의 이미지를 지니고 있다. 혹은 치세로, 혹은 전란으로, 혹은 개인적 비운으로, 심지어는 폭군이나 무능으로 임금 자신과 그 시대의 상을 그릴 수 있게 한다. 그러나 오직 제24대 헌종憲宗만은 그렇지 못하다.

헌종은 불과 여덟 살에 즉위하여 대왕대비의 수렴청정을 받았고, 열다섯 살에 친정체제에 들어갔지만 세도정치 바람에 통치다운 통치도 해보지 못한 채 스물세 살의 나이에 세상을 떠났다. 그런 까닭에 재위 15년이나 되는 이 시기가 헌종 시대가 아닌 세도정치 시대로 설명되고 있으니 헌종은 존재 자체가 거의 무시되어온 왕이다.

그러나 헌종에게는 헌종 나름의 인생이 있었다. 비록 짧은 생애였지만 그는 왕세손, 수렴청정 시절에는 제왕에게 필요한 엄격한 훈련을 받았으며, 친정체제에 들어서는 여느 임금처럼 정책을 펼치며 각종 상소에 비답批答을 내리고, 경연에 참석해 학문에 힘쓰고, 또 대신들과 시를 짓고 서화를 감상하며 교환交驩하기도 했다.

특히 이십대에 들어선 생애 마지막 4년을 보면 임금으로서의 소임을 충실히 행했다. 그는 『국조보감國朝寶鑑』을 증보하는 등 땅에 떨어진 왕권을 굳게 하고자 여러 조치를 내리기도 했다. 그래서 어떤 역사학자는 제한적이긴 하나 헌종에게는 나름의 통치 의지가 있었다고 평하기도 했다.[1]

창덕궁
깊이 읽기

더욱이 헌종은 교양이 넘치는 군주였다. 헌종은 아버지 익종(효명세자)과 마찬가지로 문예취미 활동을 열정적으로 펼쳤다. 사후에 편찬된 헌종의 문집 『원헌집元軒集』(전4권)에는 스물세 살에 타계한 분의 문집치고는 적지 않은 시문이 실려 있다(시詩 15편, 악장樂章 6편, 교教 78편, 비답比荅 99편 등). 특히 헌종은 대단한 서화취미를 갖고 있었다.

헌종의 서화취미 활동은 자신이 짓고 생활하던 창덕궁 낙선재樂善齋에서 주로 이루어졌다. 그는 낙선재 뒤편에 있는 승화루承華樓 서고에 많은 도서와 서화 인장을 수집해놓았는데, 『승화루서목承華樓書目』에 실린 그 소장 목록을 보면 양과 질 모두에서 놀라울 정도로 뛰어나다. 또 헌종은 인장 전각에 취미가 있어 그가 수집한 『보소당인존寶蘇堂印存』의 수많은 도인陶印은 지금도 국립고궁박물관에 보관되어 있다.

헌종은 또 서화 감상을 즐겨 식견 있는 신하들과 함께 소장품들을 감상했던 자취가 곳곳에 남아 있다. 특히 추사 김정희의 글씨를 좋아해 제주도에 유배되어 있는 그에게 글씨를 써서 올려 보내라는 특명을 내리기까지 했다. 또 헌종은 소치 허련을 여러 번 낙선재로 불러 직접 그림을 그리게 했다. 그런가 하면 헌종 자신은 글씨, 특히 예서를 잘 썼다고 한다. 이처럼 그는 여러 면에서 미완의 문화군주였다.

창덕궁 후원의 낙선재 일곽. 이곳은 헌종이 왕과 왕비, 대왕대비를 위해 마련해 조선 왕실의 권위를 굳게 세우고 자신의 개혁 의지를 펼치려는 곳으로 썼다는 점에서 의의가 있다.

## 세도정치 속에서 못다 핀 정치

## 치국과 치지에 스며든 소박함

헌종은 1827년 7월 18일 창덕궁 경춘전景春殿에서 태어났다. 이름은 환奐이고, 자는 문응文應이며, 호는 원헌元軒이다. 훗날 익종으로 추존된 효명세자孝明世子(1809~1830)의 아들로 어머니는 조만영趙萬永의 딸인 신정왕후神貞王后다. 즉 순조의 손자이며, 할머니 대왕대비는 안동 김씨 김조순의 딸인 순원왕후純元王后다. 『헌종실록』 부록에 실린 윤정현 찬 「헌종대왕 묘지문」에 따르면 어머니인 왕대비는 태몽으로 남편인 효명세자가 옥수玉樹를 주는 꿈을 꿨으며, 태어

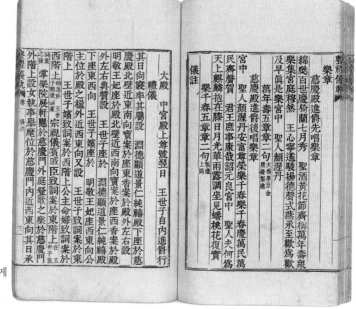

『자경전진작정례의궤』,
34.0×21.9cm, 1827,
한국학중앙연구원 장서각.
1827년 효명세자 부부가
원손(훗날의 헌종)을 낳자
이를 축하하며 순조 내외에게
존호를 올리고 자경전에서
진작례를 연 기록을 남겼다.

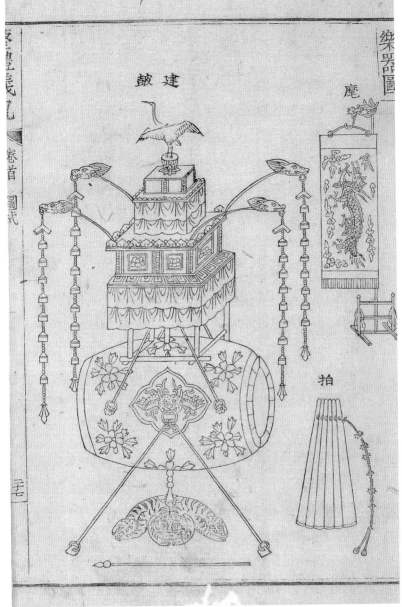

建皷

庵

拍

자경전 진작례에 쓰였던 물품 중 하나.

날 때는 창덕궁에 학이 떼 지어 돌며 날다가 높이 구름 속으로 들어가 모두 기이하게 여겼다고 한다.[2]

헌종은 어릴 때부터 총명했다고 한다. 몇 살 안 되어 이미 『천자문』을 익힐 때 아버지 효명세자는 그 영리함을 보고는 더욱 사랑하셨다고 한다. 그리고 한번은 병풍에 그려져 있는 인물을 보고 좌우에 말하기를 "그림 가운데 있는 아이를 누르지 말라. 아이가 아플까 염려된다"고 말하여 인애仁愛를 타고난 인물이라고들 했다.

그러나 불행히도 네 살 때인 1830년 자애로운 아버지가 갑자기 세상을 떠났다. 그리하여 헌종은 곧 왕세손으로 책봉되었고, 여섯 살 되는 1832년에는 비로소 강연講筵을 열었는데 몇 번 읽으면 곧 문장을 외우고 그 뜻을 환히 알았다고 한다. 이후에도 헌종은 기억력이 뛰어났다는 이야기가 곳곳에 나온다.

그리고 여덟 살 때인 1834년 11월 13일, 이번에는 할아버지인 순조가 사망하자 숭정문崇政門에서 왕위에 올랐다. 당시 헌종의 나이가 적었던 까닭에 대왕대비 순원왕후의 대리청정이 시작되었다. 이후 헌종은 대왕대비와 정사를 같이 들으며 일마다 반드시 여쭌 뒤에 행했는데, 청나라 사신은 어린 왕이 주선하는 것이 예에 맞는 것을 보고 놀라워하며 축하했다고 한다.

열한 살 되는 1837년(헌종 3) 3월 20일 안동 김씨 김조근金祖根의 딸인 효현孝顯왕후와 가례를 올렸다. 이는 순조 때부터 이어온 안동 김씨의 세도정치의 연장선상에서 이뤄진 결혼이었다. 그리고 1841년(헌종 7) 마침내 수렴청정이 끝나고 헌종은 열다섯 살의 나이에 직접 정사를 보았다. 「헌종대왕 행장」에는 이때 대왕대비가 헌종

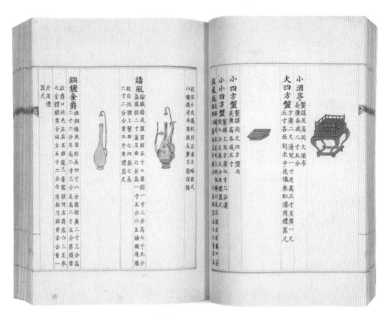

小酒亭
製樣及高同大酒亭
長廣各盛二寸五分
方廣上盛二寸七分邊上
各面刻木平花
像宋紅漆用體
黑尺

大四方盤
製樣同大酒亭而
長廣盛二寸高五寸足廣一尺
方廣二尺二寸足高五寸足廣一尺
邊見一寸各面
刻木平花像宋
紅漆用體黑尺

小四方盤
製樣同大四方盤而
長廣盛五寸高五寸
方廣七寸七分高二
寸邊見七分各
高一寸五分以且
鑄鑞連環

小小四方盤
製樣同大四方盤而
長廣盛七寸高二分
刻木平花像
復鳳瓦�12

鑄瓶
鍮鑄成腹圓
長徑五寸口圓徑
圓圓徑三寸腹廣二寸
高五寸口圓蓋之高
起自瓶上蓋柄之長
六寸二分合重三斤以體器尺

銅鍍金爵
鍮鑄成腹圓
長十八分圓廣二寸三分高
二寸六分其耳龍頭高二寸
之圓口純左右耳二
其口純左右三層龍
故依壬戌謄錄所載式
以鑄復考而圓
器尺

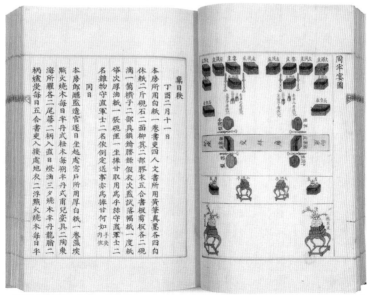

同牢宴圖

稟目秩
丁酉二月十一日
本房所用白紙一卷書寫吏四人文書所用黃筆真墨各四白
休紙二斤硯石二面柳其二部膠末五合書板真粉一度紙
滴一箇槽子二部具鎖鑰鐵假衣次藍試落幅紙一度紙
帒次厚油紙一張硯匣一坐擡甘取用高乎孫守直軍士二
名雜物守直軍士二名依例定送事亦為擡甘何如內
同日

本房郎廳監造官逐日坐起處宮戶所用厚白紙一卷溫埃
戝火燒木每日半式柜木每朔半丹兒臺具二陶東
海所羅各一坐丹木牛丹燈三夕燒木牛丹龍脂二
柄爐炭每日五合書吏入接處地灰二浮黙火燒木每日半

에게 하교한 말은 제왕의 본분을 한마디로 요약한 명언이었다고 기
록되어 있다.[13]

> 하늘을 공경하고 백성을 사랑하며 학문에 부지런하고
> 어진 이를 가까이하여 선왕의 가법家法을 지키는 것을
> 주상主上은 힘쓰시오.

이리하여 친정체제에 들어간 헌종은 어린 나이에도 의욕적
으로 정무를 살폈다. 그때 일하던 모습을 「헌종대왕 묘지문」에서는
낱낱이 예를 들어가며 칭송하고 있다.

> 해민海民이 전복을 따는 것은 여름철이 더욱 어려우므로
> 6, 7월의 진공進供을 멈추라고 명하셨다. 또 하교하시기를
> '검약으로 나라를 다스리려면 자신이 먼저 해야 한다'
> 하시고 영남에서 공납하는 인삼과 관서, 관북에서
> 공납하는 녹용과 내국內局(內醫院)과 상방尙方(尙衣院)에서
> 해마다 연경燕京에서 사오는 것을 줄이셨다.

그러다 헌종이 열일곱 살 때인 1843년(헌종 9), 왕비인 효현
왕후가 갑자기 세상을 떠났다. 헌종은 비통해하며 죽은 효현왕후
의 행록行錄을 지으면서, 열 살에 궁중에 들어와 6년간 함께 살며
두 자전慈殿을 지성으로 받들고 궁인宮人들에게는 어진 마음을 베
풀었는데 후사도 없이 갑자기 사망한 것이 무척이나 슬프다고 애

도했다.[14]

그리고 이듬해인 1844년(헌종 10) 10월 남양 홍씨 홍재룡洪在龍의 딸인 효정왕후를 계비로 맞아들였다. 이를 기념하여 그린 「헌종가례진하도병憲宗嘉禮陳賀圖屛」이 동아대박물관과 경기도박물관에 각각 1점씩 남아 전하며, 국립중앙박물관에도 관련 기록화 「헌종가례진하도」가 있다.

이를 계기로 정국은 바뀌어 안동 김씨의 세력은 약해지고 헌종의 외할아버지인 조만영을 중심으로 한 정치세력이 정국을 주도해나갔다. 특히 순조가 생전에 헌종을 보도補導할 책임을 맡긴 조인영趙寅永(조만영의 동생)이 정국 운영에 적극 뛰어듦으로써 두 세력 사이의 균형이 어느 정도 유지되었고, 헌종 또한 그 나름으로 국정 운영의 주체가 되고자 노력했다.

1845년(헌종 11) 경연에서 역대 임금들의 치적을 모은 『갱장록羹墻錄』을 교재로 하라는 명령을 내리고 자신은 『국조보감』을 읽으면서 선왕들의 업적에 깊은 관심을 보였다. 여기엔 선왕의 힘을 빌려 왕권을 강화하려는 임금의 뜻이 들어 있었다. 헌종은 직접 정무를 챙기면서 재해를 입은 지역에 구휼을 지시하기도 했고, 과거 시험장에서 공공연히 뇌물이 오가는 것을 지적하며 공정한 선발이 이루어지도록 「칙과폐교飭科弊敎」를 내리기도 했다. 이를 「묘지문」에서는 이렇게 증언하고 있다.

관찰사와 유수들은 신하에게 명하여 각각 백성들의 고통을 갖추어 조목조목 벌여 적어서 아뢰게 하고 (⋯) 과거가 공정

「헌종가례진하도」, 비단에 채색, 114.2×406.0cm, 1844, 국립중앙박물관.

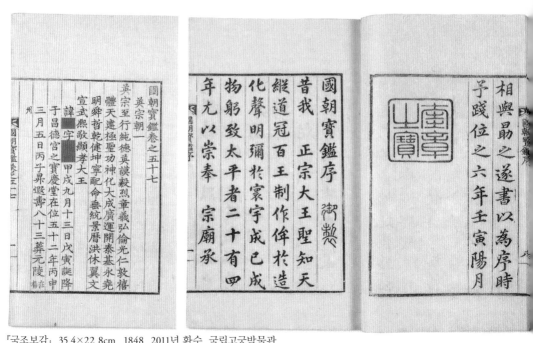

『국조보감』, 35.4×22.8cm, 1848, 2011년 환수, 국립고궁박물관.
헌종은 『국조보감』을 증보하며 이 책을 통해 선왕들의 업적에 깊은 관심을 보였다.

하지 않은 것을 늘 걱정하여 (…) 엄한 분부를 내려 범한 자
가 있으면 시관試官은 임금의 말을 불신不信한 율律을 시행하
고 유생은 그 부형父兄을 죄주게 하셨다.

1847년(헌종 13), 스물한 살의 헌종은 낙선재 일곽을 중수하
고 줄곧 여기에 기거했다.[5] 헌종이 낙선재를 지은 것은 후궁 경빈慶
嬪을 맞으면서 왕실의 사적인 공간, 이른바 연조燕朝 공간으로 새로

창덕궁
깊이 읽기

낙선재 내부.

마련하기 위함이었다. 원래 헌종은 희정당熙政堂, 성정각誠政閣, 중희당重熙堂을 편전便殿으로 썼다. 그러나 계비 홍씨(효정왕후)가 후사를 두지 못하자 1847년(헌종 13) 10월 20일 광산 김씨 김재청金在清의 딸을 후궁으로 맞아들였다.

이에 헌종은 당시 빈터로 남아 있던 중희당 동쪽 건너편에 낙선재, 석복헌錫福軒, 수강재壽康齋, 평원루平遠樓 등을 짓고 생활공간을 이리로 옮긴 것이다. 원래 이 자리에는 낙선당樂善堂이라는 이름의 동궁이 있었지만 오랫동안 빈터로 남겨졌던 터였다. 새로 지은 낙선재는 헌종의 서재 겸 사랑채였고, 석복헌에는 후궁 경빈이 기거했으며, 수강재는 수렴청정이 끝난 순원왕후를 모신 곳이었고 평원루는 후원의 정자로 썼다.

1848년(헌종 14), 스물두 살의 헌종은 정조, 순조, 익종 등 3대 임금의 치적을 보완해 『삼조보감三朝寶鑑』을 간행하면서 서문을 쓰기도 했다. 그리고 그해 규장각에 초계문신抄啓文臣을 뽑을 것을 명해 이 제도가 정조 사후 처음으로 되살아나기도 했다. 헌종은 정조의 뜻을 본받아 당대의 인재들을 근신近臣으로 길러낼 생각을 품고 있었다.

또 이해는 대왕대비 순원왕후가 육순을 맞이하고 왕대비는 망오望五(41세)를 맞아 순조, 익종의 존호尊號를 추상追上하고, 대왕대비와 왕대비께 존호尊號를 바쳤다. 헌종은 창덕궁 인정전에서 축하연을 베풀었고 이때 그린 기록화로 「무신진찬도」가 국립중앙박물관에 소장되어 있다. 그러고는 서민들의 부채를 탕감시키는 조치를 내리고 추사 김정희를 비롯한 많은 죄인에게 사면령을 내리기도 했

창덕궁
깊이 읽기

수강재(위)와 석복헌(아래).

「무신진찬도」
비단에 채색, 각 폭 139.0×384.0cm, 1848, 국립중앙박물관.
헌종이 대왕대비의 육순과 왕대비의 망오를 맞아 창덕궁 인정전에서
축하연을 베푸는 장면.

헌종이 대왕대비와 왕대비를 위해 연 축하연의 한 장면.

다. 이때가 헌종이 임금답게 국사를 보며 살아가던 때다.

　　그러나 세월은 그의 편이 아니었다. 그가 크게 의지했던 외할아버지 조만영이 1846년(헌종 12)에 일흔한 살의 나이로 세상을 떠나는 바람에 의지가지를 잃었다. 헌종은 외할아버지의 죽음을 슬퍼하며 성복일成服日, 발인일發引日, 그리고 소상小祥에 제문을 올렸다. 이듬해에는 국가의 제일가는 폐단으로 지적되었던 수령과 이서들의 탐학 행위를 막으려는 목적으로 서리장률胥吏杖律을 개정하고 군영대장 공금 사용을 제한하라고 지시하는 등 부패 행위를 엄벌하려는 강력한 의지를 보였지만 결국 신하들의 반대로 제대로 추진하지 못했다. 게다가 밀려오는 천주교와 이양선異樣船의 출몰을 감당치 못해 1846년에는 김대건 신부를 처형해야 하는 어려움을 겪었다.

　　결국 헌종은 이제 한번 맘껏 일해보려는 의지로 나름의 뜻을 펼치고 있을 때 갑자기 몸이 붓는 병을 얻어 1849년(헌종 15) 6월 6일 중희당에서 세상을 떠났다. 향년 스물세 살의 새파란 나이였다.

　　「헌종대왕 묘지문」은 헌종의 성품과 평소 모습을 이렇게 말하고 있다.

　　왕은 단엄端嚴하고 정직하였다.
　　날이 밝기 전에 세수하였으며, 피로하고 권태로워도 몸을
　　기우듬히 기대지 않고 낮에는 누운 적이 없었다.
　　한가히 쉴 때도 의관을 갖추지 않고서는
　　조정의 신하를 만나지 않으셨다.

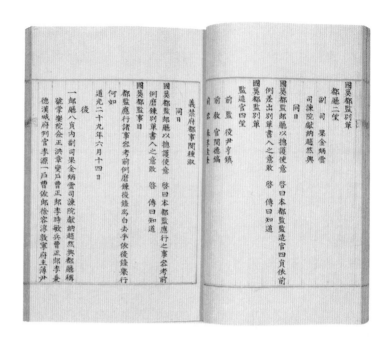

『헌종국장도감의궤』
46.4×32.6cm, 1849,
외규장각의궤,
국립중앙박물관.

헌종은 또 굉장히 실질적이고 검소했다고 한다. 「묘지문」은
그런 헌종의 모습을 이렇게 말하고 있다.

평소에 실속 있는 것에 힘쓰려고 스스로 노력하셨다. (…)
실사구시實事求是라는 말을 사랑하여 써서 늘 좌우에
걸어두고 경계하며 반성하는 뜻을 붙이셨다.
성품이 사치하고 화려한 것을 좋아하지 아니하여
곤의袞衣 외에는 무늬가 있거나 수놓은 옷을 입지 않으시고
평상복은 무명이나 모시옷에 지나지 않았다.

그래서 헌종은 낙선재를 지으면서 단청을 하지 못하게 했다고 한다. 이는 「묘지문」에 드러나 있다.

궁실에 단청하지 않고 말하기를 '내가 소박한 것을
좋아하니 아로새기거나 그림을 그릴 필요 없다'고 하셨으며
쓰시는 기구도 예스럽고 아담한 것을 취하실 뿐
금이나 옥으로 꾸민 것이 없었다.

이러한 사실은 헌종이 지은 「낙선재 상량문」의 다음 구절에서도 확인할 수 있다.[16]

곱고 붉은 흙을 바르지 않은 것은 과도한 규모가 되지 않게
하기 위함이고, 채색한 서까래를 걸치지 않은 것은
질박함을 앞세우는 뜻을 보인 것이라네……

「묘지문」은 또 증언하기를 치국治國을 말하면 기강을 근본으로 삼고, 검소한 것을 숭상하는 일을 앞세웠으며, 학문은 치지致知를 귀하게 여기는 것이긴 하나 '알아도 행하지 않으면 모르는 것만 못하다'고 하였고, 육지陸贄의 주의奏議와 소동파의 문장과 『대학연의大學衍義』를 가장 좋아해 아플 때면 경연의 신하들에게 말하기를 "내 병이 조금 나으면 이 세 권의 전적을 읽을 것이다"라고 했다. 또 『육도삼략六韜三略』 같은 병법서, 『본초本草』 같은 의약서, 『선기옥형璇璣玉衡』 같은 천문 책에도 정통했다고 한다. 그리고 서화취미에 대

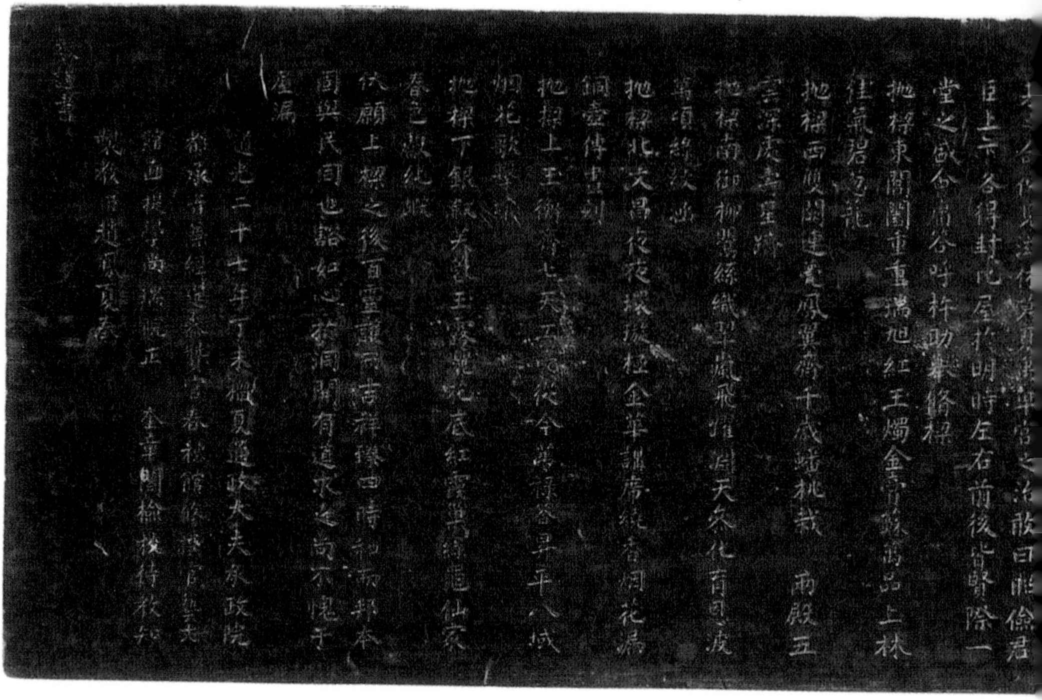

하여는 다음과 같이 말했다.

평소에 서화를 사랑하여 고금의 명가들의 유필遺筆들을
다 내부內府에 모아두시고, 금석의 유문遺文을 고증하며
사전史傳에 누락된 것을 보완하고 정정하셨는데 전문하는
석학일지라도 여기에 미치지 못하였다. (…)
전서와 예서에 있어서도 오묘한 데에 이르셨다.

이러한 헌종의 일생과 인간상을 보면 결국 미완이었지만 문
화군주로서의 풍부한 자질을 엿볼 수 있다.

## 전서와 예서에
## 뛰어났던 왕

## 뛰어난 감식안으로
## 조선의 예술을 탄생시키다

헌종의 문예에 대한 취미는 수렴청정이 철수되고 친정에 나선 무렵부터 나타나며 본격적으로 즐긴 것은 이십대에 들어와 타계하기까지 생의 마지막 4년이었던 듯하다. 그의 문집인 『원헌집』에 실려 있는 열다섯 편의 시 가운데 친정에 들어선 열일곱 살에 지은 「서설瑞雪」이라는 시 외에는 모두 1847년(헌종 13), 즉 나이 스물한 살 때 지은 것이다. 「묘지문」에서 말하기를 헌종의 시문에는 '옛것을 본받아 고상한 운치가 있었다'고 했다.

헌종이 지은 시를 보면 「옥류천」, 「소요정차운」 등 창덕궁을 산책하며 지은 시 외에 대신들과 연구聯句로 지은 것이 주목된다. 이것은 헌종과 신하들이 어울린 한때의 시회詩會를 엿보게 해주는데, 연구의 주제는 벼루硯, 옥류천, 향燒香, 백련白蓮, 매미秋蟬, 오동梧桐, 자명종自鳴鐘, 차煮茗, 먹墨 등이다. 이때 헌종의 시에 뒤를 이어 시를 지은, 이른바 갱진賡進한 신하들을 보면 당대의 대신이자 문인들이었다.[17]

제학 조병현, 원임 직제학 서희순, 검교 직각 윤정현, 검교 제학 김흥근, 검교 대교 남병철, 동녕위東寧尉 김현근, 남녕위南寧尉 윤의선, 검교 대교 조봉하, 좌승지 윤치수 등이 다섯 명 내지 여섯 명씩 돌아가며 시를 지은 것으로 기록되어 있다.

헌종은 이처럼 신하들과 시를 나누는 것을 적잖이 즐겼던 것 같다. 「세한도」 제작 과정으로 유명한 우선藕船 이상적李尙迪을 불러 시를 낭송하게 한 일이 있다. 이에 이상적은 그 은혜로움에 감사하는 뜻으로 자신의 시집을 『은송당집恩誦堂集』이라 하였다. 이 『은송당집』은 『승화루서목』에도 들어 있다. 또 우봉 조희룡이 금강산 탐승길에 오른다는 사실을 알고는 그에게 금강산 시를 지어 보내라

고 명하기도 하였다. 우봉은 『석우망년록石友忘年錄』에서 이렇게 회고했다.[8]

선왕조先王朝 병오년(1846, 헌종 12)에 내가 금강산에
들어가려고 할 때 명령이 내려졌는데, '무릇 훌륭한 경치를
만나게 되면 반드시 시로써 기록하여 바치라'고 하였다.
명을 받들어 산에 들어갔다. (…) 나는 '영원동靈源洞'이라는
한 골짜기가 끝났는데도 '영원동'이라는 한 편의 시를
완성하지 못하면 다른 경치가 옆에 있어도 감히
한 발자국도 내딛지 않았다. 구룡폭포九龍瀑布, 만물상萬物相
등의 여러 경치도 한결같이 이 방법을 사용하였다.

그러나 헌종의 취미는 시보다도 서화에 있었다. 그가 그림
을 그렸다는 기록이 전하거나 작품으로 남겨진 것은 없지만, 헌종
의 「묘지명」과 「행장」에서는 한결같이 헌종은 전서와 예서를 잘 썼
다고 기록하고 있다. 현재 헌종의 예서나 전서는 알려진 것이 없지
만 창덕궁의 병영兵營에 걸었던 「내영內營」이라는 현판이 국립고궁박
물관에 남아 있다. 이 글씨를 보면 약간 행서 기미가 있는 해서체인
데, 획의 굵기와 필의 흐름에 어딘지 예서의 기미가 있어 그가 예서
를 잘 썼다는 평가의 내력을 짐작케 한다.

그리고 한빛문화재단에는 헌종의 간찰이 두 통 전하는데
그 서체에는 예서의 기가 많이 배어 있다. 얼핏 봐도 추사서파의 글
씨인 것을 알 수 있다. 실제로 헌종은 추사의 글씨를 몹시 좋아했

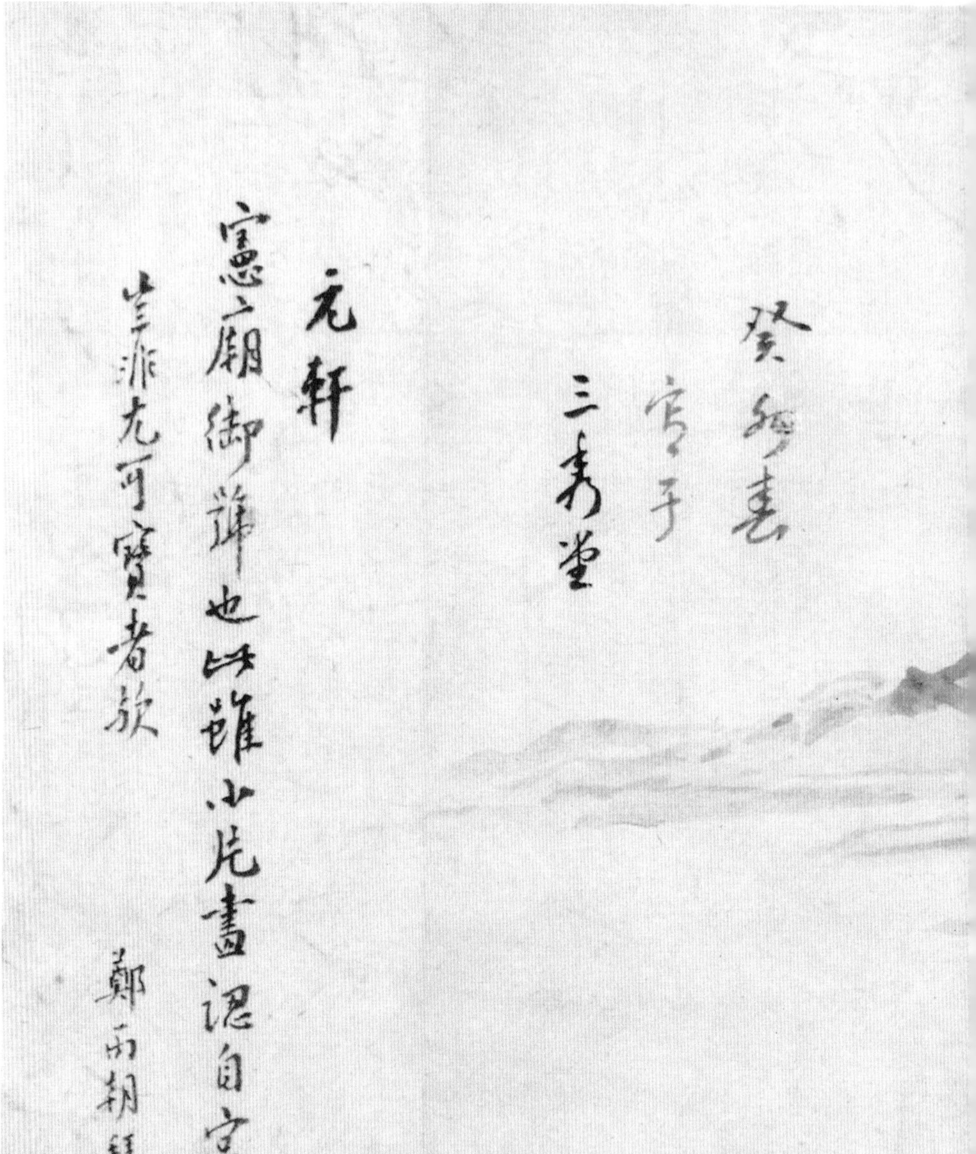

元軒
憲廟御筆也此雖小片畵䟽自宮中流出
幸派元可寶者歟
鄭丙朝拜觀 [印]

賓竹畵
宮子
三秀堂

「산수도」, 전 헌종, 종이에 수묵, 22.0×31.0cm, 개인. 풍경을 담묵으로 표현해낸 고졸한 솜씨를 엿볼 수 있다. 오른쪽 윗부분에 '원헌元軒'이라는 헌종의 아호를 써서 새긴 인장이 있다.

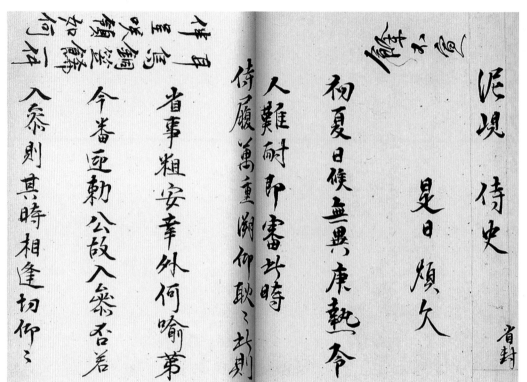

泥峴　侍史

是日　頫　欠

省封

初夏日候無恙康勅令

人難耐即審此時

侍履萬重溯仰耿耿此則

作日

省事粗安幸外何喻第

今番�ﾠ勅公故入參否若

入參則其時相逢切仰仰

헌종 간찰, 화정박물관.

「내영」 현판, 85.3×186cm,
국립고궁박물관.
창덕궁 병영인 내영에
걸었던 현판으로,
왼쪽 하단에
"內營元戎之印", "元軒"이란
낙관이 있다.

다. 뒤에 자세히 살펴보겠지만 헌종은 제주도에서 귀양살이를 하고 있는 추사에게 글씨를 써서 올리라고 명을 내렸고, 소치 허련을 낙선재로 부르면서 들어올 때 추사의 글씨를 갖고 오라고 명했다.

또 헌종은 청나라 서예가의 글씨를 좋아해『승화루서목』에 상당한 중국 서예가의 글씨가 수장되어 있었고, 헌종이 기거했던 낙선재의 현판과 주련들은 청나라 서예가의 작품이다. 낙선재 현판은 추사의 친구인 섭지선葉志詵의 글씨이고, 대청마루 앞 주련에는 추사의 스승인 옹방강翁方綱의 대련이 걸려 있으며, 낙선재 뒤 언덕에 세운 육각정자인「평원루」현판은 옹방강의 아들로 추사와 절친하게 교류했던 옹수곤翁樹崑의 글씨다.

헌종의「묘지명」에 이르기를 항상 좌우에「실사구시實事求是」를 걸어두었다고 하는데, 창덕궁 전래의 옹방강 글씨 현판이 전해지고 있어 이와 연관지어 보게 된다. 헌종의 중국 취향은 이를 넘어『승화루서목』의 소장 전적에는 청대 문인의 문집이 여럿 있고,『보소당인존』의 전각 도인 수장품 중에도 청나라 문인의 것이 매우 많다. 뿐만 아니라 헌종은 옹방강의 당호인 '보소당寶蘇堂', 옹수곤의 별호인 '홍두紅荳'를 아예 자신의 당호와 인장으로 쓰기도 했다. 평원루 육각정의 건축 형식은 완연한 중국풍인데 원창의 만월문滿月門, 그리고 낙선재의 창살무늬에도 청나라풍이 스며 있다.

이 모든 정황을 보면 헌종의 청나라 문물에 대한 기호는 추사의 영향 아래에 있었던 것 같다. 헌종이 함께 서화를 즐겼던 침계 윤정현梣溪 尹定鉉, 우봉 조희룡又峰 趙熙龍, 위당 신관호威堂 申觀浩, 소치 허련小癡 許鍊 등이 모두 추사일파의 핵심인물들이다. 그 점에

「유재」 현판, 김정희 필, 나무, 32.7×103.4cm, 19세기, 일암관.
낙선재에 걸려 있던 현판으로 헌종이 사랑했던 추사 김정희의 글씨다.

「낙선재」 현판, 섭지선 필.

「평원루」 현판, 옹수곤 필, 나무, 32.8×88.0cm, 19세기, 국립고궁박물관.

서 헌종은 추사일파의 일원으로 볼 수도 있을 것이다. 그러나 헌종이 생전에 추사에게 글을 배웠다거나 만났다는 근거는 아직 찾지 못했다. 추사는 헌종이 대리청정을 받던 때인 1840년(헌종 6)에 제주도로 유배되어 헌종이 세상을 떠나는 1849년(헌종 15)에야 서울로 돌아왔다. 1836년에 추사는 성균관 대사성에 임명되었고, 이후 곧 형조참판, 병조참판 등을 역임했으니 조회 등 공식 자리에서는 만났을 가능성이 크다. 그러나 서화를 함께 즐기는 사적인 자리가 있었는지는 아직 확언할 수 없다.

다만 헌종이 추사를 좋아한 것은 그의 아버지인 익종과 할아버지인 순조 때로부터 연유한 듯하다. 그것은 1827년(순조 27)에 왕명으로 간행된 『문사저영文史咀英』의 서문을 추사 김정희에게 쓰게 한 것에서도 엿볼 수 있다.[9]

이 책은 순조가 구양수와 소동파의 문장 가운데 좋은 글을 뽑아 동궁으로 있던 효명세자에게 읽히기 위해 박종훈에게 명하여 간행한 것이다. 그리하여 그 서문은 박종훈이 지었지만 순조는 글씨만은 추사에게 쓰도록 하여 펴냈다. 추사는 이때 규장각 검교 대교待教 겸 시강원 보덕輔德 직을 맡고 있었기에 직접 효명세자를 가르쳤을 것으로 생각된다.

어쨌든 추사에 대한 헌종의 취향은 남달랐으며, 지금 창덕궁 낙선재 온돌방에 걸려 있는 「보소당寶蘇堂」이라는 현판을 보면 완연히 추사체인데 이것이 바로 헌종의 어필이다.

헌종의 시와 서에 대한 취미가 이러했지만, 헌종의 진짜 문예취미는 창작이 아닌 감상에 있었다. 헌종은 서화가들에게 그림

「보소당」 현판, 헌종, 나무, 30.0×98.0cm, 19세기. 낙선재에 걸었던 현판으로 헌종의 어필이다.

「보소당」 인장,
돌, 2.0×3.9×4.0cm, 조선, 국립고궁박물관.

김정희 인장, 돌, 조선,
국립고궁박물관. 추사 김정희의
개인용 인장으로, 그는 헌종에게
지대한 영향을 끼쳤다.

과 글씨를 바치게 했던 것 같다. 헌종은 추사뿐만 아니라 우봉에게 도 글씨를 써오라고 했다. 조희룡은 『석우망년록』에서 이렇게 회상 했다.[10]

> 선왕조(헌종) 때의 일을 추억하건대, 무신년(1848, 헌종 14) 여름에 중희당 동쪽에 작은 누각을 지었는데, 나에게 '문향 실聞香室'이라는 편액의 글자를 쓰라고 명하였다.

헌종이 승화루에 서화를 모아놓고 이를 신하들과 함께 감 상한 것이 작품으로 전하는 것도 있다. 이 작품은 동기창이 원나라 황공망의 필의筆意로 그린 산수화로 윗부분에 진계유陳繼儒의 제발 이 붙어 있다. 또한 그림 위에는 별지로 글씨 두 폭이 붙어 있는데, 하나는 헌종이 동기창의 「우세남 여남지虞世南 汝南志」를 임모臨摹한 것이고, 다른 하나는 침계 윤정현이 쓴 발문이다. 윤정현의 발문은 이렇다.

> 헌종 병오년(1846, 헌종 12) 겨울, 신臣 윤정현은 영춘헌迎春軒에서 임금님을 대면하였는데, 임금께서는 경황 지硬黃紙에 동기창의 서첩을 임모하시고 경연관의 신하 3인 에게 나누어주셨으며, 또 기新 한 편片을 받았다. 지금으로 부터 21년 된 일이다. 삼가 공경히 받들어 이 족자幀의 상단 에 붙여서 영구토록 보배롭게 간직하게 한다.

# 910종 4555점 작품의 수장 목록 『승화루서목』

# 『보소당인존』, 헌종의 방대한 전각 도인 수장

헌종이 신하들과 서화를 즐긴 곳은 낙선재와 낙선재 뒤편에 있는 승화루였다. 1782년(정조 6)에 정조가 세운 이 승화루에는 부속건물로 서화고書畵庫가 있다. 정조는 이곳에 많은 책과 서화를 보관해 두고 틈나는 대로 읽고 감상했다.[11] 승화루의 원래 이름은 소주합루小宙合樓로 규장각의 주합루와 비견되던 곳이었다. 헌종 때 간행된 『궁궐지』에도 '소주합루'라고 기록되어 있다. 이 건물들의 위치를 살펴보면 헌종이 국시를 보던 중희당에서 칠분서七分序라는 복도를 지나면 바로 승화루와 평원루로 연결되고 그 아래쪽이 일상생활 공간인 낙선재이다.

그런데 지금 규장각에는 헌종 때 소장품을 목록으로 작성한 『승화루서목』이라는 필사본이 있어 여기에 소장되었던 책과 서화의 내용을 알 수 있다.[12] 서지학자들은 이 서목이 작성된 것을 철종 연간 혹은 1905년 무렵으로 추정하는데, 그 내용을 보면 헌종이 선대부터 승화루(소주합루)에 수장되어 있던 책과 서화에 그 자신의 컬렉션을 더해 이뤄진 것으로 보인다.[13]

『승화루서목』의 내용은 실로 방대하다. 목록만 103쪽에 걸쳐 실려 있는데, 모두 910종에 4555점이나 된다. 수장 내용은 책과 서화로 나뉘는데 책은 내용으로, 서화는 형태로 세분되어 있다.

『승화루서목』에 실린 책들을 보면 대개 각 분야의 고전이거나 기본 서적들이다. 다만 동시대 조선 학자들과 청나라 문인들의

「낙선재」인장, 돌, 2.6×2.4×4.0cm, 조선, 국립고궁박물관.

저서가 있어 이를 통해 헌종의 독서 취향을 엿볼 수 있다. 경류經
類 21종은 『주역』, 『논어』 등 고전 경서이고, 사류史類 6종은 『명사
明史』 등 역사서이며, 자류子類 6종은 『노자』, 『장자』 등의 노장 서적
들이, 시류 27종은 『고시古詩』, 『당시唐詩』 등 고전적인 시집들이며,
문류文類 18종은 『문원영화文苑英華』 등 중국 문장의 고전들이다.
척독류尺牘類 5종, 병가류兵家類 4종도 마찬가지이며 총서류叢書類는
15종이지만 책수로는 『지부족재총서知不足齋叢書』(240책) 등 603책
이다.

　『승화루서목』의 서책 가운데 헌종의 독서 취향을 엿볼 수
있는 것은 집류集類 83종과 설가류說家類 52종이다. 여기에는 도연
명, 왕유, 육방옹, 소동파 등 중국 명현들의 문집이 망라되어 있는
데, 그 가운데 『천공개물天工開物』, 『해국견문록海國見聞錄』, 『다여객
화茶餘客話』, 『야담수록夜談隨錄』 등 실학자들이 좋아할 책들도 있고,
추사 김정희가 자주 인용했던 『택석재집擇石齋集』(6책)을 비롯해 우

『승화루서목』, 31.4×27.1cm, 20세기 초, 규장각한국학연구원.

리에겐 낯선 청나라 건륭 연간의 문인들이 지은 것이 많아 조선과 청나라의 긴밀했던 동시대적 학문 교류를 엿볼 수 있다. 그리고 여기에는 자하 신위의 『낭환선관시집』, 운외거사 홍현주의 『해거재시초』, 우선 이상적의 『은송당집』 등이 실려 있어 문인 학자들과 자주 만났던 임금의 모습을 다시 한번 그려보게 된다.

　　『승화루서목』에는 중국 목관본인 서화의 기본 서적들도 망라되어 있다. 필가류筆家類 13종은 『고금서법원古今書法苑』 등 서예의 기본 저서들이고, 화가류畫家類 12종은 『개자원화보』 등 회화사의 고전적인 화보들이며, 인보류印譜類 9종은 『집고인보集古印譜』 등 전각의 주요 인보들이다.

　　『승화루서목』에서 주목되는 것은 무엇보다 서화작품 컬렉션이다. 서책들은 내용에 따라 나눴지만 서화는 형태로 분류해 서첩書帖 204종, 화첩畫帖 99종, 그림 족자畫簇 172종, 글씨 족자書簇

40종, 글씨 횡축書橫軸 13종, 그림 횡축畵橫軸 19종, 글씨 대련書聯 56종, 그림 대련畵聯 10종, 글씨 두루마리書橫披 31종, 그림 두루마리畵橫披 9종이다. 아마도 보관되어 있던 분류 방식대로 목록을 작성한 듯싶은데, 총 653종이다(대련은 2점이고 서첩, 화첩에 10점씩 들어 있다고 치면 총 3000점에 달한다는 계산이 나온다).

참으로 엄청난 서화 컬렉션이었다. 더욱이 중국의 명가들을 거의 망라하는 수장품이 궁중에 있었다는 사실과 정조, 순조, 익종, 헌종이 이 작품들을 신하들과 함께 감상했다는 사실은 조선시대 서예사와 회화사의 환경을 다시 한번 검토해볼 필요를 제기한다. 그런 시각에서『승화루서목』에 실린 서화작품의 성격에 대해서는 좀더 면밀하고 종합적인 분석이 이뤄져야 할 것이다.

서예에서는「열성어필」,「정조어필」,「익종어필」,「헌종어필」등 역대 임금들의 글씨가 서첩과 횡축 형태로 많이 남아 있고,「예기비」,「곽태비」등 중국의 서예 고전들은 아마도 탁본 형태인 듯 서첩으로 많이 꾸며져 있다. 오늘날 서예의 고전으로 불리는 서첩은 거의 다 여기에 들어 있다고 해도 과언이 아니다.

그런 가운데 청나라 건륭 연간의 대가인 담계 옹방강, 석암 유용, 산주 양동서, 운대 완원, 동경 섭지선 등 주로 추사와 교류했거나 추사가 자주 언급하던 인사들의 글씨가 있어 역시 서적에서 보여준 헌종의 문예 취향이 여기서도 드러난다. 그리고 우리나라 글씨로는 안평대군, 한석봉, 표암 강세황, 이재 권돈인의 서첩과 족자들이 보이는데 특히 추사 김정희의 작품이 많아「완당묵적」,「추사서화합벽」,「완당예서」,「예당禮堂액자」,「추사예」,「완당서」등

6종이나 실려 있다.

그림에서는 화첩, 족자, 횡축 등 그 형식과 관계없이 화가와 작품을 보면 송나라 이후 역대 중국 명화가들이 그 목록에 올라 있다. 송나라 미불, 이용면, 소동파, 휘종 황제, 원나라 전선, 조맹부, 예찬, 명나라 대진, 남영, 주단, 문징명, 심주, 이재, 여기, 임

량, 당인, 구영, 청나라 왕원기, 왕시민, 운수평, 석도, 고기패, 나
빙, 정판교, 주야운 등의 작품이 들어 있다. 또 특이한 것은 일본
그림도 수장된 것으로, 「일본인 묵우도墨牛圖」(족자), 「왜화倭畫」(족
자), 「일본인 황산노인화黃山老人畫」, 화련畫聯 등이 있고, 「양화첩洋畫
帖」도 한 점 있다.

조선 화가의 작품으로는 「동국명회東國名繪」(3첩), 「해동명화」(2첩), 「화동화첩華東畫帖」, 「아동선보我東扇譜」 등 여러 화가의 그림 모음첩이 있고, 화가별로는 현재 심사정의 「현재묵묘玄齋墨妙」라는 이름의 화첩과 영모첩, 겸재 정선은 「겸재화첩」(3첩)이라는 이름으로 「해산도」, 「산수첩」, 「유람첩」, 「화희첩華戱帖」, 단원 김홍도는 「단원첩」이라는 이름으로 「희묵戲墨」이 있고, 관아재 조영석, 긍재 김득신, 허주 이징, 희원 이한철 등의 화첩도 기록되어 있다. 「담재첩澹齋帖」이 목록에 있는데 강희언인지 김웅환인지는 분명치 않다.

족자로는 「겸재 산수」, 「단원 산수」, 「탄은 금죽金竹」, 「탄은 묵죽」 등이 있다. 이외에 「금강산첩」(6첩), 「금강진도金剛眞圖」(4첩) 등 금강산 그림 모음첩도 있고 아직 확인되지 않은 많은 화첩과 족자가 있다. 그리고 화첩 중에는 헌종의 호를 따서 「원헌장元軒藏」이라고 한 것이 9첩이나 있는데 이는 헌종이 따로 수집한 소품들을 첩으로 꾸민 것으로 생각된다. 그런데 이 많은 작품이 그 뒤 어떻게 되었는가?

헌종의 서화 컬렉션 가운데 빼놓을 수 없는 귀중한 또 하나의 품목은 『보소당인존』이다.[14] 이에 대해서는 국립고궁박물관 특별전 도록 『조선왕실의 인장』에 실린 연구논문(김연수, 「국립고궁박물관 소장 조선 왕실 수집 인장 고찰」)에 자세히 고증되어 있어 여기서는 간략히 소개만 한다.

보소당은 지금도 낙선재 사랑채에 현판이 걸려 있는 헌종의 또다른 당호로 『보소당인존』은 헌종이 수집한 전각 도인 컬렉션을 책으로 인출한 인보印譜다. 이 인보는 규장각, 장서각 등에 10여

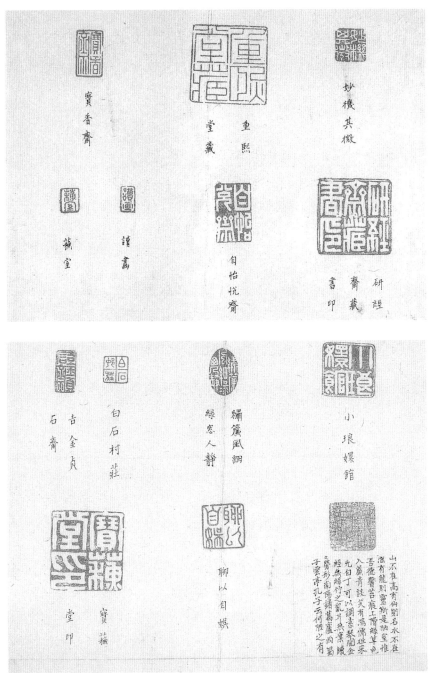

『보소당인존』(28첩), 검인본·필사, 21.4×27.5cm, 1847년 이후, 한국학중앙연구원 장서각.
헌종의 당호인 보소당寶蘇堂에 수장되어 있던 인장의 인영印影을 모은 인보印譜. 보소당은 헌종의
별호 가운데 하나이며, 여기 보이는 '집옥재集玉齋'와 '홍두산방紅豆山房' 역시 헌종의 별호다.

『보소당인존』(7첩), 검인본·필사·채색, 30.3×21.0cm, 19세기 말, 한국학중앙연구원 장서각.
조선의 열성조가 사용한 인장을 비롯해 명말청초 전각가들의 전각 등을 실었다.
특히 인장의 외형을 그린 도설 1책이 있어 헌종이 애용한 실인實印의 형태와 재료를 알 수 있다.

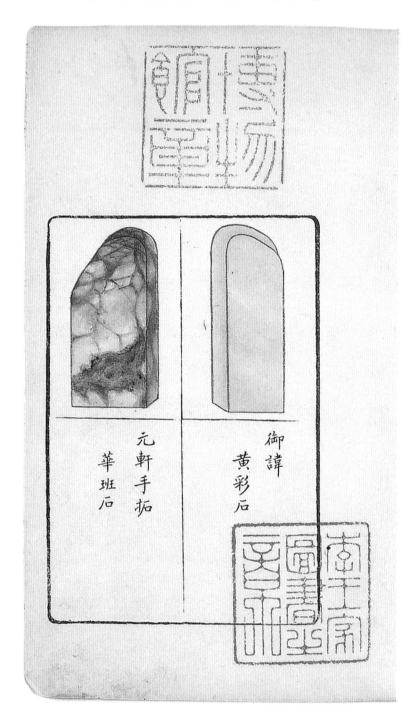

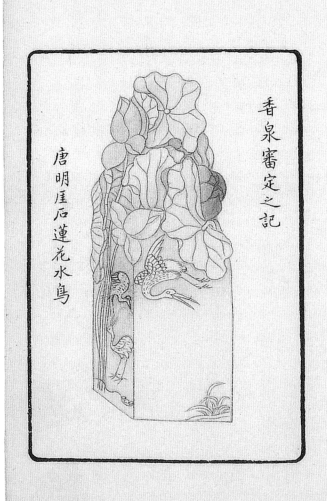

香泉審定之記

唐明厓石蓮花水鳥

권이 전하는데 헌종대에 신위와 조두순에 의해 편집된 것으로 알려져 있다.

이 인보는 소장본마다 차이가 있어 459과에서 776과의 도인이 찍혀 있다. 헌종은 참으로 방대한 전각 도인을 수장했던 것이다. 그런데 현재 국립고궁박물관에 소장된 전각 인장 319과 중 195점이 『보소당인존』의 인보와 일치한다는 사실이 확인되었다. 그러니까 헌종의 전각 도인 컬렉션이 실물로 확인된 셈인데, 그 내용을 보면 헌종 자신의 도인은 물론이고 다산, 추사, 우봉 등 문인 학자들의 도인과 옹방강, 오승량 등 청나라 문인들의 것도 들어 있어 헌종의 취향을 여기서도 확인할 수 있다.

## 추사 김정희, 유배 중에 헌종에게 글씨를 바치다

헌종이 추사를 얼마나 좋아했는지는 제주도에 유배되어 있는 추사에게 글씨를 써서 올려 보내라고 한 데서 극명히 드러난다.[15] 이런 사실은 추사가 막내아우(김상희)에게 보낸 편지에 상세히 나와 있다.[16]

죄는 극에 달하고 과실은 산처럼 쌓인 이 무례한 죄인이 어떻게 오늘날 이런 일을 만날 수 있단 말인가. 다만 감격의 눈물이 얼굴을 덮어 흐를 뿐이요. 말이나 글로 표현할 수

있는 것이 아니네. 더욱이 나의 졸렬한 글씨를 특별히
생각하시어 종이까지 내려 보내셨으니, 임금의 은혜龍光에
대해신산大海神山이 모두 진동을 하네.

때는 추사가 유배된 지 7, 8년이 지난 헌종 13년이나 14년
무렵으로 보인다. 그때 추사는 몸이 몹시 아파 제대로 글씨를 쓸 수
없었다. 그래도 임금의 명인지라 간신히 몇 작품을 마치고 추사는
임금의 요구대로 다하지 못한 사정을 아우에게 이렇게 말했다.

근래에는 안질이 더욱 심해져 도저히 붓대를 잡고 글씨를

쓸 수도 없었으나 왕령王靈이 이르러 할 수 없이
15~16일간 공력을 들여 겨우 편액 셋과 권축卷軸 셋을
써놓았을 뿐이네. 그리고 나머지 두 권축에 대해서는
이렇게 흐린 눈으로는 도저히 계속해서 써낼 방도가 없어
올리지 못하게 되었는지라 오규일에게 보낸 편지에
사실대로 다 진술하였네. 천만번 송구스러움은 잘 알지만,
인력으로 안 되는 것들은 역시 어쩔 수가 없었네.

오규일은 전각을 잘하여 추사의 도장을 많이 새겼고 왕실
도장에도 그의 작품이 들어 있는 추사의 애제자다. 추사가 이때 임
금의 명을 받고 쓴 글씨는 「목연리각木連理閣」, 「홍두紅豆」였다. 완당
은 그 내용에 대해서 이렇게 말했다.

넉 자 편액에 대해서는 달리 넣을 만한 글이 없어
 고심하다가, 일찍이 무씨武氏의 상서도祥瑞圖 가운데 있는
말을 본 것이 기억나서 '목연리각' 네 글자를 써서 올렸네.
그에 관한 자세한 내용은 오규일에게 보낸 편지에 들어
있으므로 여기서 거듭 언급하지 않으니, 그 편지를 가져다
보는 것이 어떻겠는가? (…) '홍두'의 뜻은 결국 화려함에
관계되지만, 붓을 들고 잊지 못하는擧筆不忘 뜻에 따라
홍두시첩紅豆詩帖 아래에 몇 자를 써서 올린 것은 감히
잠언箴言의 뜻을 붙인 것이네. 이미 글씨를 써서 올리고
보니 또 말씀을 올릴 것이 생각났는데, 알고도 말하지 않은

것은 또한 감히 할 수 없는 일이므로, 외람되고 망령됨을
헤아리지 않고 이와 같이 또 써서 보냈으니, 나를 죄주거나
알아주거나 간에 다시 어찌해야겠는가?

'목연리각'에서 목연리란 두 가지가 이어져 하나로 되는 나
무를 말하는 것으로 제왕의 덕이 천하에 넘쳐흐르면 목연리가 생
겨난다고 한다. '홍두'란 상사수想思樹 나무의 선홍색 열매로 이별할
때 잊지 말자는 징표로 주곤 했는데 당나라 왕유가 「상사」라는 시
에 나오면서 더욱 유명해졌다고 한다. 그러니까 추사는 귀양살이로
떨어져 있음을 은연중에 비친 것이다. 그리고 추사는 이 두 편액의
글씨가 맘에 들었음을 이렇게 말했다.

두 편액은 서경西京(서한시대)의 옛 법칙대로 써서 제법
웅장하고 기결한 힘이 있어 병중에 쓴 것 같지 않았네.
이는 곧 왕령이 이른 곳에 신명의 도움이 있었던 듯하고
나의 졸렬한 필력으로 능히 이룬 바가 아니니,
이 뜻도 오규일에게 따로 언급하여주게. 그리고 종이가
여유 있지 않으면 이와 같이 마음대로 필력을 구사할 수가
없으니 앞으로 이런 일이 또 있으면 반드시 별도로
여벌 종이를 갖추는 것이 아주 좋겠네.

그러나 추사가 그렇게 공들여 써서 헌종에게 바쳤다는 「목
연리각」과 「홍두」 현판은 현재 전하지 않는다.

# 허련,
## 헌종과 그림을
## 맞잡고
## 감상하다

헌종이 서화가들과 서화를 함께 즐겼다는 사실은 무엇보다도 소치
小癡 허련許鍊(1809~1892)이 지은 『소치실록小癡實錄』, 일명 『몽연록夢
緣錄』에 자세히 나와 있다.[17] 소치는 1848년(헌종 14) 신관호申觀浩의
안내를 받아 낙선재로 헌종을 알현하러 가게 되었다. 그 과정을 소
치는 다음과 같이 생생하게 증언했다.

> 무신년(1848) 8월 27일, 우수영 수사水使 신관호가
> 특사特使를 시켜 내게 편지를 보내왔습니다.
> 뜯어보니 임금(헌종)께서 부르신다는 내용이었지요.
> 약간의 추사 글씨를 갖고 들어오라는 말도 적혀
> 있었습니다. (…) 우수영에게 재촉하여 9월 13일 서울에
> 도착했지요. 초동椒洞에 머물면서 그림을 그려 임금께
> 바치는 것을 매일 일과로 삼았으며, 가지고 온 서축은
> 대내大內에 진상하였습니다.

그리하여 소치가 마침내 낙선재로 헌종을 알현한 것은 이듬
해 정월이었다. 낙선재에 들어서니 추사의 현판이 많이 걸려 있었
다고 했다.

> 이듬해인 기유년(1849, 헌종 15) 1월 15일 나는 비로소

『소치실록』,
종이에 먹, 25.8×17.8cm,
1867, 남농문화재단.

夢綠錄
余乃深山索居叵耐岑寂縱有蒔間書裦
苦眼花而都抛且無心上經營撫鬢雪而
自愴杜草堂憶弟之句有時者雲林和靖
愛梅之情空自遠樹沙村寒杵因日斜而
遙者溪寺清鍾借風便而忽聽此地重到

입시入侍했습니다. (…) 화초장을 지나 낙선재에 들어가니
바로 상감께서 평상시 거처하는 곳으로 좌우의 현판 글씨는
완당의 것이 많더군요. 향천香泉, 연경루硏經樓, 유재留齋,
자이당自怡堂, 고조당古藻堂이 그것이었습니다.

그리하여 소치는 헌종 앞에서 그림을 그리던 때를 이렇게
회상했다.

상감께서는 기쁜 빛을 띠시고 가까이 와 앉으라고
분부하시고는 좌우에 있는 사람을 시켜 버룻집을 열어
먹을 갈라고 분부하시더군요. 그러고는 손수 양털로 된

붓 두 자루를 쥐고 붓뚜껑을 빼어 보이시며 '이것이 좋은가,
아니면 저것이 좋은가 마음대로 취하라'고 하셨습니다. (…)
또 평상平床을 가져다놓으라 하시오나, 운필하기에
불편하다고 아뢰니 곧 서상을 거두라고 하시고는
당선唐扇 한 자루를 내어놓고 손가락 끝指頭으로 그리라고
분부하셨습니다. 나는 바로 매화를 손가락 끝指頭으로
그리고 화제畵題를 썼습니다.

이어서 소치는 임금과 축을 맞잡고 황공망의 그림을 함께
감상했다고 한다.

상감께서는 또 오래된 그림 족자 한 개를 내어놓는데
길이는 두 자쯤 되어 보이더군요. 상감께서 손수 그
윗부분을 잡으시고 나더러 그 두루마리를 풀게 하시는데
나에게 아랫부분을 잡도록 했습니다. 다 펴놓고 이 그림이
어떻냐고 물으시기에 '이것은 원나라 황공망의 산수화
진품입니다'라고 대답했습니다. 그 그림을 감상하신 뒤에
한쪽에 펴놓으시고 다시 소동파의 진품 첩책을 가져다
끝에 고목과 대나무와 돌을 그리라고 분부하시기에
바로 그렸습니다.

이후에도 소치는 여러 차례 헌종의 부름을 받고 낙선재로
들어가 임금 앞에서 그림을 그리고 서화를 함께 감상했다. 두 번째

낙선재로 간 것은 같은 달 20일이었다고 한다.

　이때는 중국에서 만든 공첩空帖에다 산수화를 서너 폭 그렸더니 '가지고 가서 마저 다 그려서 바쳐라'라고 하시고 좋은 종이 한 장을 주시면서 산수화를 그리라고 분부했다고 한다.

　소치가 세 번째로 입시한 것은 그달 25일이었다. 이때는 주로 서화를 감상했는데 그중에는 영명위永明尉, 정조의 사위인 홍현주집에서 본 적이 있던 고화첩古畵帖도 있었다고 했다. 그 뒤 4개월이 지난 5월 26일에 소치는 낙선재로 헌종을 알현하여 기름을 먹인 옥과선玉果扇을 받아 집으로 돌아와 3일 뒤인 29일에 완성된 그림을 소매 속에 넣고 또 헌종을 다시 알현했다고 한다. 이때 헌종은 이미 병색이 완연했다고 했다.

　29일 대궐로 들어갔습니다. 상감께서는 이미 며칠 전에 중희당重熙堂으로 거처를 옮겨 계셨는데 벽에는

『시법입문』,
17.8×12.8cm, 19세기,
개인.
청나라 유예가 찬집한
한시 입문서인데,
헌종이 이를 직접
허련에게 내려주었다.

'자구다복自求多福'이라는 넉 자가 붙어 있었고,

또 묵장편墨庄扁을 걸어놓았더군요. 거기에는 송나라

악비岳飛의 글이 붙어 있었는데 그것은 바로 신관호 대장의

글씨였습니다. (…) 용안을 우러러보니 신색이 전날과는

매우 달랐습니다. 옥음도 가늘고 낮았습니다. (…) '화선을

갖고 왔느냐'고 말씀하시기에 나는 공손히 몸을 굽혀

나아가 두 손으로 받들어 올렸지요. 상감께서는 손수

화선을 잡고 펴서 무심히 보시고는 접어서 상 위에

올려놓으시고는 (…) 그림의 공졸에 대해서 한마디 말씀도

없으셨습니다. (…) 용안에는 검누렇게 붓기가 있었습니다.

(…) 요사이 상감의 신수가 좋지 않다는 소문이 자자하더니

과연 그런 것이 아닌가 생각되었습니다.

나는 안정이 안 되고 심정이 착잡한 채로 서 있었는데

상감은 돌아보시며 '이제 물러가거라' 하시기에 하명에 따라

바로 물러나왔습니다. (…) 그리고 7일 뒤인

6월 5일(실제로 타계한 날짜는 6월 6일이었다)

상감께서 승하하실 줄이야 어찌 알았겠습니까.


결국 헌종은 세상을 떠나기 직전까지도 서화를 손에서 떼지
않았다는 이야기가 된다. 어쩌면 당시 헌종에게는 서화 감상만이
유일한 낙이었는지도 모른다.

헌종은 짧은 인생을 살았지만 남다른 문예취미를 지녔고, 학문과
예술을 사랑하는 문화군주의 면모를 여러모로 보여주었다. 그동안
잘 알려지지 않았던 헌종의 문예취미는 여러 각도에서 재조명할 필
요가 있다.

첫째는 헌종이 수장했던 『승화루서목』의 전적과 서화작품
의 내용을 세밀히 분석할 필요가 있다. 이는 당시 궁중과 서화계의
미술에 대한 이해 수준을 말해주기 때문이다. 아울러 청나라 건
륭, 도광, 함풍 연간의 서예가인 옹방강, 양동서, 유용, 섭지선 등
의 작품이 거의 동시대에 조선으로 건너왔다는 이야기가 되는데 그
작품들의 수입 시기와 입수 과정 등을 밝히는 것은 한중서화 교섭
사의 중요한 연구 과제가 될 수 있다.

둘째는 헌종의 『보소당인존』에 실린 작품과 국립고궁박물
관에 소장되어 있는 도인들을 면밀히 분석해야 한다. 헌종이 그처
럼 많은 도인을 새기고 수집한 연유는 물론이고, 임금이 사대부들
의 도인을 수장하게 된 경로나 까닭도 밝혀져야 할 것이다. 이것이
헌종의 개인 취미만은 아니라는 점이 영조 때 문신인 유척기의 도
인이 궁중에 많이 수장되어 있다는 점으로 확인된다.

셋째는 '완당바람'에 대한 재검토다. 추사 김정희가 주도
한 새로운 문예사조는 그동안 추사 개인의 취향이 그의 주변 친구
와 제자들에 의해 이뤄진 것으로만 인식되었다. 그러나 헌종의 문

예취미를 보면 어떤 식으로든 '완당바람'과 결코 무관하지 않을 것 같다.

이와 동시에 헌종 시대에 보인 중국 취향에 대한 새로운 해석도 요구된다. 우리는 미술사의 흐름을 영조, 정조 시대의 진경산수와 속화의 유행을 민족주의적 화풍의 완성으로 높이 평가하면서 동시에 순조, 헌종 연간의 '완당바람'으로 상징되는 중국풍의 유행을 민족적 화풍의 쇠퇴라며 아쉬워하곤 한다. 그러나 당시 중국풍이 들어온 것은 사대주의나 외제 선호 취향에서 일어났다기보다는 민족주의나 향토주의로 매너리즘에 빠져 있던 문예계에 하나의 신풍新風으로 받아들여졌던 면이 강하다. 연암 박지원의 『열하일기』에서 주장하는 것도 그렇고 정조가 『고금도서집성』을 수집하는 과정도 청나라의 높은 문화 수준을 이해하기 위한 노력이었다. 그런데 헌종대에 들어와서는 이제 중국의 문화를 어느 정도 따라잡아 동시대적 교류를 한 것이 완당바람이 아닌가 여겨지는 것이다. 이는 현대미술사에서 모더니즘의 수용 과정과 같은 맥락에서 이해해볼 수도 있을 것이다.

그리고 미술사를 넘어 일어나는 문제점이 하나 있다. 그것은 임금의 일상생활에 대해 우리가 아주 잘못 인식하고 있다는 점이다. 텔레비전의 역사드라마 영향 때문인지 우리에게 조선시대 왕들은 궁궐 안에서 가무나 즐기며 팔자 좋게 지냈다는 인식이 은연중에 배어 있다. 그러나 조선시대의 임금 자리는 고된 직업이었다. 임금은 동궁 시절부터 강도 높게 제왕학 수업을 받았다. 또 당대 최고가는 학자를 선생으로 모셔 고전부터 공부했다. 임금의 취미

생활은 결코 천박한 오락이 아니라 독서와 시·서·화를 즐기는 대단히 고상한 것이었다.

　　헌종이 왜 스물세 살의 나이에 세상을 떠났는가에 대해서는 아무런 기록이 없다. 몸이 붓는 병이었다고 한다. 『헌종실록』에는 헌종이 계속해서 침을 맞고 부황을 뜨는 기사가 나온다. 혹 헌종은 과도한 업무와 세도정치의 스트레스로 일찍 병을 얻은 것이 아닌가 생각되기도 한다. 네 살부터 제왕의 훈련을 받고 여덟 살에왕이 되어 할머니 대왕대비의 수렴청정을 받고 열다섯 살부터는 국사를 돌봐야 했던 그의 고된 삶에 대한 인간적 동정이 깊이 가는 대목이다. 헌종은 여러모로 미완의 문화군주였다.

# 왕의
# 얼굴을
# 화폭에 담다

## 창 덕 궁  선 원 전 과  조 선  왕 들 의  어 진  제 작

**황정연** 국립문화재연구소 학예연구사

1592년에 일어난 임진왜란으로 정궁正宮인 경복궁이 불에 타 사라
져버린 뒤 창덕궁은 조선 후기 역사와 문화의 주요 무대가 되었다.
이런 점은 회화사에서도 빼놓을 수 없는 것으로, 왕의 초상인 어진
御眞을 가장 많이 그린 곳 역시 창덕궁이었다.

　　어진은 왕의 권위 그 자체이며 왕권의 정통성을 상징했기
에 화원畫員을 뽑는 일, 어진을 그리는 데 들어갈 물품을 조달하는
일, 제작한 뒤 전각에 봉안奉安하기까지 엄격한 의례 절차 속에서
탄생했다. 오늘날까지 어진이 매우 격식 높은 초상화로 평가받는
것도 바로 이런 이유 때문이다. 조선왕조에서 면면히 이어져왔던
어진 제작은 일제강점기에도 이왕직李王職 주관으로 이따금씩 이뤄
졌지만, 국권을 빼앗긴 터에 전통을 충실하게 잇는다는 것은 어려
울 수밖에 없었고 역대 어진을 봉안했던 전각들 역시 훼철되는 운
명을 겪었다.

　　이 글은 조선왕조에서 일제강점기까지 어진의 제작과 더불어
창덕궁 선원전璿源殿을 중심으로 어진을 보관했던 진전眞殿이 어떻게
운영되었는가를 살펴보려 한다. 이를 통해 일제에 의해 전통이 끊긴
어진과 진전의 역사적 의미를 되돌아보는 기회를 갖고자 한다.

## 어용, 쉬용, 진용…
## 왕후의 초상은
## 왜 그려지지
## 않았을까

우리나라 역사상 국왕과 왕비, 왕족들의 초상화를 그려 특정 전각

에 보관한 사실은 『고려사高麗史』를 비롯한 옛 문헌에서 구체적으로 발견된다. 궁예가 부석사에 있는 신라 왕의 모습이 그려진 벽화를 보고 칼로 내려쳤다는 일화, 강원도 원주의 신라 경순왕 영전影殿을 중수했다는 기록 등을 보면 국왕의 화상을 그린 전통은 이미 통일신라시대부터 이어져왔음을 알 수 있다.[1] 또한 국왕의 초상은 아니더라도 조사祖師의 형상을 그림이나 조형물로 제작해 특정 전각에 봉안하여 숭배한 기록은 여럿 찾을 수 있다.

국왕의 초상화는 고려시대부터 '어용御容', '쉬용晬容(晬容)', '진용眞容', '성진聖眞', '영정影幀' 등으로 불리며 확정된 이름이 없었지만, 1713년 숙종과 대신들이 논의한 끝에 우리 고유의 한자어인 '어진'이 공식 용어로 자리잡았다. 이때 숙종은 자신의 어용을 그리고 표제標題를 적는 과정에서 가장 합당한 왕의 초상화 명칭에 대해 신료들과 논의한 뒤, 중국 송나라의 예를 들어 '영자影子'라는 말은 곧 자신을 일컫는 말인 까닭에 아랫사람들이 쓰지 말아야 하므로, 어진이라는 칭호는 써도 된다는 의견을 제시했다.[2]

조선을 세운 지 얼마 되지 않은 15세기에는 선왕과 선후의 영정을 그려 전각에 봉안해 제의를 행한 풍속이 있었지만, 어진이 부처의 모습을 그린 불화의 유습이라는 유학자들의 인식과 더불어 주자성리학의 영향으로 영정을 대신해 신주神主를 모신 종묘宗廟의 기능이 강화되면서 선조 연간 이후 수십 년 동안 어진은 제작되지 않았다. 그 뒤 숙종이 즉위해 많은 논란 끝에 어진과 진전의 기능을 부활시켰다. 또한 선왕선후에 대한 기억을 되살려 그려 추화追畵한 것에서 더 나아가 생존 당시 현왕現王(숙종)의 모습을 그리기 시작했으며, 이러한 관행은 융희 연간(1907~1910)까지 계속되었다. 아울러 숙종은 정종의 비 정안왕후定安王后, 세종의 비 소헌왕후昭憲王后의 어용을 그린 조선 초기의 유풍을 따라 1695년 자신의 계비 인현왕후仁顯王后의 초상화도 그리려 했지만 신료들의 강력한 반대로 무산되었고, 그 뒤 왕후의 초상은 그려지지 않았다. 이는 내외법內外法을 엄격하게 적용했던 궁중 법도를 따른 조치이기도 했지만, 국왕이 원해도 포기할 수밖에 없었을 정도로 유교성리학에 입각한 관료 중심의 국정 운영이 얼마나 뿌리 깊었던가를 잘 보여주는 사례다.

# 옛 기록을 통해 그려본

## 어진 제작 과정

조선시대에는 임금의 살아생전 모습이나 돌아가신 뒤의 모습을 그리는 것(도사圖寫)뿐만 아니라 손실되거나 훼손된 어진을 다시 그리는 모사摸寫(移摸)도 꾸준히 이뤄졌다. 이처럼 어진도사 또는 어진을 모사한 과정은 『조선왕조실록』, 『승정원일기』, 『일성록』 등 관찬 사료와 『어진도사도감御眞圖寫都監』, 『영정모사도감影幀摸寫都監』 등 의궤에 구체적으로 기록되어 있다. 또한 어진을 완성한 뒤 전각에 봉안한 의례에 대해서는 『춘관통고春官通考』(1788), 『대한예전大韓禮典』(1898) 등에 잘 드러나 있다. 이 가운데 어진이 그려지는 과정 및 그와 관련한 논의, 행사 절차를 가장 잘 보여주는 자료는 의궤다. 각

왕조 때마다 어진의 도사, 모사, 보수 등은 자주 있었지만 그것들이 모두 의궤로 만들어지지는 않았다. 오늘날 어진 제작과 관련된 의궤는 국내외 소장처에 모두 10종이 전해지며, 서명을 보면 당시 제작 목적이 어진 도사였는지 모사였는지 짐작할 수 있다.[3]

| 순번 | 서명 | 연대 | 내용 |
|---|---|---|---|
| 1 | 영정모사도감의궤<br>影幀摸寫都監儀軌 | 1688(숙종 14) | 태조어진 모사 |
| 2 | 어용도사도감의궤<br>御容圖寫都監儀軌 | 1713(숙종 39) | 숙종어진 도사 |
| 3 | 영정모사도감의궤 | 1735(영조 11) | 세조어진 모사 |
| 4 | 영정모사도감의궤 | 1748(영조 24) | 숙종어진 모사 |
| 5 | 영정모사도감의궤 | 1837(헌종 3) | 태조어진 모사 |
| 6 | 영정모사도감의궤 | 1872(고종 9) | 태조·원종어진 모사 |
| 7 | 영정모사도감보완의궤<br>影幀摸寫都監補完儀軌 | 1900(광무 4) | 순조·문조어진 보수 |
| 8 | 어진이모도감의궤<br>御眞移摸都監儀軌 | 1900(광무 4) | 태조어진 모사 |
| 9 | 영정모사도감의궤 | 1901(광무 5) | 태조·숙종·영조·정조·순조·문조·헌종 어진 모사 |
| 10 | 어진도사도감의궤<br>御眞圖寫都監儀軌 | 1903(광무 7) | 고종어진 및 순종어진 도사 |

현존하는 가장 오래된 어진 관련 의궤는 1688년에 만들어진 『영정모사도감의궤』다. 이 의궤는 전주 경기전에 봉안되었던 「태조어진」을 한양으로 이봉移奉하여 모사한 뒤 새 어진을 남별전南別殿에 모신 과정을 담은 것으로, 17세기 이전까지 주춤했던 어진도사와 이에 따른 의궤 제작에 활력을 불어넣는 중요한 계기를 마련했

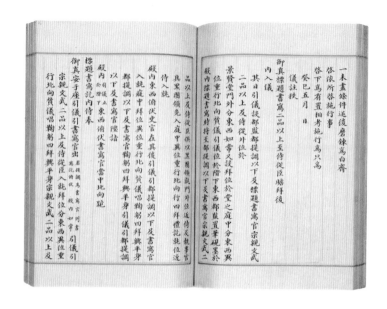

『어용도사도감의궤』,
46.0×26.7cm, 1713,
외규장각 의궤,
국립중앙박물관.

다. 또한 1713년 숙종어진을 그린 과정을 기록한 『어용도사도감의
궤御容圖寫都監儀軌』는 현존하는 의궤 가운데 국왕의 생존 당시 초상
을 그린 과정을 기록한 가장 오래된 의궤라는 점에서 의의가 있다.

이밖에 책명이 '어진도사' 또는 '영정모사'라고 되어 있진 않
지만 어진이 그려진 과정을 기록한 자료가 있어 참조할 만하다. 이
가운데서도 『어진도사사실御眞圖寫事實』은 1781년 정조어진 도사,
1791년 정조어진 도사, 1830년 순조어진 도사, 1849년 헌종어진
도사, 1852년 철종어진 도사, 1861년 철종어진 도사까지 모두 여섯
번의 어진도사 과정을 기록해 정조에서 철종대까지 어진이 어떻게
제작되었는가를 이해하는 데 매우 중요한 기초 자료가 된다.[14] 또한
일제강점기 고종과 순종어진의 제작과 창덕궁 선원전으로의 이봉

과정이 부록으로 실려 있는 『[고종태황제]빈전혼전주감의궤[高宗太皇帝]殯殿魂殿主監儀軌』(1921)를 비롯해 1935년과 1936년 두 해에 걸쳐 창덕궁 (신)선원전 제2실의 세조어진과 제3실의 원종어진을 모사한 기록인 『선원전영정개수등록璿源殿影幀改修謄錄』 및 『선원전영정모사등록璿源殿影幀摸寫謄錄』을 통해 나라를 빼앗긴 일제강점하에서 어진이 어떻게 제작되었는가를 엿볼 수 있는 자료가 남아 있다. 이러한 자료를 바탕으로 어진을 제작하는 전반적인 과정을 살펴보면 다음과 같다.[15]

### ① 도감都監의 설치

어진을 그리는 데에는 용안容顔을 보고 그리는 도사圖寫와 어진을 보고 그리는 모사摸寫가 있었던 만큼 제작 전반을 담당하는 임시관청 역시 때에 따라 도사도감과 모사도감으로 나뉘어 설치되었다. 도감의 인원은 잠정적으로 차출되었으며, 현직 판서급 이하로 겸직하고 판서가 부득이하게 담당을 못 할 때면 참판이 대신했다. 또한 업무를 원활히 추진하기 위해 도제조都提調, 제조提調, 도청都廳, 낭청郎廳 등의 관료들 중 실무자를 1~2명씩 임명해 행사 전반을 이끌어가도록 했다. 도감은 궁궐 안의 적당한 곳을 마련해 설치했으며, 종친 이하 왕족들의 생활을 관리·감독하던 종친부宗親府에서도 이를 맡았다.

### ② 화원 선발 및 초본草本(初本) 제작

조선 궁중에서 활동한 화원은 온갖 궁중 행사에 뽑혀 이를

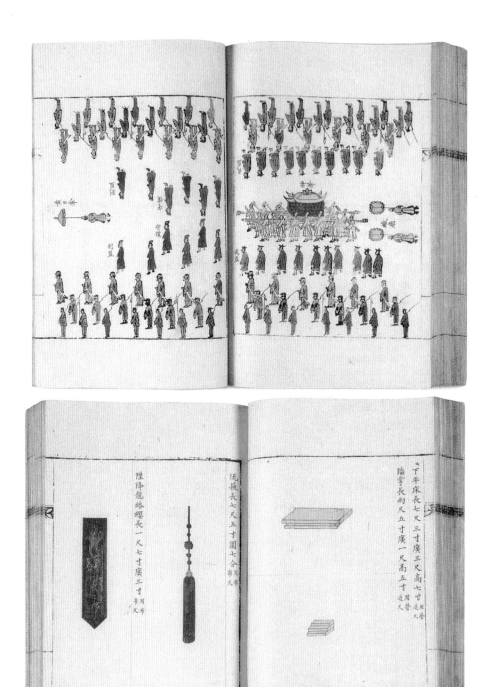

『[태조]영정이모도감의궤』, 45.0×33.5cm, 1899~1900, 2011년 환수, 국립고궁박물관.

그림으로 남기거나 건축물에 단청을 칠하고 왕실 서책을 출판할 때 인찰印札(선 긋기)을 담당하거나, 때로는 중국과 일본에 파견되는 관료들을 따라 이국異國의 풍정風情을 그려오는 등 막중한 나랏일을 맡아야 했기에 솜씨가 뛰어난 자를 일차 선별하는 일이 우선 이뤄졌다.[16] 특히 어용을 그릴 화가를 뽑는 일은 국왕과 실무자들에게 매우 민감하고 중요한 문제였다. '털끝 하나만 달라도 그 사람이 아니다—毫不似便是他人'라는 전통적인 초상화관觀이 뜻하듯, 주인공의 외형과 내면을 아우른 진실한 모습은 결국 화가의 붓끝에서 완성되

『[숙종]어용도사도감의궤』,
45.0×33.2cm, 1713,
규장각한국학연구원.
숙종의 어진을 그릴 당시
주관화원과 동참화원 등의
명단이 나와 있다.

기 때문이었다. 어진도사를 담당할 인물은 도화서圖畫署 소속의 화원뿐 아니라 전국의 선화자善畫者를 폭넓게 탐문하여 일정한 시취試取를 통해 뽑았다. 1865년에 펴낸『대전회통』에 따르면 도화서 소속 화원 30인은 1년에 네 차례에 걸쳐 추천장으로 이조에 보고해 사령서를 받아야 했다. 이처럼 화원을 추천하는 것이 법적으로 명시되었지만, 그전 시기에는 국왕과 신료들이 논의한 뒤 추천했기에 실력을 겨루는 일이 많았음을 의궤를 통해 확인할 수 있다.[17]

어진 제작에 참여한 화원은 자신이 맡는 분야와 그 비중에 따라 주관主管화원과 동참同參화원, 수종隨從화원으로 나뉘었다. 주관화원('화사'라고도 함)은 어진의 초草를 잡고 주요 부위를 그리는 중심 역할을 했고, 그를 도와 동참화원은 의복 등을 색칠했으며, 수종화원은 보조 역할을 하면서 화업을 배우는 이들이었다. 어진이 완성된 후 이들은 자신들이 해낸 역할에 따라 차등을 두어 포상받았다.

초본을 그리기에 앞서 도사圖寫할 곳이 마련되었고 교자校子와 돗자리 등 필요한 물품을 제조提調가 주관해 왕에게 보고했다. 현존하는 어진이 매우 적기 때문에 모두 확인되진 않지만 문헌에 따르면 전신상뿐 아니라 반신상도 그려졌으며 원유관본遠遊冠本, 익선관본翼善冠本, 군복본軍服本, 면복본冕服本, 입자본笠子本 등 복식과 관모에 따라 여러 모습의 어진이 그려졌음을 알 수 있다.[18]

생존하는 국왕의 어용을 그릴 때 화가들은 직접 왕의 얼굴을 뵐 기회를 얻기도 했다. 1713년 자신의 어용이 그려질 당시 숙종은 햇빛이 밝은 낮에 화가가 자신의 얼굴을 잠시 확인하는 것을 허락했고, 1902년 고종과 순종은 도사가 이뤄졌던 덕수궁 정관헌에 무려 50차례나 나아가 화가가 자신을 자세히 보고 그리도록 했다.[19]

### ③ 정본설채

화원이 먹으로 그린 여러 초본 가운데 가장 완성도가 높은 것을 국왕과 신료들이 논의를 거쳐 택한 후 비단에 옮겨 그려 채색하는 과정이다. 정본을 그리는 비단을 광초廣綃라 불렀는데, 직조織造는 공조工曹 또는 물품을 조달하는 상의원尙衣院에서 맡았다. 어용의 기본인 초본도 중요하지만 정본의 채색은 어떤 과정보다도 세심한 주의와 노력을 요했다. 그리하여 안색과 눈동자, 수염, 얼굴의 특징, 의관衣冠에 이르기까지 옛 제도를 참작해 화가들은 기량을 십분 발휘할 수 있도록 심혈을 기울여 제작했다.

우리나라 초상화 기법의 특징인 배채법背彩法은 어진을 그릴 때도 적용되었다. 당시에는 '북칠北漆'로 알려진 이 기법은 화폭 뒷면에서 앞으로 물감이 은은하게 스며 나오도록 하여 주인공의 피부와 흉배, 의복 등에 생기가 돌게 하는 방식으로, 정본설채正本設彩하기 전 유지초본油紙草本 단계에서도 시험적으로 적용했다. 「태조어진」과 「철종어진」은 배채법을 응용해 그린 것으로, 얼굴만이 아닌 임금이 앉아 있는 옥좌, 심지어 바닥에 놓인 채전彩氈(양탄자의 일종)과 돗자리 문양에까지 배채한 것으로 보아 완성도를 높이기 위해 작은 것 하나 가볍게 지나치지 않았음을 알 수 있다.

어진 제작 과정은 주로 문헌으로만 전하기 때문에 실제 도사 장면은 상상에 맡길 수밖에 없다. 그렇더라도 고종 연간~일제강

「태조어진」의 배채(왼쪽),
「철종어진」의 배채.

점기 동안 어용화사御用畵師로 활약한 김은호金殷鎬(1892~1979)의 사진을 통해 당시의 모습을 어느 정도 짐작해볼 수 있다. 그는 1918년에 그린 「이준용상李埈容像」을 비롯해 일찍이 황족들의 초상화를 그려 매우 사실적인 필치의 작품을 남겼던 만큼 궁중에서도 초상화 같은 세밀한 작업을 위해 종종 황실의 부름을 받았다. 그는 세 번(1912, 1923, 1928년)에 걸쳐 「순종어진」을 그렸는데, 이 가운데 1928년 어진을 그릴 당시의 사진이 남아 있어 화가들이 작품에 임하던 모습을 알 수 있다. 이때 촬영된 사진은 김은호가 화폭을 고정시킨 쟁틀 위에서 「순종어진」의 정본正本에 채색하던 순간을 담았다. 어진을 그리는 김은호 뒤로 순종의 사진 액자가 보이므로 그가 이 사진을 보고 어진을 그렸을 가능성이 있다.[10] 이때 완성된 「순종어진」은 창덕궁 북원北苑에 있는 (신)선원전에 봉안되었다.

김은호가 「순종어진」(1928)을 그리는 장면(왼쪽)과 「세조어진」(1935)을 그리는 모습.

창덕궁
깊이 읽기

「순종어진」을 그린 후 1935년 김은호는 「세조어진」도 그렸다. 그의 주변을 보면 당가唐家 속에 또다른 어진이 펼쳐져 있고 제기류, 오봉병풍이 있는 것으로 보아, 어떤 전각인지 분명하진 않지만 진전이거나 어진을 잠시 두었던 임시 봉안처였던 듯하다. 이처럼 어진을 그릴 때에는 임시로 도사할 곳을 택했으며 범본이 된 어진(모사 대상이거나 참고하는 어진)을 도사 장소로 옮겨왔을 때에는 진전에 봉안했을 때처럼 여러 의례 절차와 의장물儀仗物 등을 거의 똑같이 마련했다.

④ 봉심과 첨배

봉심奉審은 초본과 정본을 제작하는 과정에서 그 완성도를 평가하는 것으로, 대개 국왕과 2품 이상의 실무 관료들이 모여 진행했지만 때로는 왕의 모습을 잘 기억하는 관료나 종친들까지 참석해 함께 품평하기도 했다. 봉심은 어용을 그릴 때 미진한 부분을 지적해 올바르게 도사하는 데 그 목적이 있었다. 한편 첨배瞻拜는 정본 설채를 마친 후 군신이 모두 어진에 엎드려 절하는 첨배례瞻拜禮를 행하는 의식을 말한다.

⑤ 표제와 장황, 택일, 봉안

어진을 다 그린 뒤 어진의 주인공과 제작 일시를 적은 표제標題를 썼는데, 때로는 별도의 제첨題簽에 적어 어진의 오른쪽 상단에 붙이기도 했다. 여기에는 왕의 묘호廟號와 제작 연월을 기록했으며, 간혹 왕이 직접 쓰기도 했지만 대개는 글씨를 잘 쓰는 관료를

「태조어진」
218.0×150.0cm, 1872,
전주 경기전. 어진의 장황
형식이 가장 잘 남아 있는
작품이다.

풍대

유소

표제

「태조어진」의 표제, 전주 경기전.

뽑아 이를 맡겼다. 왕이 쓴 표제의 서식을 잘 보여주는 예는 1872년 「태조어진」이다. 표제는 어진의 정면 화면의 오른쪽 상단에 붙어 있으며, 1872년에 이모했음을 기록한 고종의 표제와 왼쪽 옆으로 1900년에 태조를 고황제高皇帝로 추존한 뒤 고종이 '태조고황제어진太祖高皇帝御眞'이라고 다시 쓴 붉은색 표제가 나란히 붙어 있다.

이 과정이 끝나면 오늘날 표구라 불리는 장황粧繢을 한다. 후배後褙가 견고하도록 여러 번 배접을 했고 네 귀퉁이에 회장繪粧을 둘러 화면이 고루 펴지게 했다. 마지막으로 어진 위쪽에 두 줄로 풍대風帶와 유소流蘇를 달아 장식했다.

이런 과정이 모두 끝나면 새로 제작한 어진을 진전에 모시는 봉안 날짜를 택일擇日한다. 관상감觀象監이 길일을 택했으며, 어진도사와 관련된 모든 날짜는 상서로운 날을 골라 작업하는 등 매우 경건하게 행했다.

어진을 진전에 봉안하기 위한 행렬은 의궤 말미에 실린 '어진봉안 반차도御眞奉安 班次圖'를 통해 알 수 있다. 어진봉안 반차도가 처음으로 수록된 의궤는 1748년『[숙종]영정모사도감의궤影幀摸寫都監儀軌』다. 여기에 실린 반차도는 1713년에 그린 숙종의 어진을 다시 모사한 후 신연神輦에 담아 궐 밖에 있던 영희전永禧殿에 봉안하기 위해 행렬하는 모습을 그린 것이다. 호위하는 인물들은 목판으로 찍어 그 안에 옅은 선염으로 채색했는데 필선과 구도가 자연스럽고 소박한 느낌이다. 반면 1837년 태조어진을 모사한 후 함흥 본궁에 봉안한 과정을 기록한『[태조]영정모사도감의궤』의 반차도는 좀더 복잡한 구성에 빨강, 파랑, 노랑 등 원색에 가까운 색채를 써 화려한 분위기를 냈는데, 이로써 반차도 표현의 시대적인 변화를 읽을 수 있다.

⑥ 세초 매안

세초洗草나 매안埋安은 어용을 그린 초본이나 구본舊本을 물로 씻어 없애거나 땅에 묻는 일을 말한다. 어진을 땅에 묻는 일은 조선 초기부터 있었던 처리 방식으로, 세종이 당시까지 궁중에 전해오던 고려 임금들의 영정을 모두 그 임금의 왕릉 가까운 곳에 묻게 한 것이 대표적인 예다. 초본은 세초를 하고 불에 태워 없애거나 훼손된 구본은 세초 뒤 땅에 묻는 것이 관례였지만, 모두 그렇게 한 것은 아니었다. 정본正本과 다름없을 만큼 완성도가 높으면 세초하지 않고 정본과 함께 두거나 별도로 장황해 궤에 보관하기

도 했다.[11]

⑦ 상전賞典

어진도사에 참여한 관료와 화원, 장인들에게 역할에 따라 차등을 두어 상을 주는 것으로, 모든 왕실 행사의 마지막 과정이다. 제조 이상은 마필馬匹을 받았고 그 이하는 품계를 올려 가자加資했으며, 주관화사와 동참화사는 동반직同班職을 제수받거나 물질적인 포상을 받았다. 그 밖의 장인들에게도 쌀과 포를 차등 있게 지급했다. 1894년 갑오경장 이후에는 도화서가 폐지되고 근대식 보수 체계가 도입되면서 화가들이 금전으로 월급을 받거나月銀式 포상을 받게 되었다.[12]

## 500년 동안 그려진 어진

### 태조에서 고종까지

신숙주가 1472년 성종의 명을 받아 지은 『영모록永慕錄』 서문에 따르면 15세기 경복궁 선원전에는 앞서 제작된 태조, 정종, 정안왕후, 태종, 세종의 어진과 1472년 화원 최경崔涇과 안귀생安貴生이 그린 소헌왕후, 세조, 예종의 어진이 봉안되어 있었다고 한다.[13] 그러나 지금은 이때 만들어진 어진은 물론 뒷날 제작된 어진조차 전하는 것이 극히 드물다. 궁궐 안의 화재, 외적의 침입, 한국전쟁으로 인해 불에 타고 사라진 까닭이다.

正輦

腰彩輿

「[숙종]영정모사도감의궤」 속 반차도, 36.6×32.7cm, 1748, 규장각한국학연구원.

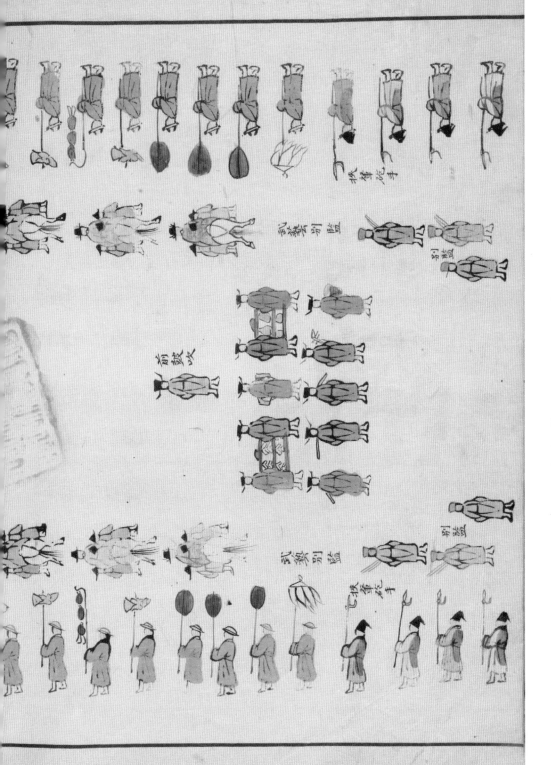

현재 남아 있는 어진은 조선 태조, 세종, 영조, 순조, 익종(문조), 철종, 고종의 초상뿐이며, 이 가운데서도 태조(청색 곤룡포본), 영조(반신상본), 고종의 어진을 제외하고 세종(홍색 곤룡포본), 순조(원유관본), 익종(익선관본), 철종의 어진(군복본)은 3분의 2 이상이 불에 타 온전한 모양을 상상하기 어렵다.[14] 상황이 이렇다보니 조선왕조 어진의 시기별 표현 기법이나 초상화로서의 특색을 종합적으로 살펴보는 데에 한계가 있다. 다만 기록과 현존작에 의해 임

「익종어진」,
비단에 채색, 147.5×90.0cm, 1826,
국립고궁박물관.

창덕궁
깊이 읽기

금들이 다양한 의복을 갖춘 모습으로 그려졌음을 알 수 있는데, 그 중에서도 면복본, 원유관본, 익선관본, 군복본, 폭건본幅巾本이 주로 그려졌다. 「순조어진」과 1901년 모사된 「익종어진」은 그림의 반 이상이 사라졌지만 각각 원유관을 쓰고 강사포絳紗袍를 입은 모습과 면류관에 면복을 입은 모습을 확인할 수 있다. 「순조어진」의 오른쪽 윗부분에는 "순조숙황제어진 광무 4년경자이모純祖肅皇帝御眞 光武四年庚子移摸"라는 제첨이 있어 원래 1830년에 그려진 것을 1900년

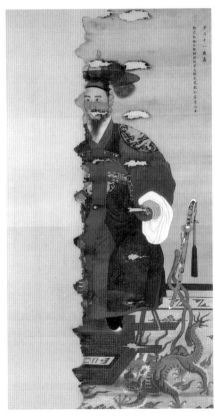

「철종어진」,
이한철·조중묵·김하종 등,
비단에 채색, 202.0×93.0cm,
보물 제1492호, 1861,
국립고궁박물관.

경기전에 모셔진 「태조어진」.

화재로 불타자 다시 모사한 것임을 알 수 있다. 「익종어진」은 모두 8본이 제작되었다고 하나,[15] 현존하는 것은 1826년에 제작된 본으로 본래 경모궁景慕宮 망묘루望廟樓에 봉안되어 있었던 것이다.

「철종어진」으로 대표되는 군복본 어진은 정조 연간부터 제작된 것으로, 고종과 순종 역시 군복본을 입은 모습으로 그려졌지만 지금은 「철종어진」만 남아 있다. 『어진도사사실御眞圖寫事實』에 따르면 이 「철종어진」은 1861년 이한철李漢喆 등 여섯 명의 화원이 참여해 그린 것으로, 본래 창덕궁 규장각의 주합루에 봉안했으나 후에 문한전으로 옮겨졌다.

남아 있는 어진 가운데 전신상으로 가장 완벽하게 전하는 것은 전주 경기전의 「태조어진」이 대표적이다. 이 작품은 1872년 박기준朴基駿, 백은배白殷培, 조중묵趙重默 등 19세기에 활약했던 화원 10여 명이 참여해 완성한 것으로, 청색 곤룡포를 입고 있고 금대金帶를 두른 이성계의 위풍당당한 모습을 표현했다.

경기전에 태조의 어진이 처음 봉안된 시기는 1410년으로, 지금 봉안되어 있는 본은 1872년 남별전南別殿에 있던 태조의 초상(1688년 제작)을 이모한 것이다. 대개 조선의 국왕이 홍색 곤룡포를 입은 것과 달리 태조가 아청색 곤룡포를 입고 있는 이유는 「태조어진」이 처음 만들어진 1409년은 조선이 명으로부터 대홍색大紅色 곤룡포를 하사받은 1444년(세종 26)보다 앞선 까닭에 명나라의 제도를 따르기 이전의 구습舊習이 반영되었기 때문이다.[16] 조선의 조정에서도 이처럼 구체적으로 파악한 것은 아니지만 푸른색 곤룡포가 고려의 유습이라고 이해하고 있었다.[17] 이처럼 「태조어진」은 15세

준원전에 보관되어온
「태조어진」, 유리원판 사진,
1911년 촬영,
국립중앙박물관.

기 초반 어진 제작의 경향이 반영된 것으로, 현존하지 않는 고려 말
~조선 초기 어진의 성격을 이해하는 데 중요한 자료다.

　　태조의 초상화는 기록상 26축이나 그려졌다고 하는데, 이
는 역대 어진 중 가장 많아 조선 개국자로서의 절대적인 위상을 짐
작케 한다.[18] 경기전의 「태조어진」 외에 20세기 초반까지 함경남도
영흥의 준원전濬源殿에도 「태조어진」이 봉안되어 있었다. 이 어진은
1837년에 다시 모사된 것으로, 경기전에 봉안된 태조어진에 비해
얼굴이 좀더 젊고 약간 마른 체형이지만 정면 구도, 평면적으로 펼

창덕궁
깊이 읽기

처진 옥좌, 뒤에 놓인 오봉병 등은 경기전 본과 매우 유사하다.

「태조어진」 다음으로 온전하게 전해지는 어진은 「영조어진」으로, 왕세제 시절 이전의 모습을 그린 「연잉군초상」과 1900년에 모사된 반신상의 어진이 전하고 있다. 앞의 것은 1714년의 모습으로, 화원 진재해秦再奚(1691?~1769)가 그린 것이며, 뒤의 것은 1744년에 제작된 본을 바탕으로 1900년 조석진, 채용신 등이 다시 그린 것이다. 「연잉군초상」의 위로 치켜든 눈썹과 날카로운 눈매, 꼭 다문 입술에서 느껴지는 강인함이 노년의 모습을 그린 「영조어진」에서도 그대로 느껴진다.

고종의 어진은 다른 국왕의 초상화에 비해 비교적 여러 점이 전해오며, 대부분 고종이 살아 있을 때 그려진 것이다. 그 중 국립중앙박물관 본과 원광대박물관 본은 모두 고종이 황제국을 선포한 대한제국기 이후에 그려진 것으로, 황제를 상징하는 황색 곤룡포를 입고 있다. 당대 최고의 초상화가였던 채용신蔡龍臣(1850~1941)이 주관하여 그린 작품들로, 근엄하고 평면적인 기존의 어진 표현에서 벗어나 신체의 굴곡이 드러난 자연스러운 자세와 입체감 있는 의복의 표현 등이 시대적인 변화를 말해준다. 반면 전신상의 「순종어진」으로는 김은호가 그린 초상화가 흑백사진으로 전해지고 있다.

대한제국기 이후에는 시대의 변화상이 어진 제작에 반영되기도 했다. 사진술이 도입되어 어진을 제작하기 시작하면서 고종의 사진을 바탕으로 「고종어진」(통천관본)이 그려졌고,[19] 1899년 조선을 방문한 미국인 화가 휴버트 보스(1855~1935)가 유화로 고종 황제

「연잉군초상」, 진재해, 비단에 채색, 183.0×87.0cm,
보물 제1491호, 1714, 국립고궁박물관.

「영조어진」, 조석진·채용신 등, 비단에 채색,
110.5×61.0cm, 보물 제932호, 1900, 국립고궁박물관.

의 초상을 남기기도 했으며, 재한在韓 일본인이 서구식 대례복을 입
은 고종 황제의 초상을 그리는 등 당시에는 전통적인 회화 기법에

고종 황제 사진, 통천관본, 국립고궁박물관.  「순종어진」(흑백사진), 김은호, 1928.

서 벗어났을 뿐 아니라 외국인의 손끝에서 임금의 초상이 남겨지는 새로운 시대적 국면을 맞이했다. 그러나 조선왕조부터 일제강점기까지 이어져온 어진 제작은 1935년과 1936년 두 해에 걸쳐 (신)선원전 제2실의 세조어진과 제3실의 원종어진 모사 작업이 끝난 후 공식적으로 이루어지지 않았다. 결국 1936년을 기점으로 유구한 역사를 지닌 어진 제작의 전통은 그 운명을 다했던 것이다.

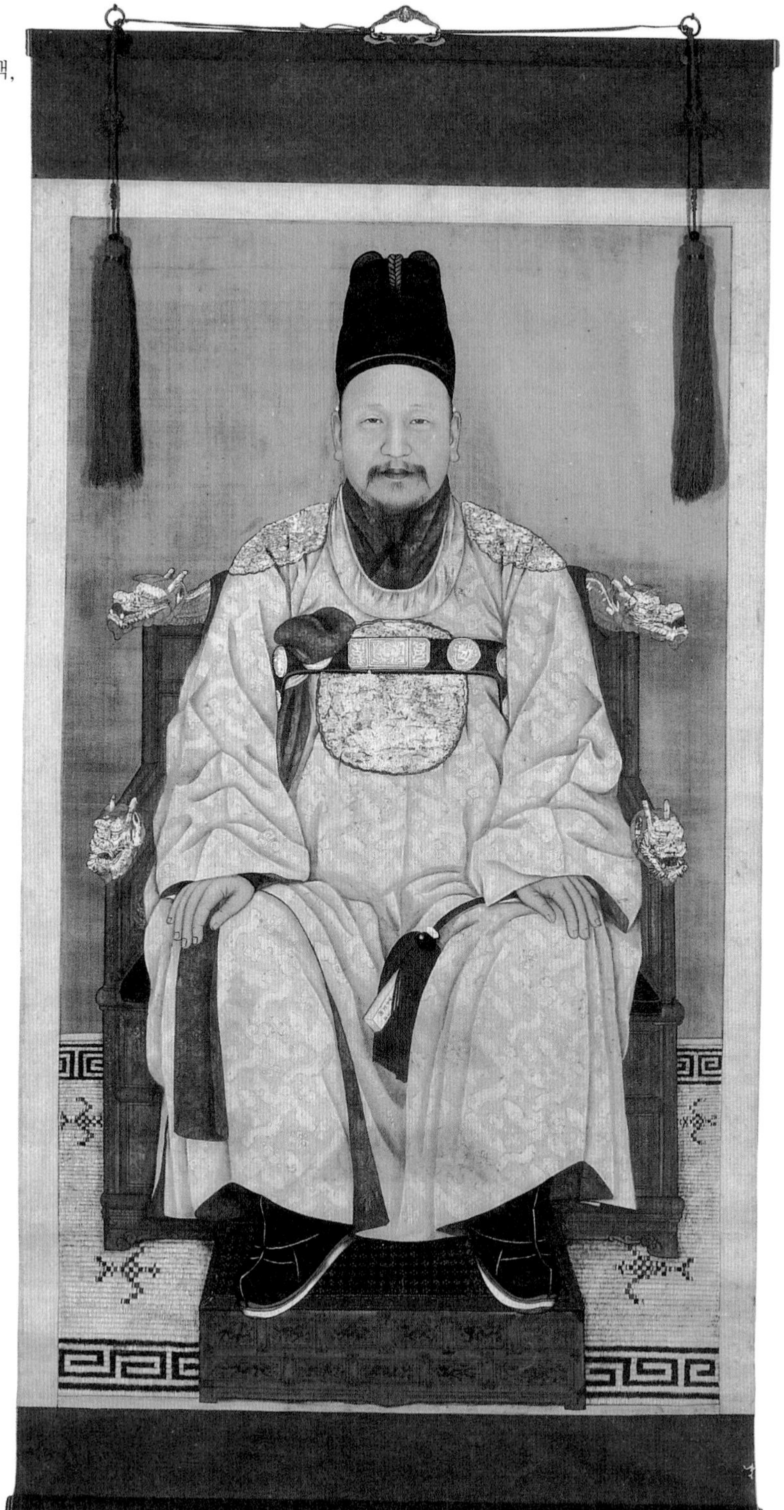

「고종어진」,
채용신, 비단에 채색,
180.0×104.0cm,
대한제국,
국립중앙박물관.

「고종어진」,
채용신, 비단에 채색,
137.0×70.0cm,
대한제국,
원광대박물관.

「고종어진」, 통천관본, 비단에 채색, 162.5×100.0cm, 1918년경, 국립고궁박물관.

「고종 황제 초상」, 휴버트 보스,
캔버스에 유채, 199.0×92.0cm,
1899, 개인.

## "선왕의 모습을 그렸으니 온전히 보관하라"

## 진전의 운영

1733년 영조가 어진을 봉안했던 경희궁 태령전泰寧殿의 중수가 끝나자 쓴 상량문에서 "나라를 다스리는 데 가장 중요한 것은 덕교德敎를 기본으로 하는 것이다. 선왕의 모습을 남기는 방법은 가장 먼저 영정을 그리는 것인데, 이미 모습을 그려 바르게 되었으면 온전하게 보전해야 한다"[20]고 했듯이, 조선 왕실에서는 국정 운영의 방편으로 전통성의 상징인 어진을 경건하게 봉안하는 것을 매우 중요하게 여겼다.

어진을 온전하게 관리하기 위해 세워진 '진전眞殿'은 조선 임금들의 영정을 봉안했던 곳을 아울러 부르는 용어다.[21] 역대 또는 단일 국왕(왕후) 초상화를 모셔두고 일정한 날짜에 맞춰 제례 의식을 행하기 위해 세워진 건물로, 봉안과 제례라는 두 기능을 모두 갖추고 있었다. 역사상 문헌에 '진전'이라는 단어가 등장한 시기는 고려시대다. 당시에는 태조 왕건의 초상을 모신 곳을 '태조진전'이라 했으며 '어용전御容殿', '성용전聖容殿', '영전影殿' 등으로 불리기도 했다. 그러나 조선 15세기부터 진전이라는 용어가 꾸준히 쓰이면서 17세기 이후에는 정착된 흐름을 보였다. 이는 숙종이 어진의 용어를 논하면서 영희전을 '진전'이라고 부른 선례를 참조하여 쓰자는 취지에서 비롯된 것이다.[22]

이처럼 조선시대 진전은 고려시대에 진전을 세운 역사에서 비롯되었다. 고려 왕실에서는 태조 왕건의 초상을 비롯해 역대 국

창덕궁
깊이 읽기

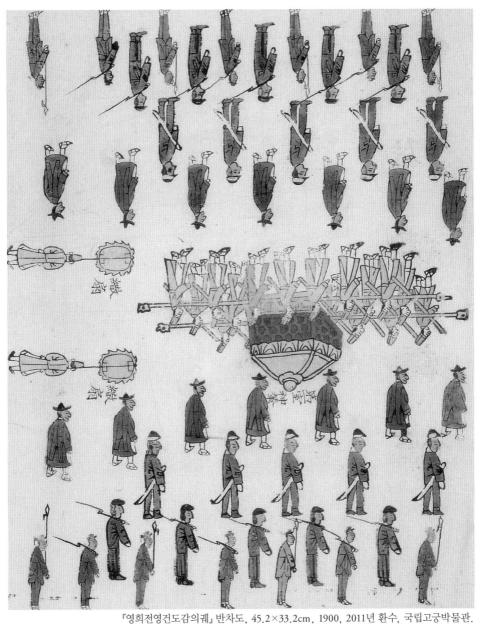

『영희전영건도감의궤』 반차도, 45.2×33.2cm, 1900, 2011년 환수, 국립고궁박물관.
영희전, 즉 진전을 새로 지은 뒤 어진을 봉안하러 가는 모습을 그렸다. 영희전은 태조·세조·원종·숙종·영조·
순조의 어진을 모셨던 전각으로, 이 책에는 여섯 분의 어진을 모시고 가는 반차도가 실려 있다.

왕의 초상을 봉안했다. 당시 어진을 봉안했던 대표적인 곳으로는 개성의 봉은사奉恩寺 내에 있던 효사관孝寺觀, 개성 만월대의 경령전景靈殿, 서경의 성용전聖容殿이 있었으며, 그 밖에 개태사開泰寺, 봉진사鳳進寺 등의 사찰도 꼽을 수 있다.[23] 이러한 고려의 진전 건립은 통일신라시대의 전통에서 비롯된 것으로 조선 초기에 진전을 세우는 데 중요한 가교 역할을 했다.

　　조선시대 진전의 운영은 조선이 세워짐과 거의 동시에 이루어졌다. 조선왕조가 들어선 이래 국가 주도로 궐 안에 선원전처럼 초상화를 전문적으로 봉안한 곳을 마련하였고, 궐 밖에는 태조의 탄생, 활동지와 연고가 있는 여러 곳에 태조진전을 세웠다. 이러한 진전의 운영은 종묘와 마찬가지로 왕실의 국가 제례와 밀접한 연관이 있었다. 종묘가 돌아가신 국왕의 신주를 모시고 배향한 장소였던 것처럼, 진전 역시 신주 대신 국왕의 영정을 봉안하여 절기마다 엄격한 격식에 맞춰 향사를 행한 공간이었기 때문이다.

　　그러나 신왕조의 국가 이념이었던 유교성리학을 정착시키기 위한 절차가 무엇보다도 시급했던 터라 불교의 유습인 진전 제도의 운영은 어진 제작과 마찬가지로 처음부터 그리 순탄하지 못했다. 조선 초기에는 진전을 폐지하자는 건의가 있었는데, 진전의 기능을 한 원묘原廟가 고려시대 불교의 잔재에서 비롯되었다는 것이 그 이유였다. 하지만 신료들의 반대에도 국왕의 사친私親 숭배 대상이자 왕권의 정통성을 표방한 진전의 상징성 때문에 조선왕조 내내 그 명맥이 유지되었다.

　　조선왕조의 진전은 궐 안과 궐 밖이라는 이원적 체제로 운

창덕궁
깊이 읽기

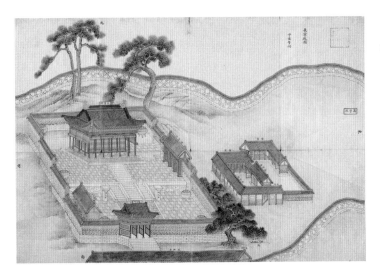

영되었다. 이는 조정과 백성이 모두 선왕의 존재를 새기고 영원히
숭모하는 심리를 조성하기 위한 목적이 컸기 때문이다. 조선의 건
국자인 태조는 부친 이자춘李子春을 환조桓祖로 추숭하고 영정을 개
성 흥천사의 계성전啓聖殿에 모셔두고 제사를 지냈는데, 이는 나라
를 세운 뒤 진전에서 제례를 지낸 첫 사례다.[24] 이처럼 진전의 역사
는 조선왕조의 역사와 그 시작을 같이했다.

　　궁궐 밖에 설치한 진전으로는 태조의 어진을 봉안했던 태조
진전이 대표적이며, 조선 후기에는 영희전이 궐 밖의 진전으로 주
로 이용되었다. 이밖에 강화도 장녕전長寧殿과 만녕전萬寧殿, 화성
행궁의 화령전華寧殿에도 숙종과 정조의 어진을 봉안했다.

　　태조진전은 조선 초기부터 외방外方 진전의 성격으로 세워져
함경도 영흥 준원전濬源殿, 경주 집경전集慶殿, 전주 경기전慶基殿,

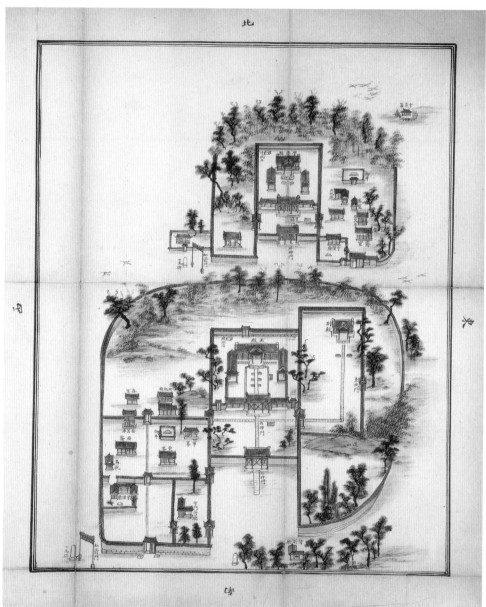

「조경묘경기전도형」, 종이에 채색, 55.7×46.0cm, 1899년 이후, 국립문화재연구소.

「집경전구기도」,
종이에 채색, 39.2×22.6cm, 『집경전구기도첩』에 수록, 19세기, 국립문화재연구소.

평양 영숭전永崇殿, 개성 목청전穆淸殿이 세워졌다.[25] 이 가운데 남아 있는 진전은 경기전이 유일하며 경주 집경전은 19세기 말에 그려진 「집경전구기도集慶殿舊基圖」를 통해 옛 모습을 추정할 수 있을 뿐이다. 이러한 전각들은 원래 별도의 이름 없이 '어용전御容殿'이라 불렸지만 1412년에 모두 '태조진전'으로 불리면서 조선 개국 창시자의 영정을 봉안한 전각으로서 정체성을 확고히 하게 되었다.[26]

태조진전 외에 궐 밖에 설치된 진전 중 역사가 오래된 진전으로 영희전을 들 수 있다.[27] 서울 남부 훈도방薰陶坊에 건립되어 약 300년간 운영된 이곳은 그 오랜 역사만큼이나 숱한 변화를 겪으며 일제강점기 직전까지 명맥을 이어왔다. 건립 이후 남별전南別殿으로 이름을 고쳐 지었으며 인조가 등극하여 숭은전崇恩殿으로 전호를 바꾸었고,[28] 다시 남별전으로 격상된 후 1676년에 대대적인 중건을 거쳐 비로소 태조·세조·원종의 영정을 모신 진전으로 본격적인 기능을 했다. 1690년에 영희전으로 다시 바꿔 불리면서 진전으로서의 위상을 확고히 갖추었다.

이러한 영희전은 18세기를 거치며 봉안되는 어진 수가 늘어남에 따라 1858년에 실을 또다시 증건했으나, 1900년 이곳에 정조의 형 의소세자 사당인 의소묘懿昭廟와 정조의 아들 문효세자의 사당인 문희묘文禧廟를 옮겨 지음에 따라 영희전은 옛 경모궁 자리로 이건하게 되었다. 1900년 새로운 영희전이 들어선 뒤 1910년 일제에 의해 철거되기 전까지 이곳에 태조·세조·원종·숙종·영조·순조 6위의 어진을 봉안했다.

창덕궁
깊이 읽기

궐 밖에 세워진 태조진전이나 영희전처럼 조선 초기부터 궁궐 안에
도 진전이 세워졌다. 태종(재위 1400~1418)은 본격적으로 태조진전
을 운영하며 이에 대한 의욕을 보인 인물이다. 그는 중국의 역대 어
진을 봉안하던 제도를 상고하도록 명한 뒤, 어용을 봉안하는 것은
송나라 제도에 따르고, 공신들의 초상화는 당나라 제도를 택하도
록 함으로써 15세기 선원전(국왕·왕후의 초상 봉안)과 장생전長生殿
(공신 초상 봉안)을 설치하는 계기를 마련했다.

　　태종의 의지에 힘입어 궐내에 가장 먼저 운영된 진전은 인소
전仁昭殿이었다. 이곳은 태조의 정비인 신의왕후神懿王后(1337~1391)
의 영정을 봉안했던 전각으로 1395년에 세워졌다. 그 뒤 태조의 혼
전魂殿으로 이용되면서 1408년 문소전文昭殿으로 이름이 바뀌며 진
전으로서 기능을 상실하였다.[29] 이곳은 조선 초기 왕실 원묘原廟로
서 국가 제례의 막중한 역할을 했으나, 임진왜란 때 소실된 후 중건
되지 않아 문소전에서 행하던 기신제忌晨祭 역시 설행되지 않았다.

　　인소전이 비록 진전으로 발을 내디뎠지만 혼전으로 쓰이면
서 그 기능이 바뀌자, 경복궁에 선원전을 세워 열성의 어진을 봉안
한 진전으로 사용했다. 선원전은 궐 안팎을 막론하고 가장 대표적
인 진전으로 쓰인 곳인데, 조선왕조 시기 경복궁과 창덕궁, 경운궁
등지에 동일한 전호殿號로 건립되었다. 선원전은 조선 후기 원묘로
서 중요한 기능을 했을 뿐 아니라 어진 제작과의 긴밀성을 놓고 볼

때 조선시대 왕실 초상화의 발달에 있어 빼놓을 수 없는 곳이다.

선원전은 위에서 말한 경복궁 인소전의 후신後身으로, 종묘처럼 열성의 초상을 봉안함으로써 선왕의 위업과 정통성을 상징하는 장소로 기능을 확대하고자 세워졌지만, 임진왜란으로 소실된 후 1656년 창덕궁 인정전 서쪽에 다시 세워져 이곳을 주로 이용했다. 이때 건립된 신원전이 오늘날 '구舊선원전'(문헌에는 '원선원전元璿源殿')이라고 부르는 곳이다.[30] 헌종대에 편찬된 『궁궐지』에 따르면 이곳은 원래 군무軍務를 총괄하던 도총부 자리에 1656년 경덕궁慶德宮의 경화당景華堂을 이건하고 춘휘전春輝殿이라 명명했으나, 1695년 다시 '선원전'으로 이름을 바꾸고 열성의 어진을 봉안하기 위한 진전으로 썼다. 그 결과 역대 왕의 사후에 어진을 봉안하기 위한 감실이 계속 들어서면서 1851년(철종 2)에 이르러 선원전은 감실 6실, 좌우 익실 각 1실인 정면 8칸 건물로 확대되었다. 이곳에는 태조·숙종·영조·정조·순조·문조·헌종의 초상을 봉안했다.

19세기 전반에 제작된 「동궐도」에 그려진 (구)선원전의 모습을 보면, 인정전 서쪽에 일직선의 행각이 있고 가운데 부분에 선원전의 정문인 연경문衍慶門이 있으며 그 문을 들어서면 (구)선원전이 있다. 창덕궁 (구)선원전은 창건 이후 세월이 흘러 건물이 퇴락함에 따라 1725년과 1754년 등 몇 번에 걸쳐 중수했지만, 창건 당시 모습에서 크게 벗어나지 않은 점이 인정되어 1985년 보물 제817호로 지정되었다. 현재 현판은 없으며 내부 시설도 전혀 남아 있지 않아 본래의 모습을 유추하기란 힘들다. (구)선원전은 1921년 (신)선원전이 세워짐에 따라 영희전과 더불어 그 기능이 폐지되었고 한때 궁

「동궐도」에 그려진 창덕궁의 (구)선원전.

(구)선원전, 보물 제817호.

중 유물 보관소로 쓰이기도 했다.

(구)선원전과 더불어 살펴봐야 할 전각으로 양지당養志堂이 있다. 양지당은 현재의 (구)선원전 일곽에 자리한 곳으로, 최근 보수를 거쳐 옛 모습을 되찾았다. 1778년에 작성된 『어진이봉등록御眞移奉謄錄』에 따르면 이곳은 숙종~정조 연간을 기점으로 (구)선원전에 어진을 봉안하기 전 임시 봉안처이자 국왕이 어진을 전배하기 전에 머물렀던 곳임을 알 수 있다. 양지당은 원래 장렬왕후를 위해 건립된 만수전 영역의 건물이었으나 1687년 만수전이 화재로 인해 사라지고 춘휘전이 선원전으로 용도가 바뀌면서 양지당 또한 선원전의 부속 건물로 쓰게 되었다.[31]

경운궁(덕수궁)에도 선원전이 세워졌는데, 고종이 아관파천 후 이곳으로 이어한 이듬해인 1897년에 지어진 것이다.[32] 1900년에는 선원전 제1실에 「태조어진」을 모사하여 봉안했지만 얼마 뒤 화재로 선원전이 모두 불에 타 1901년 영성문永成門 근처에 재건되었다. 그러나 불행히도 이때 들어선 선원전은 1920년에 헐려 (신)선원전이 건립되는 데 활용되었다.

조선 후기에 이르러 태조진전, 영희전, 선원전 등 궐 안팎에 지어진 공식적인 진전 외에 역대 임금의 어진도사가 꾸준히 진행됨에 따라 궁궐 내외 전각에 초상을 봉안한 예가 늘어났다.[33] 특히 영·정조 연간에 이러한 분위기가 고조되어 영조는 자신의 어진을 생모인 숙빈 최씨의 사당인 육상궁의 냉천전冷泉亭에 봉안하기도 했다. 영조의 이러한 행위는 후궁 또는 세자빈 소생의 왕들에게 공식 진전이 아닌 초상의 주인공과 관련이 깊은 곳에 어진을 모시는

창덕궁
깊이 읽기

선례가 되었다. 순조가 「정조어진」을 경모궁의 망묘루와 수원행궁의 화령전에 봉안한 것이나 순조와 익종의 어진이 각각 경우궁景祐宮의 성일헌誠一軒, 창덕궁 연경당에 모셔진 것이 그러하다. 이밖에고종 연간에는 경복궁을 재건하면서 이곳에 선원전과 태원전泰元殿을 세웠고 경운궁의 흠문각欽文閣에 어진을 봉안하는 등 옛 선원전의 맥을 잇고자 노력했다.

## 전통의 명맥과 일제강점의 흔적이 상존하는 (신)선원전

1921년 창덕궁 인정전 서쪽 후원에 건립된 (신)선원전은 500년 가까이 유지해온 조선왕조 진전의 전통이 최후를 맞이한 장소다.[34]

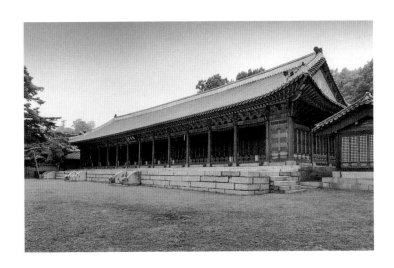

(신)선원전 정전.

1908년 7월 23일 일제통감부는 '칙령 50호'를 발표해 '향사이정享祀釐正', 즉 각종 국가제사를 정리한다는 명목으로 황실 주도로 진행되어온 의례를 대폭 줄이기 시작했다.[135] 그 내용을 보면 ①황실과 관련이 있어야 하며 ②시의時宜에 맞지 않는 제사는 영원히 폐지하고 ③합사하는 것이 옳은 묘사궁전廟祠宮殿은 옮길 장소를 찾아 봉안토록 하고 ④대제·별제·속제·삭망례 가운데 중요하지 않은 것은 생략하고 ⑤신당·위일·고사 같은 것은 폐지한다고 되어 있다. 영희전, 목청전, 화령전, 평악정, 성일헌, 냉청전 등 어진 봉안처를 선원전으로 통폐합하고, 저경궁, 대빈궁, 선희궁, 경우궁, 연호궁의 신주를 육상궁毓祥宮에 합사하고, 나머지는 신주를 땅에 묻고 제향을 폐지했다. 따라서 서울에서 진전으로서 기능을 한 곳으로는 선원전만 남겨졌고 그 외 제향 공간으로서 종묘와 육상궁만 사용되었다. 곧 광무 연간 고종에 의해 확장되었던 국가제사 공간을 폐지하거나 통합함으로써, 국가 정통성의 상징이었던 열성列聖에 대한 숭모사업을 단절시키는 조치를 단행한 것이다.

(신)선원전 역시 일제강점기의 '향사이정' 정책에 따라 창덕궁과 경복궁, 영희전 등에 설치되었던 진전을 하나로 통합시킨 과정에서 세워진 것이다. 일제는 1908년 창덕궁 북원北苑에 자리잡고 있던 대보단大報壇을 폐지하고 그 터는 궁내부가 관할하게 했는데, (신)선원전은 1921년 폐지된 대보단 터와 얼마 떨어지지 않은 남쪽에 세워졌다. (신)선원전 건립 사실에 대해서는 『순종실록부록』의 1921년 3월 22일조에 옛 북일영北一營 터에 세웠다는 사실이 간략히 기록되었을 뿐이다.[136] 당시 황실이 주도하지 않고 일제가 개입해 이

뤄진 (신)선원전의 건립 배경을 보면 장구한 세월을 이어온 조선 왕실 진전의 기능을 대폭 줄여 국가 제례의 의미를 약화시켰다는 의미에서 긍정적으로만 볼 수는 없다. 그러나 일제에 의한 국가 제사의 정리라는 명분에서 세워졌지만, 일제강점기 유일하게 궁궐 안에서 진전 의례가 행해진 특별한 장소이자 지금까지 전통 방식의 진전 내부를 간직하고 있다는 점에서 새롭게 조명되어야 할 가치가 있다.

(신)선원전은 제1실인 태조실을 시작으로 제12실인 순종실을 마지막으로 총 12개의 감실로 구성되었으며, 이곳에 봉안되었던 어진은 한국전쟁 때 부산으로 옮겨졌다가 화재로 소실된 것으로 알려져 있다. 비록 (신)선원전에 봉안되었던 어진의 실체는 확인할 수 없지만 최초로 봉안되었던 어진의 현황은 실록 기사를 통해 알 수 있다.

> 선원전을 창덕궁 후원【옛 북일영 터이다】에
> 새로 짓고 태조【옛 선원전 봉안본이다】·세조·원종
> 【옛 영희전 봉안본이다】·숙종·영조·정조·순조·문조·
> 헌종【옛 선원전 봉안본이다】·철종【옛 문한전 봉안본이다】·
> 고종【중화전 봉안본이다】의 어진을 봉안하고,
> 이어 작헌례酌獻禮를 행하였다.[37]

위의 기록에 따르면 1921년 (신)선원전을 지으면서 어진을 다시 제작하지 않고 (구)선원전, 영희전, 중화전 등에 봉안되어 있던 어진을 그대로 옮겨왔음을 알 수 있다. 처음에는 이렇게 총 11분

「순종어진」, 김은호, 유지초본, 62.0×46.0cm, 1923~1928년 사이, 고려대박물관.

의 어진을 모셨지만 순종(1874~1926)이 훙서한 지 2년 뒤인 1928년 태묘太廟에 신주를 봉안하고 함께 어진도 제작한 후 (신)선원전에 모시면서 총 열두 임금의 어진을 봉안하게 되었다.[138] (신)선원전에서 행해진 어진 제작은 1936년을 끝으로 더 이상 찾아볼 수 없다. 1935년 『선원전영정개수등록璿源殿影幀改修謄錄』과 1936년 『선원전영정모사등록璿源殿影幀摹寫謄錄』을 통해 1930년대 (신)선원전에 총 48본의 어진이 봉안되었던 사실을 확인할 수 있으며, 그 내역을 정리하면 아래의 표와 같다.

•1936년 2월 (신)선원전 봉안 어진 현황(『선원전영정모사등록』)•

| 감실번호<br>(왼→오) | 왕 | 분류 | 수량(건) |
|---|---|---|---|
| 제1실 | 태조 | 익선관본 | 3 |
| 제2실 | 세조 | 익선관본 | 2 |
| 제3실 | 원종 | 사모본 | 2 |
| 제4실 | 숙종 | 익선관본 | 2 |
| 제5실 | 영조 | 사모본 | 1 |
| | | 면복본 | 1 |
| | | 익선관본 | 2 |
| | | 입자본 | 1 |
| | | 관본 | 1 |
| 제6실 | 정조 | 원유관본 | 2 |
| | | 군복본 | 1 |
| | | 군복소본 | 1 |

| 제7실 | 순조 | 익선관본 | 2 |
| | | 원유관본 | 2 |
| 제8실 | 익종 | 면복본 | 2 |
| | | 폭건본 | 1 |
| 제9실 | 헌종 | 익선관본 | 2 |
| 제10실 | 철종 | 익선관본 | 1 |
| | | 면복본 | 1 |
| | | 군복본 | 1 |
| | | 원유관본 | 1 |
| 제11실 | 고종 | 익선관본 | 4 |
| | | 폭건본 | 1 |
| | | 면복본 | 2 |
| | | 군복본 | 2 |
| 제12실 | 순종 | 홍룡포본 | 2 |
| | | 군복본 | 1 |
| | | 면복본 | 1 |
| | | 군복소본 | 1 |
| | | 폭건본 | 1 |
| | | 황룡포본 | 1 |
| | 총 48본 | | |

앞에서 말했듯 (신)선원전을 세우면서 각 궁에 남아 있던 어진을 한곳에 모았기 때문에 위의 표에서 제시된 어진들은 1930년대 중반까지 창덕궁에 남아 있던 어진들의 현황을 보여준다. 안타깝게도 대부분 소실되었지만 어진들을 봉안하고 게시했던 당가唐家

(신)선원전 내부 감실.

와 그 외 구조물은 남아 있어 조선시대 진전의 내부 시설을 유추하
는 데 도움이 된다.

제례시 어진을 걸어두었던 각 감실은 총 열두 곳으로, 벽면
으로 각 실을 구분했으며 벽면 안쪽으로 양쪽에 걸쳐 홍주갑紅周甲
을 드리웠다. 감실 내부를 보면, 돗자리와 채요綵褥를 깐 용상龍床
을 두었고 용상 앞에는 어진교의御眞交椅와 각답脚踏을 놓아 마치 왕
이 살아생전 정무를 보는 모습을 재현한 듯하다. 감실 중앙 벽면에
는 오봉병을, 감실 뒤 벽면에는 4폭의 모란병을 활짝 펴서 부착했

(신)선원전 당가와 오봉병.

경기전 당가와 오봉병.

다. 이러한 (신)선원전의 감실은 「태조어진」을 봉안한 경기전의 감실 체제와 비슷해 조선시대 어진 봉안 격식에 충실했음을 보여준다. 다만 경기전에는 별도의 용상이나 어진교의 대신 용머리를 장식한 어진 받침대 2좌를 둔 것이 차이점이다.

(신)선원전의 모든 실에 공통으로 설치된 그림은 오봉병과 모란병이다. 이 두 종류의 그림은 각기 왕권을 상징적으로 표상하고 왕실의 상장례에 쓰인 조선 왕실의 대표적인 의례용 그림이다.[39] 오봉병을 살펴보면, 전체 화폭은 비단 두 폭을 가운데에서 이어 붙인 것이 대다수이며, 짙은 군청색의 하늘과 해와 달, 그 아래 다섯 개의 봉우리로 구성된 험준한 암산巖山을 배치하고 파도가 넘실대는 강으로 떨어지는 폭포, 양쪽에 소나무 한 그루씩을 그린 것 등 도상과 양식에 있어 전형적인 19세기 오봉병의 양상을 따랐다.

모란병은 왕실의 각종 잔치 행사를 비롯해 종묘 배향시, 진전·빈전·혼전 등에 비치된 상장례용 등 다양하게 쓰인 궁중 장식화 중 하나다.[40] (신)선원전에 설치된 모란병은 12실 모두 동일한 도상과 양식으로 그려진 것으로 미루어 건립되었을 때 일괄 제작된 듯하다. 기본적인 도안은 작은 언덕 위에 네댓 그루의 가지 위로 화사하게 핀 모란 열두 송이와 나뭇잎을 풍성하게 그려넣은 것이 대부분이다. 언덕은 평면적으로 처리한 반면, 가지와 꽃잎은 음영을 주어 입체감을 살렸다. 반복적인 도상으로 자칫 단조로움이 들 수도 있으나, 가지마다 태점을 찍고 꽃잎과 나뭇잎 끝에 짙은 주황색으로 시각적인 강조를 더함으로써 전반적으로 화면에 화사함을 풍긴다. 이러한 (신)선원전의 모란병에서 보이는 특징은 조선 말기 궁중 모란병으로 널리 차용된 양식으로서, 오봉병과 마찬가지로 19세기 이후 유행한 궁중 장식화의 전통을 이어 받았음을 보여준다.

현존하는 (신)선원전의 내부 공간 시설과 각종 가구, 공예품, 회화작품 등은 갑오경장 이후 개편된 1900년대의 어진 제작 환경을 담고 있으나, 기존 건물과 작품을 상당 부분 그대로 채용했다는 점에서 기본적으로 조선시대 진전제도 운영을 계승했다고 볼 수 있다.

지금까지 살펴본 바와 같이 조선왕조 어진의 제작과 봉안은 시대적 상황과 맞물려 전개되었다. 화원의 선발에서부터 마지막 봉안에 이르기까지 어진도사 과정에서 나타난 수많은 논의와 절차는 지위의 높고 낮음을 막론하고 국왕의 모습을 최대한 재현하고자 얼마나 섬세한 노력을 기울였는지 잘 보여준다. 이러한 선왕에 대한 숭모와 근친近親의 정신은 진전의 건립과 운영에서도 찾아볼 수 있다.

조선왕조가 열린 이래 궁궐의 안팎과 전국 요지要地에 여러 임금의 초상을 모신 진전이 세워졌으며 17세기 이후 창덕궁이 역사와 정치의 주요 무대가 되면서 어진 제작과 진전의 운영 또한 이곳을 중심으로 이루어졌다. 창덕궁의 선원전은 조선 후기 이후 종묘에 버금가는 왕권의 상징이자 사친私親을 대표한 전각이었을 뿐 아니라, 어진의 도사와 모사 역시 꾸준히 이뤄지면서 조선시대 초상화 전개에 있어서도 중심에 있던 곳이다. 이러한 점에서 창덕궁은 우리나라 미술의 발달과도 떼어놓고 생각할 수 없다. 그러나 무수한 전쟁과 화재 속에서 목조건물이 제대로 남아 있을 수 없었고

(신)선원전「오봉병」.

1920~1930년대 일제통감부에 의해 관련 궁실 전각이 훼철되어 제 기능을 잃은 채 존재가 사라졌기 때문에 당시 제작된 어진과 진전 모두 드물게만 확인된다.

　　최근 궁중 문화에 대한 연구가 활발해진 분위기 속에서 역사의 뒤안길로 사라져간 국왕의 초상화와 화원들의 활동, 선원전을 비롯하여 어진을 봉안했던 여러 진전에 대한 관심과 복원도 함께 이루어져야 할 것이다.

# 오백 년
# 왕의 숨결과 함께한
# 창덕궁의 꽃과 나무

「동궐도」『조선왕조실록』과 함께 살펴본 궁궐의 식물

**박상진** 경북대 명예교수

조선왕조가 들어서고 한양에 새 도읍을 세우면서 최우선은 정무를 돌보고 왕실의 위엄을 갖출 궁궐을 짓는 일이었다. 건물과 함께 빠뜨릴 수 없는 것은 꽃과 나무를 심어 임금이 쉴 곳과 정서적인 안정을 취할 만한 공간을 마련하는 일이었다. 경복궁, 창덕궁, 창경궁 등 조선의 왕궁에는 건물과 함께 후원이 있었다. 하지만 오늘날 경복궁 후원은 거의 사라져버리고 왕조실록 등 옛 문헌에서 그 자취를 겨우 찾을 수 있을 뿐이다. 창덕궁과 창경궁의 공동 후원이었던 지금의 창덕궁 후원만은 다행히 역사의 소용돌이를 잘 넘겨 옛 모습을 거의 그대로 간직하고 있다. 물론 세월이 지나면서 나무는 자라며 죽고 건물은 필요에 따라 조금씩 모습을 달리했지만 왕실의 숨결을 느낄 수 있는 공간으로서는 부족함이 없다.

이 글은 창덕궁 후원에서 오늘날 자라는 나무들을 「동궐도」 및 『조선왕조실록』과 비교해서 다뤄보려 한다. 비록 지금의 나무들은 일제강점기를 거쳐 우리 손으로 궁궐의 모습을 되찾으면서 새로 심은 것이 많긴 하나, 이 나무들에서 임금과 관련된 이야기들을 함께 풀어볼 수 있을 것이다.

## 임금을 해치는 나무 심지 않기

## 삼공의 자리를 표지하는 회화나무 심기

신라 말의 승려 도선국사 이후 풍수지리 사상은 우리 사회의 저변을 이루고 있었다. 조선왕조가 아무리 유교 사상을 기반으로 삼았다 해도 궁궐을 짓는 데 흔히 말하는 '명당 찾기'에서 크게 벗어날 수는 없었을 터다. '왼쪽에 물이 있고 오른쪽에 길이 있으며 앞에는 못이 있고 뒤에는 언덕이 있다'면 그림 같은 집을 지을 장소로 모자람이 없다. 청룡靑龍과 백호白虎, 주작朱雀과 현무玄武를 말하는 것이다. 그렇지만 이렇게 완벽한 조건을 갖춘 곳을 찾기란 쉽지 않다.

조선의 궁궐을 만드는 이들에게는 명당 사상을 기본으로 하나 더 덧붙이는 원칙이 있었다. 우리와 함께하는 조경은 자연 순화의 개념이다. 일본이나 중국처럼 인위적이거나 자연을 압도하려는 거창함을 구현하려 하지 않고 있는 그대로의 자연을 드러내는 것이다. 단순하고 소박하면서도 결코 초라하지 않게 건축물과 어울림을 한껏 고양시킨 것이 우리의 조경이다. 여기에 또 하나의 원칙이 있었다. 집 안에는 나무를 심지 않는 것이다. 그 이유로는 세 가지를 들 수 있다. 첫째는 임금의 안전을 위해서다. 나무는 임금을 해치려는 자객이 숨을 만한 여지를 준다. 둘째는 집 안에 나무를 심으면 곤困이 되어 왕실에 어려움이 닥치고, 대문 안으로 심으면 한閑이 되어 왕가가 한미해진다는 생각이었다. 셋째로는 집 안에 나무를 심지 않았을 뿐만 아니라 혹 심더라도 지붕 높이보다 더 자라는 것을 꺼렸다. 집의 정기를 나무가 빼앗아간다고 생각했기 때문이다.

궁궐 공간을 조성하는 전체 설계는 중국의 옛 책 『주례周禮』를 기준으로 삼은 듯하다. 건물의 구성은 물론이고 나무를 심는 일도 표준으로 삼았다. 여기에는 '면삼삼괴삼공위언面三三槐三公位焉'이라 하여 회화나무 심는 것을 원칙으로 삼았다. 한 예로 창덕궁 돈

창덕궁 돈화문 안쪽의
천연기념물 제472호
회화나무들. 「동궐도」에서도
만날 수 있다.

화문을 들어서면 바로 왼쪽에 세 그루의 회화나무를 심은 것이다.
『주례』에 따르면 외조外朝는 왕이 삼공三公과 고경대부 및 여러 관료
와 귀족을 만나는 장소로, 이 가운데 삼공의 자리에는 회화나무를
심어 앉을 자리의 표지로 삼았다. 경복궁에도 마찬가지로 회화나
무를 심었을 것이나 남아 있지 않을 뿐이다. 궁궐에는 나무를 심고
가꾸는 전담 기관이 있어야 했다. 조선 초기 상림원上林園으로 출발
해 장원서掌苑署라 불린 곳은 궁궐의 꽃과 과일나무에서부터 새와
짐승까지 관리하는 기관이었다.

　　궁궐은 임진왜란 때 불타버리면서 건물이 철저히 파괴되고
자라던 나무도 자취를 감췄다. 동궐의 몇몇 고목나무를 빼고는 대
부분 훗날 심겨진 나무들이다. 즉 20세기 초 일본이 나라를 빼앗
으면서 의도적으로 조선왕조를 깎아내릴 목적으로 건물을 헐어내

창덕궁
깊이 읽기

고 구조를 바꾸는 과정에 함부로 나무를 심었다. 가장 두드러진 것은 그들의 벚나무를 궁궐 안에 들여오는 일이었다. 처음에는 창덕궁에 심겨지더니 창경궁이 동물원으로 탈바꿈되면서 벚나무 천지가 되어버렸다. 그 후 옛 모습을 되찾으면서 대부분의 벚나무는 제거되었고 후원에 자연적으로 자라는 산벚나무만 남아 있다.

## 200년 전 「동궐도」가 보여주는 궁궐의 나무

창덕궁과 창경궁은 합쳐서 동궐東闕이라 하는데, 19세기 초에 그려진 것으로 추정되는 「동궐도」라는 세밀한 그림이 남아 있다. 적어

「동궐도」, 273×576cm, 국보 제249호, 1830년 이전, 고려대박물관.

도 200여 년 전 궁궐에 어떤 나무를 심고 가꾸었는지를 짐작하기에 모자람이 없는 그림이다. 「동궐도」에서 나무 종류를 분석한 자료를 보면 소나무가 559그루, 향나무 등 기타 침엽수가 36그루, 활엽수 큰 나무가 1620그루, 키 작은 관목이 600그루로 모두 2815그루에 달한다. 소나무가 20퍼센트를 차지하고 있으며 실제 「동궐도」에서도 전체적인 느낌은 솔밭에 가까울 정도다. 소나무 사이사이에 갓 잎이 피기 시작해 길게 늘어진 버들이 유난히 눈에 띄고 분홍 꽃이 만개한 복사나무와 진달래로 짐작되는 작은 꽃나무가 궁궐의 운치를 더해주고 있다.

그 외 침엽수로는 잣나무, 전나무, 주목, 향나무, 활엽수로는 느티나무, 회화나무, 참나무, 음나무, 뽕나무, 단풍나무 등이 여기저기 자라고 있었다. 꽃나무와 과일나무로는 매화, 모란, 배나무, 앵두나무, 개암나무, 대추나무, 자두나무, 살구나무, 밤나무 등이 있었지만 「동궐도」로 명확히 구분해내기는 어렵다. 또 이 그림에서 우리는 집 안에 큰 나무를 심지 않았음을 확인할 수 있다.

창덕궁 후원은 임금의 휴식 공간으로 수많은 정자와 아기자기한 정원으로 기능을 했던 듯하다. 「동궐도」에서 본 후원은 소나무가 주류를 이루고 사이사이에 느티나무나 참나무와 같은 활엽수를 심었으며 밑에는 꽃나무를 가꾼 형태다. 또 숲에는 작은 길들이 수없이 그려져 있어 전형적인 완상 목적의 정원이었다는 느낌을 준다. 그러나 오늘날의 후원은 소나무가 눈에 띄게 줄어들었고 그나마도 상당수는 최근에 심은 것들이다. 참나무와 느티나무를 중심으로 여러 활엽수가 들어선 숲으로 변해버렸다. 일제강점기 말기와

창덕궁
깊이 읽기

광복 후 한국전쟁의 혼란기를 거치면서 숲을 방치한 탓에 생존경쟁에서 소나무가 도태되었기 때문이다. 솔잎혹파리, 송충이 등 소나무 해충도 활엽수 숲으로 바뀌는 데 한몫했다.

## 참나무 숲을 이룬 창덕궁

2002년 문화재청의 조사 자료를 보면 오늘날 창덕궁에 자라는 나무는 1만6708그루다. 이 숫자는 대략 줄기 지름 6센티미터가 넘는 나무를 가리킨다. 종種수는 94종이며 통계 수치에 들지 않은 작은 관목이나 덩굴나무 등까지 합하면 100종이 넘는다. 가장 많은 종은 참나무로 전체 나무 숫자의 약 23.5퍼센트 되는 3922그루이고, 때죽나무, 단풍나무, 팥배나무, 소나무, 느티나무, 산벚나무 순으로 그 뒤를 잇는다. 또 참나무 중에는 갈참나무가 1367그루로 전체 참나무의 약 3분의 1을 차지한다. 갈참나무는 중부 지방에서 흔히 만날 수 있으며 적당한 습기를 머금은 낮은 구릉지에 자란다. 그런 까닭에 일부러 갈참나무를 골라서 심었다기보다는 후원의 생육 조건이 다른 참나무보다 갈참나무에 더 적합했던 것으로 보인다. 종묘의 참나무는 90퍼센트가 갈참나무이며 조선 왕릉의 참나무 중에도 갈참나무가 많다.

때죽나무나 팥배나무는 중부 지방의 숲에서 흔히 만날 수 있다. 이런 나무들은 따로 심은 것이 아니라 자연적으로 자란 듯하

『동궐도』에 그려진 자경전의 송림. 자경전은 정조가 생모 혜경궁홍씨를 모시기 위해
1777년 3월에 세운 것으로, 창덕궁에는 조리무 숲이 우거져 있다.

창덕궁의 참나무.

다. 숲을 이루고 있는 모양새로 보면 크게 자라 숲의 상층부에 가지를 뻗고 있는 나무는 참나무, 느티나무, 음나무 등이고 중간층에 단풍나무, 팥배나무 등이 차지하고 있으며, 아래층에는 때죽나무, 철쭉, 누운주목 등 관목이나 키 작은 나무들이 어우러져 있다. 오늘날 창덕궁에 자라고 있는 나무 가운데 수가 많거나 임금과의 인연 등 특히 중요하다고 생각되는 21종의 나무는 다음의 표와 같다.

후원을 빼고 창덕궁 건축물들 주변에는 소나무, 느티나무, 단풍나무, 매화나무 등이 심겨져 있다. 그러나 「동궐도」에서 곧잘 볼 수 있는 복사나무, 능수버들을 지금보다 더 많이 심어주는 것이 궁궐의 옛 정취를 살려주는 방법이 될 것이다.

창덕궁
깊이 읽기

•표• 창덕궁에 자라는 주요 수종

| 수종 | 그루 수 | 점유 비율 (퍼센트) | 비고 |
|---|---|---|---|
| 참나무 | 3922 | 23.47 | 갈참, 졸참, 신갈, 떡갈, 상수리, 굴참나무 포함 |
| 때죽나무 | 2482 | 14.84 | |
| 단풍나무 | 1954 | 11.69 | |
| 팥배나무 | 1450 | 8.67 | |
| 소나무 | 1436 | 8.59 | |
| 느티나무 | 1157 | 6.92 | |
| 산벚나무 | 940 | 5.62 | |
| 밤나무 | 391 | 2.34 | |
| 음나무 | 325 | 1.94 | |
| 주목 | 275 | 1.65 | |
| 잣나무 | 273 | 1.63 | |
| 회화나무 | 127 | 0.76 | |
| 뽕나무 | 107 | 0.64 | |
| 전나무 | 50 | 0.30 | |
| 매화나무 | 46 | 0.28 | |
| 돌배나무 | 23 | 0.13 | |
| 은행나무 | 16 | 0.10 | |
| 진달래 | 13 | 0.08 | 철쭉 포함 |
| 향나무 | 11 | 0.07 | |
| 복사나무 | 7 | 0.04 | |
| 능수버들 | 3 | 0.02 | |
| 기타 | 1700 | 10.22 | |
| 계 | 16708 | 100 | |

# 고목나무 나이테에
## 새겨진
## 창덕궁의
## 역사

창덕궁은 1405년(태종 5)에 공사를 마쳤다가 임진왜란 때 불탔지만 이후 다시 지어 왕조가 끝나는 1910년까지 505년 동안 궁궐로 쓰였다. 역사가 길었던 만큼이나 다른 궁궐보다 고목나무가 훨씬 많이 남아 있다. 현재 창덕궁의 고목나무는 느티나무 32그루, 회화나무 15그루, 주목 10그루, 향나무 3그루, 은행나무와 측백나무 및 밤나무가 각각 2그루, 갈참나무, 굴참나무, 매화나무, 다래나무가 각각 1그루로 모두 70그루에 이른다. 이 숫자는 창덕궁에서 지정한 숫자로, 고목나무를 정의하기란 애매하지만 대체로 둘레 한 아름 이상, 나이 300년 이상을 기준으로 한 것 같다. 물론 다래나무, 매화 등 원래 굵게 자라지 않는 나무는 그 기준이 다르다. 이 가운데 네 가지 수종이 천연기념물로 지정되어 있다. 봉모전 앞의 약 700년 된 제194호 향나무, 후원 깊숙이 대보단 터의 600년 된 제251호 다래나무, 관람지 입구의 400년 되었다는 제471호 뽕나무, 돈화문과 금천교 사이의 300~400년 된 제472호 회화나무 8그루가 천연기념물이다. 고목나무가 가장 많은 느티나무는 세 아름이 넘는 큰 나무가 6그루나 되며, 나이를 짐작하기 어렵지만 적어도 300년은 넘게 살았을 것으로 추정된다. 그 외 관람지 바로 옆의 두 아름이 넘는 밤나무, 아직 따로 지정되지는 않았지만 낙선재 안의 한 아름 반이나 되는 돌배나무도 특별히 관심 있게 바라볼 고목나무다. 이들은 궁궐의 오랜 역사를 나이테에 기록하면서 묵묵히 오늘을 살아가고

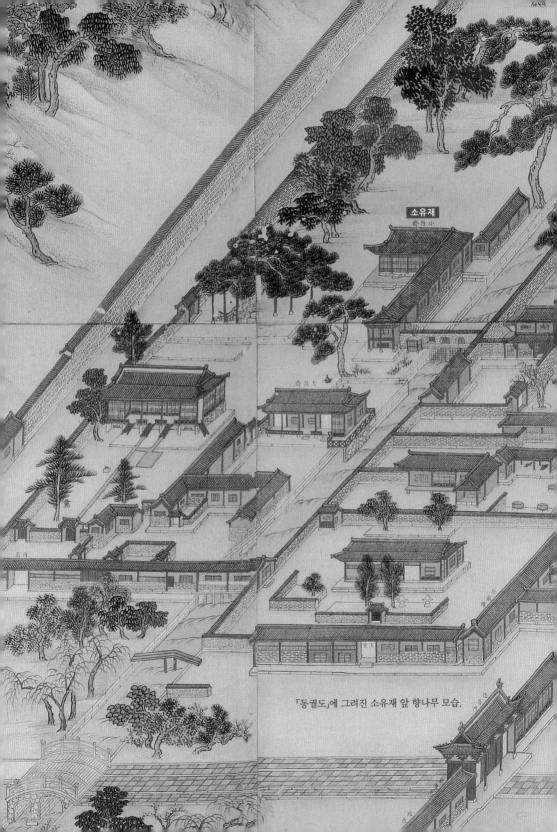

소유재
小酉齋

「동궐도」에 그려진 소유재 앞 향나무 모습.

있다.

한편 창경궁은 「동궐도」를 보면 창덕궁과의 경계가 그려 있지 않을 만큼 둘은 수많은 역사의 부침을 함께했다. 그러나 창경궁은 1909년 일제가 거의 완전히 파괴해버린다. 궁궐 안의 건물들을 헐어내고 동물원과 식물원을 만들어 시민들의 쉼터로 바꿔버렸다. 1984년에 들어서야 옛 건물을 새로 짓고 나무를 심는 등 궁궐 복원 사업이 이뤄졌다. 이때 창경궁 나무들에 일어난 가장 큰 변화는 일제가 심어둔 벚나무를 제거한 일이었다. 그 자리를 새로운 나무로 복원하면서 중부 지방에 자라는 주요 나무들이 조경수로 심어졌다. 홍화문에서 명정전, 함인전, 환경전, 통명전까지 이어지는 복원 공간 외에는 모두 나무를 심었다. 옛 궁궐 가운데 창경궁에 가장 많은 나무가 새롭게 심겨진 셈이다.

2005년 창경궁 수목 조사 자료를 보면 오늘날 창경궁에 자라는 나무는 10만5968그루다. 이 가운데 큰 나무인 교목이 98종 5789그루다. 현재 교목으로서 가장 많은 수종은 소나무와 단풍나무로 총 2579그루이며, 이는 전체 교목의 45퍼센트를 차지한다. 그 뒤는 느티나무, 참나무, 잣나무, 귀룽나무가 잇는다. 키 작은 관목은 75종 4만8879그루이며 가장 많은 나무는 철쭉과 산철쭉이다. 즉 이 둘은 2만6388그루로 전체 관목의 54퍼센트나 된다. 다음으로 조릿대, 국수나무, 진달래 순으로 이어진다. 창경궁에는 철쭉과 산철쭉 이외에 진달래도 2706그루나 되어 전체 키 작은 관목의 거의 60퍼센트에 이른다. 대비를 비롯한 여인의 공간으로서 꽃나무를 많이 심은 것 같다.

창덕궁
깊이 읽기

창덕궁의 나무들, 특히 후원의 나무들은 서로 모여 숲이라는 하나의 생태계를 이루고 있다. 생태계는 세월이 흐르면서 그 모습을 바꾼다. 생물상이 변하고 끊임없는 경쟁으로 삶과 죽음이 한데 얽히면서 숲은 나무가 살아가는 삶의 현장이 된다. 따라서 최소한의 간섭만 하여 후원의 모습을 자연의 순리에 따라 그대로 둘 것인지, 아니면 「동궐도」처럼 소나무가 주축이 되는 솔숲으로 바꿔줄 것인지는 여러 각도에서 심도 있게 검토해봐야 한다.

아울러 후원에 심겨진 나무들에 대한 세밀한 관리 지침을 만들어야 할 것이다. 현재 과도하게 우거진 숲의 간벌과 너무 높게 자라 넘어질 위험이 있는 나무들은 사람의 손길을 필요로 한다.

또 한 가지 짚어볼 일은 메타세쿼이아, 꽃사과나무, 아까시나무, 은사시나무, 일본목련, 중국단풍, 칠엽수, 홍단풍 등 최근

창경궁과 창덕궁에는 철쭉,
진달래 등 꽃나무도
많이 심겨져 있다.

나라 바깥에서 들어온 나무들을 궁궐 안에서 띄엄띄엄 만날 수 있
는 사실이다. 이들은 궁궐의 역사성을 훼손하는 나무들로서 가능
한 한 빠른 시간 안에 제거되어야 할 것이다.

## 창덕궁의
## 나무들

•느티나무•

느티나무는 1157그루로 창덕궁에서 여섯 번째로 흔하게 만
날 수 있다. 이중 고목은 32그루로 가장 수가 많다. 후원을 둘러보

창덕궁 (신)선원전 앞에 자라는 느티나무 고목.

면 큰 나무로 눈에 가장 잘 들어오는 고목이 느티나무임을 알 수 있다. 1513년(중종 8) '큰 바람에 집상전集祥殿의 소나무와 상서원尙瑞院의 느티나무가 뽑혔다'를 비롯하여 몇 건의 기록을 찾을 수 있다. 그러나 현재 우리나라 전체 고목나무의 반 이상을 차지하고 궁궐에서도 흔히 자랐을 느티나무에 대한 기록은 거의 찾을 수 없다. 이는 느티나무를 소홀히 한 것이 아니라 한자 이름에 혼란이 있어서다. 즉 느티나무는 거欅라는 한자 이름이 따로 있기도 하나 대부분 회화나무를 나타내는 괴槐와 같이 썼다. 따라서 옛 기록에서 느티나무만 따로 찾아내기란 어렵다. 「동궐도」를 보면 후원에는 대부분 소나무를 가꾸고 있었으므로 지금의 느티나무는 일제강점 초기 후원이 방치되면서 소나무 대신 다른 활엽수가 자랄 터를 넓힐 때 자리잡은 것으로 보인다.

· 능수버들 ·

「동궐도」에는 창덕궁 금천교 앞, 대보단 앞 궁궐 담장 밖, 궁궐의 마구간이었던 마랑馬廊 앞, 홍화문과 선인문 앞 등 여러 곳에 능수버들이 그려져 있다. 옛사람들은 지금처럼 벚꽃 구경으로 봄을 시작한 것이 아니라 능수버들 싹이 틀 때의 아름다움을 감상하는 것으로 봄 경치를 즐겼다. 많은 능수버들을 심어두고 봄바람이 인왕산을 타고 내려와 버들가지에 물이 오를 즈음 궁궐의 봄은 한층 화사해졌을 터이다.

폭군으로 알려진 연산군은 한편으로는 시 쓰기를 즐겨 한 왕이었는데, 버들잎의 아름다움을 노래한 여러 수의 어제시御製詩

『동궐도』의 돈화문 안쪽 금천교 주변으로
흐트러지게 심겨져 있는 능수버들과
느티나무, 회화나무.

가 있다. 능수버들은 아름다운 자태를 감상하는 것뿐만 아니라 활 쏘기의 표적 나무가 되기도 했다. 최고의 명궁은 왕이 참석한 가운데 늘어진 능수버들의 잎을 맞히는 것으로 우열을 가렸다고 한다. 실상 능수버들 잎을 화살로 맞힌다는 것은 불가능했을 것이다. 그만큼 정확성을 기하라는 상징이었으리라.

### •단풍나무•

궁궐을 일컫는 다른 말에 풍금楓禁, 풍신楓宸, 풍폐楓陛 등이 있다. 이렇게 궁궐을 나타내는 말에 단풍나무가 많이 들어가는 이유는 중국 한나라 때 궁궐 안에 단풍나무를 많이 심었기 때문이라고 한다. 우리나라 궁궐에서도 단풍나무를 쉽게 만날 수 있다. 창덕궁 후원에는 참나무, 때죽나무에 이어 세 번째로 많은 것이 단풍나무다. 단풍나무는 습기가 좀 있고 햇볕이 바로 쪼이는 곳보다는 큰 나무 밑이나 나무와 나무 사이에 잘 자란다. 후원은 단풍나무의 자람 터로서는 좋은 조건을 갖추었으므로 원래부터 자연적으로 자라고 있는 단풍나무도 많다. 여기에다 일부러 심기까지 했기에 더욱 많아진 것이다. 『일성록日省錄』에서 정조 때의 기록을 보면 '단풍

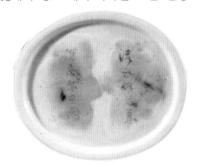

「낙엽이 새겨진 접시」, 중국 14세기,
지름 16.4cm, 국립중앙박물관.

정'에서 활쏘기 등 여러 행사가 열렸다. 단풍정의 위치는 『신증동국여지승람』에 '춘당대 곁에 있는데, 단풍나무를 많이 심어서 가을이 되면 난만하게 붉기 때문에 이렇게 이름 지었으나 정자는 없다'라고 되어 있다. 춘당대는 부용지 동쪽 영화당映花堂 앞마당인데 오늘날 이 일대는 참나무, 느티나무, 음나무 등이 자리를 차지하고 단풍나무는 거의 없어져 아쉬움을 더한다.

연산군은 단풍나무도 좋아해 신하들에게 단풍을 주제로 시를 지어 올리라고 했으며 자신이 직접 단풍 시를 짓기도 했다. 1504년(연산군 10) 9월 7일 임금은 어제시 한 절구를 승정원에 내려 보냈다.

단풍잎 서리에 취해 요란히도 곱고/ 국화는 이슬 젖어 향기가 난만하네/ 조화의 말없는 공 알고 싶으면/ 가을 산 경치 구경하면 되리.

이어서 전교하기를, 숙직하는 승지 두 사람은 차운次韻하여 올리라고 했다는 것이다. '연산군의 단풍나무'는 아마 경복궁 후원을 두고 노래한 듯하나 지금은 흔적조차 찾기 어렵고 오늘날의 경복궁에는 단풍나무가 많지 않다.

• 돌배나무 •

태조 이성계는 배나무와 인연이 많았다. 무학대사 토굴이 있던 곳에 절을 세우고 이름을 석왕사라 했으며 그곳에 배나무를

창덕궁 낙선재 만월문 안쪽에 자라는 돌배나무 고목.

손수 심었다. 전북 진안 마이산 은수사에 있는 청실배나무는 명산인 마이산을 찾아와 기도를 마친 뒤 그 증표로 심었다고 한다. 『조선왕조실록』에는 "태조가 일찍이 친한 친구들을 모아 술을 준비하고 과녁에 활을 쏘는데, 배나무가 100보 밖에 서 있고 배 수십 개가 서로 포개어 축 늘어져 있었다. 손님들이 태조에게 이를 쏘기를 청하므로, 한 번에 쏘아서 다 떨어뜨렸다. 가져와서 손님을 접대하니 여러 손님이 탄복하면서 술잔을 들어 서로 하례했다"는 내용이 나온다. 신궁神弓으로 알려진 태조는 이처럼 활솜씨 자랑에 배나무를 이용한 것이다.

1450년(문종즉위)에는 상림원에서 아뢰기를 '금년에는 본원의 배나무가 전혀 열매를 맺지 않아서 천신 진상薦新進上 및 대소 제향大小祭享에 이바지하기 어렵습니다'라는 기록이 있다. 또 꽃피는 시기가 아닐 때 꽃피어 이상기후를 나타내는 기록이 여러 번 나온다.

낙선재 안 만월문을 지나면 둘레 한 아름 반이나 되는 돌배나무 고목 한 그루가 왕조 시대의 위상을 뒤로하고 지금도 무심하게 서 있다.

• 때죽나무 •

창덕궁에서 두 번째로 많은 나무는 2482그루를 차지하는 때죽나무다. 키 5~6미터에 굵기 한 뼘까지 자라기도 하지만 창덕궁에는 지름 6~10센티미터짜리가 대부분으로 원래 아름드리로 자라는 나무는 아니다. 대체로 어린이날을 지나 5월의 화창한 봄날, 하얀 꽃이 둘에서 다섯 송이까지 모여 나무 전체를 뒤엎을 만큼 많이 핀다. 동전 크기만 한 다섯 개의 꽃잎을 살포시 펼치면서 꽃들은 한결같이 다소곳하게 아래를 내려다보고 핀다. 가을에는 타원형의 은회색 열매가 달리는, 우리나라 산 어디에서나 흔히 만나는 평범한 나무다. 제돈齊墩이라는 한자 이름이 있으나 특별한 쓰임이 있는 나무가 아닌 까닭에 옛 문헌에서 이 나무를 찾기는 어렵다. 번식력이 왕성하여 한번 자라기 시작하면 계곡을 따라 흔하게 만날 수 있기에 창덕궁이 피폐해지면서 따로 심지 않아도 자연적으로 궁 안에 널리 퍼지지 않았나 싶다.

•매화나무•

『삼국사기』의 '고구려 대무신왕 24년(41)' 조에 "8월, 매화가 피었다"는 기록이 있는 것만 보아도 매화가 오래전에 우리 곁에 왔던 것을 알 수 있다. 조선 왕조에 들어서면서 매화는 난초, 국화, 대나무와 더불어 사군자에 꼽히며, 양반사회를 대표하는 상징이기도 했다. 15~16세기부터는 백자에 매화 그림이 나타나기 시작하며, 조선시대의 수많은 선비 화가가 매화를 즐겨 그렸다.

「백자매화무늬병」,
4.5×12.5×27.0cm,
19세기, 국립고궁박물관.

『조선왕조실록』에 보면 1406년(태종 6) 태상왕 이성계에게 매화 분을 선물한 것을 필두로 매화를 선물로 주고받은 기록들을 찾을 수 있다. 또 연산과 정조는 매화 시를 직접 지어 신하들에게 내렸다고 한다. 매화는 조선 선비들과의 문화 교류는 물론 임금님과의 교유 창구가 되기도 한 꽃나무였다.

창덕궁에는 선조 때 명나라에서 가져왔다고 전해지는 홍매 한 그루가 자시문 옆에 자란다. 자람 형태나 굵기로 보아 원래의 것은 아니고 다시 심은 나무로 보인다. 그 외 낙선재 앞의 매화 밭, 창경궁 홍화문 안쪽 등 궁궐 여기저기에서 지금도 매화를 흔히 만날 수 있다.

창덕궁 자시문 옆의
매화나무 고목.

•밤나무•

　밤나무에 관련된 기록은 『삼국유사』 원효대사 이야기에 나
오며 낙랑고분을 비롯해 가야 및 청동기시대 고분에서도 밤알이
흔히 출토되고 있다.

　고려를 거쳐 조선조에 들어서면서 밤은 조상들이 관혼상
제의 예를 갖출 때 대추와 함께 빼놓지 않는 과일이었다. 조선시대
나라에서 규정한 오례의五禮儀에서 길례와 흉례 모두 밤을 상에 올
리도록 되어 있다. 가을날 벌어진 밤송이를 보면 안에 보통 밤알이
세 개씩 들어 있다. 씨알의 굵기는 약간씩 차이가 있지만 후손들이
영의정, 좌의정, 우의정으로 대표되는 삼정승을 한 집안에서 나란
히 배출시키라는 의미가 담겨 있다는 것이다. 또다른 해석은 밤이
싹트는 과정으로 이야기한다. 밤알이 땅속에서 새싹을 내밀 때 밤

껍질은 땅속에 남겨두고 싹만 올라온다. 타닌이 많은 밤 껍질은 땅 속에서 오랫동안 썩지 않고 그대로 붙어 있다. 이런 밤의 특성 때문에 자기를 낳아준 부모의 은덕을 잊지 않는 나무로 보았다는 것이다.

　밤나무 목재는 단단하고 잘 썩지 않으며 무늬가 아름다워 가구에서 건물의 기둥까지 두루 쓰인다. 밤나무 목재의 또다른 귀중한 쓰임은 제사용품이었다. 나라의 제사 관련 업무를 관장하던 봉상시奉常寺에서는 신주神主와 그 궤匱를 반드시 밤나무로 만들었

「동궐도」불로문 앞 약간 비껴선 곳에 밤나무로 추정되는 나무가 그려져 있다.

고, 민간에서도 위패位牌와 제상祭床 등 제사 기구의 재료로는 대부분 밤나무를 썼다. 왕실에서는 밤나무의 수요가 많아지자 벌채를 금지하는 율목봉산栗木封山까지 두기도 했다.

궁궐 안에 밤나무를 심고 가꾼 흔적을 찾기는 어려우나 창덕궁 관람지(반도지) 남쪽 둑에는 두 아름이 훨씬 넘는 밤나무 고목 한 그루가 연못 쪽으로 비스듬히 자라고 있다. 궁궐에서 가장 굵고 크며 나이도 300년 이상으로 짐작된다. 「동궐도」에서 이 일대를 찾아보면 불로문 앞으로 약간 비껴 선 자리에 큰 나무 한 그루가 눈에 띈다. 나무 모양으로 봐서는 지금의 밤나무 고목일 가능성이 높다. 물론 오늘날의 관람지 밤나무 고목보다 「동궐도」의 '추정 밤나무'는 관람지 위치와 거리가 좀 떨어져 있다. 그러나 원래 자라던 자리에다 큰 나무를 그대로 그려 넣었다가는 존덕정 아래 두 개의 네모 연못과 둥근 연못이 거의 가려져버리므로 약간 위치 변동을 한 것으로 추정해볼 수 있다.

• 복사나무 •

1447년(세종 29) 안평대군은 꿈속에서 박팽년과 함께 본 복사나무 숲의 경치를 화가 안견에게 이야기하여 사흘 만에 「몽유도원도夢遊桃源圖」를 완성했다. 복사나무 숲은 신선 사상과도 이어져 유토피아의 대명사가 되었다. 옛 시에서 복사나무는 흔히 젊고 아름다운 여인에 비유되었다. 1752년(영조 28) 빈궁을 칭찬하는 것에 "복사꽃처럼 아름다운 자태 널리 소문이 나서 빈嬪이 되었다"는 내용이 나온다. 또 복사나무는 귀신을 쫓는 나무로도 유명하

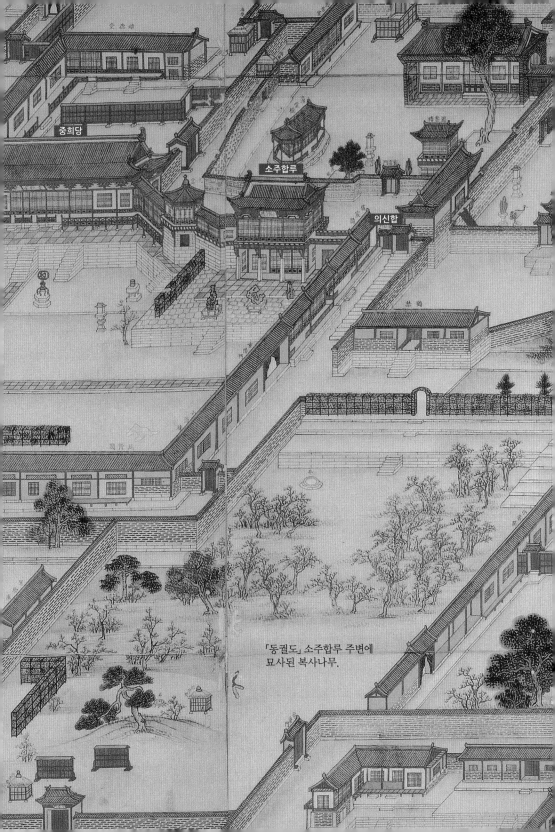

중희당

소주합루

의신합

「동궐도」소주합루 주변에
묘사된 복사나무.

다. 1420년(세종 2) 모후인 원경왕후가 위독해지자 "임금이 직접 복숭아 가지를 잡고 지성으로 종일토록 기도하였으나 병은 낫지 않았다" 하며, 1503년(연산군 9)에는 "대궐의 담장 쌓을 곳에다 복숭아 가지에 부적을 붙여 예방하게 하라" 하였고, 1506년(중종 원년)에는 "해마다 봄가을의 역질 귀신을 쫓을 때에는 복사나무로 만든 칼과 판자를 쓰게 하라"는 전교가 있었다.

「동궐도」에 보면 분홍 꽃이 핀 꽃나무가 여기저기 그려져 있다. 특히 수강재壽康齋 서편의 홍서각弘書閣이라는 행각 앞에는 30여 그루에 달하는 복사나무가 보인다.

• 뽕나무 •

농상農桑이라는 말에서 알 수 있듯이 뽕나무를 키워 누에

『친잠의궤』, 45.8×32.6cm, 1767,
규장각한국학연구원.
영조 43년에 누에 치는 과정을
기록한 의궤. 조선왕조에서
뽕나무가 얼마나 중요하게
쓰였는지 알 수 있다.

창덕궁 관람지 입구의 천연기념물 제471호 뽕나무.

를 치고 비단을 짜는 일은 농업과 나라의 근본이었다. 조선왕조에
들어와서는 양잠으로 비단 옷감 짜는 것을 장려하여 왕비가 친히
누에를 치고 신으로 모시는 서릉씨西陵氏에게 제사를 지내는 친잠
례親蠶禮를 거행했으며, 또한 잠실蠶室이라 하여 누에를 키우고 종
자를 나눠주던 곳도 따로 있었을 만큼 나라의 귀중한 산업이었다.
1423년(세종 5) 잠실을 담당하는 관리가 임금께 올린 공문에는 "경
복궁 안의 뽕나무 3590주와 창덕궁 안의 뽕나무 1000여 주와 밤섬
의 뽕나무 8280주로 누에 종자 2근10냥을 먹일 수 있습니다"라는
내용이 나온다. 기록대로라면 궁궐이 온통 뽕나무밭이었을 것으로

짐작된다. 현재 창덕궁에는 100여 그루의 뽕나무가 자라고 있으며 관람지 초입에 자라는 뽕나무는 천연기념물로 지정되어 있다.

### • 벗나무 •

우리 문화에서 벗나무를 꽃나무로 대접한 적은 없다. 벗나무와 자작나무는 서로 구분하지 않고 그 껍질을 화피樺皮라고 한 이름에서부터 벗나무의 위상을 알 수 있다. 얇고 매끄러운 껍질을 벗겨 활을 만들 때 이용하거나 화피전이라 하는 것처럼 포장 재료로서 쓰임이 같았기 때문이다. 『동국이상국집』을 비롯한 우리의 시가집 어디에도 벗꽃의 아름다움을 노래한 시 한 수가 없다. 그러나 일본에서는 『만요슈萬葉集』를 비롯한 수많은 시가집에 벗나무가 등장하고 국민 모두가 좋아하는 꽃나무다. 벗나무는 어디까지나 일본을 대표하는 일본인들의 나무다. 「동궐도」에도 벗나무가 보이지 않는다. 그러나 지금의 창덕궁에는 1000여 그루의 산벗나무가 후원에 자라고 있다. 일제강점기 이후 벗나무 종류는 따로 심지 않았으므로 후원이 소나무 숲에서 활엽수림으로 변하면서 자연적으로 들어온 나무들로 보인다.

### • 소나무 •

소나무는 3000~4000년 전 우리 선조들이 한반도로 이주해오면서 많아졌다. 원래 참나무를 중심으로 낙엽활엽수로 이루어진 우리 숲은 개간하고 연료로 쓰면서 파괴되기 시작하자 소나무가 점점 세력을 넓혀갔다. 직접 햇빛을 많이 받아야만 살아남는 이 나

창덕궁
깊이 읽기

「무신친정계첩」 중 창덕궁 어수당 앞뜰에 심겨진 소나무 부분,
비단에 채색, 41.6×54.8cm, 1728, 국립중앙박물관.

무는 사람들이 개발을 위해 울창한 숲을 파괴하거나, 산불로 인해 다른 나무가 다 타버려 공간이 생기는 것을 좋아한다. 역사의 흐름에 따라 차츰 많아지던 한반도의 소나무가 최고의 나무로 자리잡은 것은 조선왕조에 들어서면서부터다. 조선왕조는 소나무 왕조라고 해도 지나치지 않을 만큼 소나무를 숭상했다. 이는 소나무의 재질이 좋아서라기보다 느티나무나 참나무 등 질 좋은 활엽수는 다 없어지고 쓸 만한 나무는 소나무밖에 남지 않아서다. 관청이나 양반 집을 짓는 데 없어서는 안 될 나무였으며, 배를 만들거나 임금의 관재에도 꼭 사용되었다. 이를 위해 전국에 소나무가 잘 자라는 200여 곳에 봉산封山을 설치하여 아예 출입을 금지시키기도 했다. 엄격한 소나무 보호 정책을 썼지만 조선 후기로 갈수록 숲은 점점 더 황폐화되어갔다.

「동궐도」에 보면 후원은 거의 소나무로 구성되어 있다. 대나무와 함께 상록수로서 임금에 대한 변함없는 충성심을 상징하는 나무로 숭상했기 때문이다. 오늘날도 1436그루나 자라며 다섯 번째로 많은 나무이지만 소나무의 존재감은 그렇게 높지 않다. 일제강점기 동안 후원을 거의 방치하면서 소나무는 다른 활엽수에 밀려 차츰 사라졌기 때문이다.

• 은행나무 •

중국이 원산인 은행나무는 대체로 불교가 전파될 때 함께 들어온 것으로 짐작되며 숲속이 아니라 우리 주변에 자라면서 친숙해진 나무다. 수백 년에서 1000년을 넘겨 오래 살며 우람하고 당당

한 모양새에 아름다운 단풍까지 갖추고 있다. 은행나무는 궁궐이
나 선비들 곁에서 그늘을 만들어주고 쉼터가 되는 행정의 정자나무
이거나 공자가 제자를 가르치던 곳의 행단을 상징하는 나무로 우리
와 함께 살아왔다.

　　행정杏亭으로는 1562년(명종 17) 후원에 있는 은행정에서
200여 인이 참석하여 왕세자의 가례嘉禮 축하행사를 했다는 기록
이 있다. 조선 후기 문인화가인 이유신의 「행정추상도杏亭秋賞圖」에
는 단풍 든 은행나무 아래 선비들이 모여 국화를 감상하고 있는 모
습을 그리고 있다. 행단杏壇의 나무는 1817년(순조 17) 왕세자인 효

『왕세자입학도첩』에 실린 「작헌의」, 종이에 채색, 36.5×25.3cm, 1817, 경남대박물관.
안뜰에 은행나무 두 그루가 보인다.

「동궐도」에 보이는 폄우사 부근 태청문 옆에 있는 은행나무 고목. 현재 후원에서 가장 오래된 은행나무 고목이다.

명세자가 성균관에 입학하는 과정을 그린 『왕세자입학도첩』에서 만날 수 있고, 이 나무들은 천연기념물 제59호로 지정되어 오늘날에도 잘 자라고 있다.

지금의 창덕궁 후원의 존덕정 옆에는 궁궐에서 가장 크고 오래된 은행나무 한 그루가 자란다. 줄기 둘레 약 세 아름(148센티미터), 높이 23미터의 거대한 고목이다. 이 나무는 「동궐도」에서도 만날 수 있다. 폄우사 북쪽, 존덕정의 서북쪽에는 연지蓮池와의 사이에 담장을 쌓고 직각으로 세 번 꺾어들인 끝에 솟을대문 같은 태청문太淸門이 있는데, 이 문 앞의 연지 쪽 구석에는 곧은 줄기에 타원형의 아담한 나무갓을 가진 나무가 오늘날의 은행나무로 짐작된다. 존덕정에는 1789년 정조가 직접 쓴 「만천명월주인옹자서萬川明月主人翁自序」라는 편액이 걸려 있는데, 세상의 모든 냇물은 달을 품고 있지만 하늘의 달은 하나밖에 없다는 뜻이다. 왕권을 강화하고 신하의 도리를 강조하는 뜻으로 존덕정을 정비하면서 학문을 숭상하는 행단이란 상징성을 갖는 은행나무를 정조가 심지 않았나 짐작해본다.

### •음나무•

음나무는 험상궂은 가시를 달고 있다. 이 가시는 껍질이 변하여 된 것으로 비교적 약한 편이고, 그나마 나이가 들면 아예 없어져버린다. 그런데도 우리 선조들은 가시 달린 나무들 중에 특별히 음나무 가지를 골라, 잡귀가 들락거리지 말라고 문설주 위에 가로로 걸어놓았다. 아무리 나쁜 귀신이라도 의관정제하고 다녔다고

음나무 꽃과 잎,
「동궐도」에서도 흔히
만날 수 있다.

상상했으니 가시투성이 음나무 가지에 꼼짝없이 도포 자락이 걸리게 마련일 것이다.

음나무의 목재는 황갈색을 띠며 가느다란 줄무늬가 있어서 더 고급스럽다. 박달나무처럼 단단하지도 오동나무처럼 지나치게 무르지도 않아 강도가 적당한 데다 아름다운 무늬까지 있어 가구재나 조각재로 널리 쓰인다. 특히 '금슬이 좋다'고 할 때의 슬瑟이란 악기는 앞판은 오동나무, 뒤판은 음나무로 만들어 25줄을 매어서 탄다고 한다. 자람이 빠르며 땅을 별로 가리지 않고 넓은 잎은 그늘을 만들어주는 나무다. 창덕궁 후원에 한 아름쯤 되는 굵은 음나무들을 흔히 만날 수 있고 「동궐도」에도 초록색 큰 잎을 강조해 그려놓아 쉽게 찾을 수 있을 정도로 많았다.

• 잣나무 •

중국에서는 잣이 바다를 건너왔다고 해서 해송海松, 신라인들이 많이 가져왔다고 해서 신라송이라 불렀다. 잣나무에는 다른 이름이 더 있다. 굵은 나무를 잘라보면 속이 붉다 하여 홍송紅松, 맛있는 잣이 달린다 하여 과송果松, 소나무처럼 생겼으나 한 다발에 잎이 두 개씩 있는 것이 아니라 다섯 개씩 있다 하여 오엽송이다.

잣나무의 한자 이름은 백柏이다. 이 백은 잣나무보다 측백나무를 가리킬 때가 많다. 특히 중국 문헌에 나오는 백柏은 잣나무가 될 수 없다. 잣나무는 우리나라 중북부 지방과 만주에 걸쳐 자란다. 우리 문헌에 나오는 송백松柏은 소나무와 잣나무로 볼 수 있으나 중국 문헌의 송백은 소나무와 측백나무, 혹은 침엽수 전체를 가리키는 말이다.

『조선왕조실록』에는 1408년(태종 8) 건원릉에 소나무와 잣나무를 두루 심으라고 한 것을 비롯하여, 성석린이 남산에 소나무와 잣나무를 심자고 건의한 것이 기록되어 있다. 1449년(세종 31) 효행이 뛰어난 선비를 칭찬하는 내용 가운데 그 아비가 죽게 되어서 잣나무를 얻어다 관을 만들어 장사지냈다고 했다. 잣나무는 공공건물에도 많이 심었다. 1526년(중종 21)에는 성균관 명륜당 뜰에 있는 잣나무가 벼락을 맞았다고 했다. 왕실에서도 잣나무를 귀하게 여겨 궁궐 안에도 심은 듯하다. 창덕궁에도 잣나무가 여기저기 자라고 있으나 종묘 정전正殿 뒷길 양편에 잣나무가 가장 잘 가꾸어져 있다.

잣나무 숲.

## •전나무•

　전나무는 북한의 고산지대를 비롯하여 추운 곳을 원래의 자람 터로 삼고, 혼자보다는 떼거리를 이루어 자라기를 좋아한다. 백두산 일대는 전나무와 가문비나무 및 잎갈나무, 이 삼총사가 모여 원시림을 만들어낸다. 그중에서도 전나무가 환경 변화에 적응력이 가장 높아 남쪽으로도 거의 한반도 끝까지 내려온다.

　나무의 생김새는 원래 곧게 자라면서 밑변이 좁은 삼각형의 작은 수관樹冠이 특징이다. 또 높이 30미터를 넘겨 자라는 키다리나무다. 옛날 대형 건물의 기둥으로 장대재長大材가 나올 수 있는 것은 전나무밖에 없다. 1606년(선조 39) 임진왜란 이후 『종묘영건도감宗廟營建都監』에서 전나무를 확보했다는 기록을 찾을 수 있다. 그 외 전나무는 조선 왕릉의 도래솔로서 소나무와 함께 널리 이용되었다는 내용을 『조선왕조실록』에서 여러 건 찾을 수 있다. 오늘날에도 광릉光陵 주변에서 전나무를 흔히 만날 수 있다. 나무가 지나치게 높이 자라는 바람에 넘어지거나 벼락 맞는 일이 많아 건물 주변에는 잘 심지 않는다. 서울 문묘에 자라던 전나무가 1719년(숙종 45) 벼락이 떨어져서 며칠 동안 논란이 계속된 기록도 있다. 궁궐 안에 전나무를 따로 심어 관리한 기록은 찾을 수 없고, 지금의 창덕궁을 비롯한 궁궐 안에도 큰 전나무는 없다.

　전나무의 한자 이름은 '회檜'인데 때로는 지금 일본 삼나무를 뜻하는 삼杉으로 나타내기도 한다. 그러나 삼나무는 우리나라에 자라지 않았던 나무이므로 옛 문헌 속의 삼은 대부분 전나무다.

창덕궁 (신)선원전 담장 바깥의 전나무.　　　　창덕궁 부용지 동남쪽 언덕에 자라는 주목 고목.

・주목・

　　주목은 결이 곱고 목재의 붉은색이 아름다우며 잘 썩지 않는다. 자람이 매우 느리고 오래 살므로 속칭 '살아 천 년 죽어 천 년 주목'이라고 말한다. 그런 특성 때문에 시신을 감싸는 관재棺材로는 최상품 대접을 받았다. 일제강점기에 평양 부근의 오야리 고분에서 출토된 낙랑고분의 관재도 주목이며, 임금님 앞에 나갈 때 들던 홀笏도 주목으로 만들었다고 한다.

　　창덕궁 부용지 동남쪽 언덕의 한 아름이 넘는 주목이 궁궐의 맏형이다. 우리 역사 기록에서 주목은 거의 등장하지 않지만 창덕궁, 경복궁 등에 주목이 빠지지 않고 심겨진 것으로 보아 선조들이 좋아한 나무였음을 알 수 있다.

### •진달래•

1457년(세조 3), 진달래가 만발할 즈음 남녀 7, 8명이 큰 소리로 노래를 부르고 춤을 추며 대궐문 앞을 지나갔으나 태평성대를 구가하는 일이라 하여 이를 용서해주었다고 한다. 1506년(연산군 12)에는 장의문藏義門에 탕춘정蕩春亭이라는 새 정자를 짓고 산 안팎에는 진달래를 심었는데 왕과 왕비가 자주 거둥하여 봄을 감상했다고 한다. 임금에서 서민에 이르기까지, 예나 지금이나 진달래는 변함없이 우리와 가장 가까운 꽃임에 틀림없다. 『조선왕조실록』에는 기상이변으로 늦가을에 진달래꽃이 피었다는 기록이 10여 차례 등장한다.

진달래가 필 즈음이면 궁궐에서도 봄을 맞는 마음으로 꽃전花煎을 부쳐 먹는 풍속이 있다. 꽃전이란 찹쌀가루 반죽에 꽃잎을 얹어 지진 부침개를 말하는데, 이 풍속은 고려시대부터 있었으며, 조선시대에는 삼짇날 후원에서 중전이 나인內人들과 함께 진달래꽃 꽃전 부치기 행사를 했다고 한다. 진달래 꽃잎에 녹말가루를 씌워 오미자 즙에 띄운 진달래 화채 역시 삼월 삼짇날의 계절음식이다.

봄꽃이 한창 피어나는 계절을 배경으로 그린 「동궐도」에서는 많은 진달래꽃을 만날 수 있다. 그러나 숲이 우거진 지금의 창덕궁 후원에서는 양지식물인 진달래를 만나기 어렵다.

### •참나무•

우리가 흔히 참나무라고 하는 나무는 상수리나무, 굴참나무, 졸참나무, 갈참나무, 신갈나무, 떡갈나무의 6종을 따로 구분하지 않고 집합적으로 부를 때 쓰는 말이다. 상수리나무와 굴참나무는 잎이 좁고 긴 피뢰침 모양으로 가장자리에 짧은 침 같은 톱니가 있으며, 열매는 꽃이 피어 익는 데 2년이 걸린다. 나머지 졸참나무, 갈참나무, 신갈나무, 떡갈나무 4종은 타원형의 잎을 지니며 졸참나무 외에는 가장자리가 물결 모양이다. 열매는 꽃이 당년 가을에 익는다.

참나무는 우리나라 활엽수의 대표 나무이며 가장 흔히 만날 수 있다. 이 나무는 구석기시대 유적인 충북 제천 송학면의 점말동굴을 비롯한 여러 선사시대 유적에서 움막집 재료로 쓰였다. 그 외 건축재로서는 해인사 팔만대장경판 보관 건물인 수다라장 기둥의 일부, 선박재로서는 1984년 전남 완도군 약산면 어두리 앞바다에서 인양된 고려초 화물 운반선의 선체 일부, 그리고 경남 창원 다호리 고분군(사적 제327호)에서 출토된 목관재 등에 참나무가 쓰였다.

열매는 흉년에 먹을 수 있는 구황식물로 널리 이용되었다. 『조선왕조실록』에서 100여 건의 기민機民 구제 관련 기사를 찾을 수 있다.

### •팥배나무•

창덕궁의 팥배나무는 1450그루로서 네 번째로 많은 나무다. 키 15미터, 지름 한두 아름까지 자랄 수 있으나 실제 만나는 나무로는 지름 20~30센티미터이면 굵은 편이다. 햇빛이 많이 들어오는 곳을 좋아하나 자람 터 선택이 까다롭지 않아 계곡에서부터 산등성이까지 우리나라 어디에서나 흔히 만날 수 있다. 가을날 서리를 맞아 잎이 진 나뭇가지에 팥알보다 약간 굵고 붉은 열매가 수백 수천 개씩 달린다. 열매는 작아도 배나 사과처럼 과육을 지니고 있다. 과일주를 담그기도 하나 별다른 맛이 없어서 사람들에게 인기 있는 열매는 아니며, 겨울새들의 먹이로 제격이다.

열매가 열린 팥배나무.
창덕궁의 주요 수종
가운데 하나다.

중국의 『사기』 「연세가燕世家」에는 주나라 초기의 재상 소공
召公이 임금의 명으로 산시陝西를 다스릴 때, 선정을 베풀어 백성들
의 사랑과 존경을 한 몸에 받았다 한다. 여기서 나온 말이 감당지
애甘棠之愛인데, 감당을 팥배나무로 알아왔다. 그러나 우리나라 이
외에 중국이나 일본에서는 감당나무를 팥배나무로 번역하지 않는
다. 팥배나무의 중국 이름은 화추花楸로서 감당과 관련된 이름을
갖고 있지 않다. 평범한 숲속의 보통 나무일 뿐, 팥배나무를 민가
근처에 일부러 심고 아껴야 할 귀중한 나무로 보기는 어렵다. 『중국
수목지』를 살펴봐도 감당이라는 특정 나무는 없으며, 감당의 다른
이름인 당이나 두이 등도 돌배나무나 콩배나무 등 배나무 종류를
가리킬 때가 많다. 이런 나무들은 열매를 식용하는 나무로서 이름
으로 보나 쓰임으로 보나 팥배나무보다는 소공의 감당나무일 가능
성이 훨씬 높다. 일부에서는 능금나무라는 의견도 제시하는 등 감
당나무를 과일나무로 보는 견해에 무게를 두고 있다. 나무의 이런
저런 특징 등을 고려해본다면 감당나무는 돌배나무 등 배나무 종
류로 번역하는 것이 더 타당할 듯하다.


• 향나무 •

향을 풍기는 여러 식물 가운데 가장 대표적인 나무가 향나
무다. 다른 나무보다 방향芳香을 더 많이 포함하고 있으면서, 잘라
놓은 다음에도 금세 향기가 날아가는 것이 아니라 천천히 내뿜어
주기 때문이다. 나무 색깔이 붉은빛이 도는 자주색인 까닭에 자단
紫檀이라고도 하고 나무에서 향기가 난다고 하여 목향木香이라고도

창덕궁
깊이 읽기

부른다.

향내는 부정不淨을 없애고 정신을 맑게 함으로써 천지신명과 연결하는 통로가 된다고 여겨 예부터 모든 제사 의식에는 먼저 향불을 피웠다. 향나무는 신과 인간을 이어주는 매개체이자 부정을 씻어주는 정화 기능을 지닌 신비의 나무로 사랑을 받아왔으므로, 궁궐은 물론 사대부의 정원, 유명 사찰, 우물가에도 널리 심었다.

창덕궁 봉모당奉謨堂 앞에는 창건 당시에 어디선가 옮겨다 심은 것으로 짐작되는 700년생 향나무가 천연기념물로 지정되어 있고, 그 밖에 궁궐의 여기저기에 수백 년 된 향나무가 자라고 있다.


• 회화나무 •

회화나무는 수백 년에서 1000년을 넘겨 살 수 있고 다 자라면 두세 아름에 이르기도 한다. 키만 껑충한 것이 아니라 나뭇가지가 사방으로 고루고루 뻗어 모양이 단아하고 정제되어 있다. 그래서 궁궐이나 알려진 서원, 문묘, 양반 집 앞에 흔히 심는다. 중국에서는 회화나무를 상서로운 나무로 매우 귀히 여긴다. 그 기원은 주나라 때 조정에 회화나무 세 그루를 심고 우리나라의 삼정승에 해당되는 삼공三公이 이를 마주보고 앉았기 때문이다. 우리나라에서도 과거에 급제하면 회화나무를 심었다고 하며, 관리가 벼슬을 얻어 출세한 뒤 관직에서 퇴직할 때면 기념으로 회화나무를 심었다고도 한다.

우리 궁궐에서도 중국의 예에 따라 심은 회화나무를 만날 수 있다. 창덕궁 돈화문을 들어서면 왼편 금호문으로 이어진 행각 창덕궁 봉모당 앞에 자라는 천연기념물 제194호 향나무.

건물을 따라 일렬로 이어 자라는 4그루가 먼저 눈에 띤다. 다시 금천교 다리 남쪽으로 금천 오른편에 자라는 여러 그루의 아름드리 회화나무가 있다. 천연기념물로 지정되어 있으며 「동궐도」에서 만날 수 있다. 회화나무는 느티나무와 같이 괴槐로 표기하므로 옛 문헌에서 앞뒤 관계로 구분하는데 간단치는 않다.

# 그 넓은 후원을
# 가꾼 이들의
# 마음을 엿보다

창 덕 궁  후 원  구 조 적 으 로  읽 기

**최종희** 배재대 생명환경디자인학부 교수

왕조 체제 아래에서 궁은 국가의 거의 모든 대사大事가 펼쳐지면서 정신적·공간적 중심을 만들어나가는 상징이다. 뿐만 아니라 국가적 의식과 통치 행위 그리고 왕실의 사적인 활동을 담아내는 기능적 복합체로서 독특한 문화 속성을 보여준다.

이에 궁은 풍수사상에 의한 입지를 중시하고 음양의 조화를 꾀한 공간질서 속에 놓여야 하며, 자연지세를 효과적으로 활용해 건축을 조영하고 또 이 안에다 하늘과 땅과 자신을 하나로 합일시키려는 고도의 철학적 자연관을 심어 넣는다. 궁궐은 이를 토대로 '자연스러움', '자유분방성', '단순함' 등의 조영의식을 벼려내고 '형상과 물성의 조화', '정신성의 형태화', 즉 관계성의 조화를 이루어낸다. 우리는 이러한 것들을 전통 시대 정원의 구성 요소와 재료, 공법·기법적 측면에서 분석해볼 수 있다.

특히 창덕궁 후원은 눈으로 보이는 잘 다듬어진 자연을 제공해 오늘날의 우리 역시 그 안에서 커다란 즐거움을 찾을 수 있다. 그러나 다른 한편으로 창덕궁 후원의 묘미는 잘 짜인 아름다움의 저류를 흐르는 자연에 대한 인간의 생각, 인간의 마음이다. 그 마음을 읽는 일은 더욱 큰 가치가 있다.

## 조선 왕가의 집을 짓다

먼저 궁궐부터 살펴보자. 태조 이성계가 조선을 세운 뒤 한양으로 수도를 옮길 것을 결정하고 경복궁을 창건했지만, 정종 때 개성으로 환도했고 태종 때에야 수도를 옮길 준비를 하면서 경복궁 동쪽 향교동 일대에 궁궐을 조성한다. 1405년 2월 태종은 한 달간 한양에 머물면서 궁궐 조영공사가 진행되는 것을 직접 둘러보고, 1년에 걸친 공사 끝에 창덕궁昌德宮이라 이름지었다. 이어서 1411년 진선문進善門과 석교石橋를 세우고, 다음 해에 돈화문敦化門을 준공하는 등 보완공사를 진행했으며, 1418년 7월 박자청朴子靑에게 명하여 인정전仁政殿을 새로 짓게 했다. 그러나 태종은 인정전 개축 공사가 끝나기 직전 전위하고, 뒤를 이은 세종이 즉위한 1418년 9월 공사를 끝마쳤다. 그 뒤 인정전은 1452년 단종의 즉위와 함께 두 번째로 고쳐 짓게 됨에 따라 공사의 대장정이 마무리된 것은 1460년(세조 6)이었다. 인정전 하나 짓는 데 무려 40년이나 걸린 것이다. 이후 임진왜란이 일어나 경복궁·창덕궁·창경궁이 불길에 휩싸였다. 주로 수도와 백성을 버리고 도망간 임금을 원망한 사람들의 방화로 궁궐은 사라지고 말았다.

조선의 궁궐은 임진왜란에서 선조를 호종하며 혁혁한 군공을 세워 영창대군을 제치고 왕위에 오른 광해군이 1608년(광해군 즉위년)부터 재건 공사를 시작해 1614년 원래대로의 위용을 드러냈다. 그러던 중 1623년 광해군의 치정에 반대한 세력에 의해 창덕궁의 전각들이 상당 부분 소실되었지만 다행히도 인정전만은 불에 타지 않았다. 또한 1776년(영조 52)에는 후원 북측에 규장각奎章閣을 신축했다. 그 뒤 1908년 일제에 의해 궁궐 일부가 고쳐 지어졌고, 인정전은 서양풍 가구와 실내장식으로 꾸며졌다. 1917년 뜻밖

창덕궁 인정전의 내부 모습.

의 화재가 일어나 대조전을 비롯한 내전 일곽이 불에 탔는데 이때 정궁인 경복궁의 침전 공간에 있던 교태전·강녕전, 동서 행각, 연길당·함원전 등의 건물을 헐어 사용했다. 그 뒤 1990년대에 들어와 3단계에 걸친 복원 공사가 이뤄져 1995년 인정전 주변의 내행각 11동이 모습을 되찾았고, 1999년 외행각 주변 15동이 모습을 회복했으며, 2002년 규장각 권역에 대한 복원 공사가 이루어졌다.

　　그러면 후원은 어떠한가. 1406년(태종 6)에 해온정解慍亭을 조영하면서 후원의 역사가 시작되었다. 해온정에서 바라볼 때 당시 창덕궁 뒤쪽은 자그마한 산에 인가가 오밀조밀 모여 있었다. 후원의 역사를 본격적으로 연 인물은 세조다. 그는 궁 곁에 있던 민가 73가구를 모두 철거해 창덕궁의 후원을 대폭적으로 넓혀나갔다. 그 뒤 정사는 내팽개치고 창덕궁 후원에서 궁녀들과 희롱하고, 동물을 잡아다놓고 사냥을 즐겼던 연산군은 1497년 이 후원에 담을 쌓았다. 그리고 신하들의 반대에도 불구하고 1503년 세조 때와는 비교할 수 없을 정도로 동서쪽의 수많은 민가를 강제로 철거하고 후원을 더욱 넓혔다. 스스로를 황제에 견줘 후원 역시 황제의 정원처럼 만들고자 했던 연산군은 말년에는 서총대라는 경회루 같은 큰 누와 못을 파기 시작했다. 다행인지 불행인지 이는 중종반정으로 중단되었다. 1592년 임진왜란이 일어나자 100년 동안 조선 정궁의 은밀한 뒤뜰이었던 이곳은 20년 남짓이나 폐허로 남겨졌다. 그러던 중 1610년 광해군이 창덕궁을 복구하면서 후원에 소정小亭을 짓고 기화奇花, 괴석怪石 등을 모아 화려한 원유苑囿를 조성했는데, 『광해군일기』에는 "그 기교하고 사치함이 예전에는 없었다"고

기록할 정도였다. 1636년 인조는 옥류천 주변에 소요정, 청의정, 태극정을, 1644년에는 존덕정을, 1645년에는 취향정을 지었다. 또 1692년에는 애련지와 애련정을, 1704년에는 대보단을 조성했으며, 1776년에 영조는 규장각을 짓고 훗날 정조는 부용정을 개축했다. 1828년 순조는 사대부의 생활을 즐기기 위해 민가 양식의 연경당을 짓기도 했다.

## 삼각산 줄기에 자리잡아 세 축을 형성하다

한양의 진산鎭山은 삼각산이다. 삼각산은 그 내맥이 도성 안에 이르러 네 개의 줄기로 갈라진다. 그중 도성 북쪽의 한 봉우리인 응봉을 주산으로 삼아 그 맥이 닿는 곳에 창덕궁이 지어졌으며, 지형은 굴곡이 많고 불규칙해 평탄한 곳이 거의 없었는데 이러한 지세를 이용해 건물을 배치했다. 「동궐도」를 보면 모든 건물이 같은 방향으로 놓여 있는 듯 그렸지만, 실제 창덕궁은 달랐다. 여러 개의 축에 따라 전각들이 횡으로 배열되었다. 축이 여러 개이기 때문에 건물이 바라보는 방향도 각각 달라지게 마련이다. 창덕궁의 첫 번째 축은 한양성의 도시 경관을 대표하는 시전 장랑인 돈화문로이며, 두 번째 축은 정전 인정전이 놓인 방향이고, 세 번째 축은 희정당과 대조전의 축으로 남쪽을 향하고 있다.

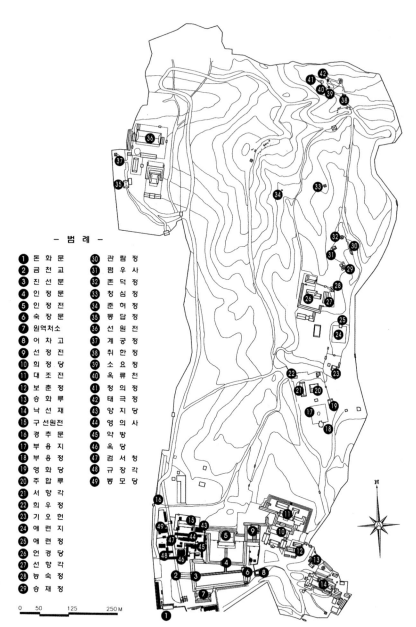

- 범 례 -

| | | | |
|---|---|---|---|
| ❶ 돈 화 문 | ㉚ 관 람 정 |
| ❷ 금 천 교 | ㉛ 펌 우 정 |
| ❸ 진 선 문 | ㉜ 존 덕 정 |
| ❹ 인 정 문 | ㉝ 청 심 정 |
| ❺ 인 정 전 | ㉞ 준 허 정 |
| ❻ 숙 장 문 | ㉟ 롱 득 정 |
| ❼ 원역처소 | ㊱ 선 원 전 |
| ❽ 어 차 고 | ㊲ 계 궁 정 |
| ❾ 선 정 전 | ㊳ 취 한 정 |
| ❿ 의 정 당 | ㊴ 소 요 정 |
| ⑪ 대 조 전 | ㊵ 옥 류 천 |
| ⑫ 보 춘 정 | ㊶ 청 의 정 |
| ⑬ 숭 화 루 | ㊷ 태 극 정 |
| ⑭ 낙 선 재 | ㊸ 양 지 당 |
| ⑮ 구 선 원 전 | ㊹ 영 의 사 |
| ⑯ 경 추 문 | ㊺ 악 방 당 |
| ⑰ 부 용 지 | ㊻ 옥 서 청 |
| ⑱ 부 용 정 | ㊼ 검 서 각 |
| ⑲ 영 화 당 | ㊽ 규 장 당 |
| ⑳ 주 입 루 | ㊾ 롱 모 |
| ㉑ 서 향 각 | |
| ㉒ 희 우 정 | |
| ㉓ 기 오 헌 | |
| ㉔ 애 련 지 | |
| ㉕ 애 련 정 | |
| ㉖ 언 경 당 | |
| ㉗ 선 향 각 | |
| ㉘ 능 숙 정 | |
| ㉙ 승 재 정 | |

0    50    125    250 M

창덕궁 배치도.

창덕궁의 후원은 약 20만 제곱미터에 이르는 자연구릉지에 왕가가
휴식을 취하고 유락을 즐길 수 있도록 수경한 원림이다. 실제로 들
어가서 거닐어본 사람은 깊숙한 산의 뒷자락을 따라 오밀조밀하게
이어지는 정자들과 시원하고 청량감 가득한 바람이 이는 이곳을
신선의 땅이라 부르고 싶을 것이다. 후원後苑은 북원北苑 또는 금원
禁苑이라 부르고 있다. 또한 후원은 원림 공간의 특징에 따라 부용
지·주합루 일원, 애련지·연경당 일원, 반도지 일원, 옥류천 일원,
낙선재 일원 등으로 나뉜다. 워낙 건물이 많고 길도 이리저리 얽혀
있기 때문에 이처럼 몇 개의 특징적인 공간 모둠으로 기억하면 후
원의 전체 구조를 파악하는 데도 훨씬 도움이 된다. 그러면 먼저
부용지와 주합루 일원부터 보자.

　　자연적인 산세를 바탕으로 구성된 창덕궁 후원의 부용지芙
蓉池와 주합루宙合樓 일원은 건물이 많이 배치되어 있고 정자, 방지,
원도, 화계, 점경물까지 있어 다양한 구성 요소를 갖추고 있다. 조
선 후기 1776년(정조 즉위년)에 조성될 당시에는 임금의 봉안각奉安閣
과 규장각으로서의 위엄 및 엄숙함을 보여줬다. 그러던 중 1800년
이후(순조 이후로 「동궐도」 작성 이후로 추정) 왕권이 쇠락해 규장각의
기능이 축소되고 주요 업무를 수행하는 공간이 이문원으로 넘어가
면서 초기에 조성했던 의도와는 확연히 다른 연회나 휴식 공간으
로서 그 모습을 강하게 드러냈다. 그 뒤 일제강점기를 거치면서 그

주합루

어수문

영화당

부용정

「동궐도에 그려진 부용정, 영화당,
주합루, 어수문 주변 풍경

의미와 성격은 완전히 달라져 오늘날 사람들은 그곳을 찾아 편히 쉬고 경치를 감상한다.

부용지 및 규장각이 지어지기 전 이곳에는 서총대瑞蔥臺 터와 영화당, 택수재, 사정기비각, 희우정 등의 건물이 있었다. 오늘날 부용지라 불리는 연못이 언제 만들어졌는지 정확한 기록은 없지만 숙종의 「택수재」 시에 네모난 못이라는 구절이 있는 것으로 보아 숙종이 이곳에 택수재를 짓기 전부터 방형의 못이 있었던 듯하다. 주합루 일대의 경우 연못 주변의 평지에 있던 건물들 외에 응봉 줄기를 타고 내려온 주합루 일원에 지어진 건조물 중 희우정은 인조 때 취향정이었던 초당을 숙종이 기원하던 비가 내렸다 하여 희우정이라 이름을 고치고 기와집으로 개수한 것이다. 한편 천석정千石亭은 규모로 미루어보면 한적하게 책을 읽거나 휴식을 취하기 위한 공간으로 보이는데, 언제 만들어졌는지 정확히 알 순 없으며 오늘날에는 「제월광풍관霽月光風觀」이라는 현판을 달고 있다. 주합루가 들어서기 전 이 일대가 어떤 모습이었을까를 상상해볼 수 있다. 즉, 당시 어느 정도 건축물들이 들어서 있었겠지만 각각의 건물이 어떤 유기적 관계를 맺었다고 보긴 어려우며, 택수재나 희우정 역시 여느 정자들처럼 휴식을 취하고 수신修身하는 장소였을 듯하다.

한편 부용지·주합루 일원을 독립된 영역으로 구분짓는 것이 바로 영화당이다. 이곳은 조선 초부터 동쪽의 넓은 춘당대에서 열린 시험 등을 관장하던 건물로 옛 기록에 나타난다. 그런 까닭에 영화당의 향은 동편을 향해 있으며, 대청 3면의 문짝을 터서 달

천석정(위)과 희우정(아래).

주합루에서 바라본 전경.
주합루를 중심으로 강한 축이 형성되어 있다.

아 올리면 3면의 경치가 한눈에 들어온다. 서총대 터, 즉 열무정閱
武亭과 동쪽의 춘당대가 활쏘기와 과거시험을 치르던 장소로 자주
등장하는 이 일대는 궁궐 후원 중에서 많은 사람이 모이던 장소다.
특히 부용지·주합루 일원의 입지는 부용정에서 방지 안의 원도로
부터 어수문에서 화계석단을 거쳐 주합루에 이르기까지 강한 축을
형성하고 있다. 1707년(숙종 33)에 조성된 부용정은 팔각의 돌기둥
두 개가 물속에 세워져 연못 쪽으로 돌출한 누樓 부분을 받치고 있
다. 방형의 연지에 건물을 걸쳐놓으면서 건물의 형태를 변화 있게
꾸민 점과 세부 장식의 섬세함이 돋보이는 게 이 건물의 특징이며,
『궁궐지』의 기록을 보면 "부용정은 주합루 남쪽 연지 위에, 옛 택수
재 자리에 있다. 정종 때 다 짓고 이름도 바꾸었다"라고 기록되어
있다. 또한 왕이 신하들과 꽃을 즐기고 고기를 낚으면서 시를 읊던
곳이라 한다.

물론 축선상의 배치를 보면 건축물들이 지어진 연대는 제각
기 다르지만, 마지막으로 주합루를 조성할 때 부용지를 중심으로
가능한 한 일직선상에 놓이도록 고려했다. 즉, 이는 주합루를 중심
으로 한 강한 축을 만들어 주합루 중심의 공간임을 강조하기 위한
것이다.

이에 반해 부용정 일원은 축선으로 인해 둘로 나뉘어 오히
려 경직성이 느껴지지 않는다. 이는 주합루 화계에 심겨진 나무들
과 부용지 섬의 나무와 식물들이 곡선의 형태를 띠기 때문으로, 전
통적인 정원 구성 기법 가운데 인공미와 자연미가 상생적으로 순
응한 것이다.

창덕궁
깊이 읽기

정원의 가치는 올라서 내려다볼 때 어떠한 시야를 확보하는
가에 따라 달라진다. 주합루 아래에 서서 바라다보면 주합루 화계
상위 2단을 제외하고 부용정 뒤편의 수림까지 시야가 확보된다. 즉
연꽃이 둥둥 뜬 부용정과 뒤쪽 수림을 감상할 수 있다. 규장각원
중에는 혹 부용정에서 낚시를 즐기는 왕의 모습을 보곤 했던 자가
있었는지도 모르겠다. 또 주합루 2층 누에 올라섰을 때는 어수문
끝단과 부용정 뒤편의 수림 부분까지 경관을 이루고 있다. 이러한
사실은 후원에서 주합루 일대가 가장 높은 건물로 지어졌다는 것을
잘 말해준다. 한편 공간 구성에 있어 이 일대는 창덕궁 안 내의원
을 옆으로 하고 석담을 낀 채 북쪽으로 뻗은 통로를 따라가다 언덕
을 지나면 왼쪽으로 훤하게 펼쳐진 곳이 나타난다. 이곳은 삼면이
경사진 언덕으로 둘러싸였으며 이곳 중심에 방지인 부용지가 있다.

그리고 이 방지 동쪽에 영화당이 자리하고 있다. 영화당(1692, 숙종 18)은 건물 정면 5칸, 측면 3칸의 단층 팔작기와지붕으로 장대석으로 기단을 높이 쌓고 그 위로 툇간 삼면을 개방한 정자 같은 건물이다. 1692년(숙종 18)에 이곳은 개수되었는데, 숙종이 왕자와 왕손을 모아 이곳에서 꽃구경을 하고 시를 쓰기도 했으며, 영조는 공신들을 인견하고 시를 내리기도 했고, 순조대에는 문무 신하가 모여 시예를 벌이기도 했다.

방지를 중심으로 남쪽으로 부용정이 있고 서쪽으로는 사정기비각[11]이 있다. 건물 주위는 담장을 두르고 있으며 건물 앞에 작은 일각문이 있다. 숙종이 지은 글에 따르면 "세조대왕께서 영순군과 조산군으로 하여금 지금의 주합루 근처에서 우물을 찾게 한바, 각각 두 곳씩 찾아내어 (…) 대왕은 크게 기뻐하여 (…) 첫째 우물을 마니, 둘째를 파리, 셋째를 유리, 넷째를 옥정이라 하고"라고 기록되어 있다.

그리고 방지 북쪽으로 어수문[12]이 있고, 이곳을 지나 경사진 다섯 개의 석단화계[13] 위로는 이층 누각이 있는데, 이층은 주합루[14]이고 일층은 규장각이다. 주합루는 긴 장방형 공간으로 동·서·북쪽은 담장으로 둘러져 있고 남쪽 전면은 한단의 석단 위에 낮은 취병이 담장 사이를 연결해 주합루와 연지 공간을 나누고 있다. 이 취병 가운데는 왕이 들고 날 수 있는 어수문이 있고 양옆으로 두 개의 작은 문을 세워 신하들이 들고 날 수 있도록 해두었다. 주합루 왼쪽에는 서향각[15]이 있고 그 뒤로는 희우정이 있다. 서향각은 원래 임금의 영정, 곧 어진을 모신 진전이나 규장각의 장서를 두기도 했으며, 훗날에는 왕비가 친히 누에를 치는 양잠실로도 쓰였고 조선의 마지막 순정효황후도 이곳에서 친잠을 했다. 그래서 이곳에는 「친잠권민親蠶勸民」이라는 편액이 걸려 있는데, 이것은 1777년(정조 1) 9월에 왕비가 아녀자들의 모범이 되고자 이 건물에서 누에를 친 뜻을 전해준다. 그 반대쪽에도 제월광풍관이 있는데, 이로써 일련의 건물군을 분리·구성하는 배치가 돋보인다. 특히 부용지, 주합루 일원의 건물들은 지어진 시기가 같고 기능적인 연결성을 갖는 하나의 군체로 파악되는데, 주합루와 열고관은 남향이며 서향각, 개유와, 서고 등은 동향을 하고 있다. 또한 이 일대 건물들의 배치·향에서 나타나는 형식은 건물의 의장에도 드러난다. 대표적인 예로 이 일원 건물들이 모두 계자난간으로 조성된 부분은 건물의 향과 일치하며 개방된 공간을 조성하는 역할을 한다. 1792년(정조 16)에 지어진 부용정 역시 부용지와 주합루를 바라보는 방향에 같은 계자난간을 취해 건물의 향을 강하게 드러내고 있다.

　　한편 부용지는 세로 35미터, 가로 29.4미터 크기의 방지로서 수원은 지하에서 솟아오르며 비가 올 때는 서쪽 계곡의 물이 용두의 입을 통해 들어오게 되어 있다. 물이 나가는 곳은 동쪽 영화당 쪽을 통해서며, 연못 동쪽에는 두 개의 낮은 석등이 있다. 연못 한가운데에는 직경 8미터쯤 되는 둥근 섬이 있는데, 이곳에는 소나무가 심겨져 있고 연이 자란다. 부용지 가운데는 도가에서 말하는 방장, 봉래, 영주 등 삼신산을 상징하는 원형 섬을 축조하고 소나무를 심었다. 이 연못의 형상은 주역의 "하늘은 둥글고 땅은 네

부용정 일원 전경.

모나다"라는 천원지방의 음양오행설과 도교사상을 잘 나타내고 있다. 한편 부용정과 부용지의 부용은 연꽃을 의미하는데, 연꽃은 불교의 극락세계를 뜻한다기보다 유교적 상징인 군자의 인격 수양을 뜻한다. 또한 부용정 동남쪽 모서리에 보면 잉어조각이 돋을새김되어 있는데, 이 물고기는 비늘이 36개인 잉어로 추측되며, 과거에 급제하여 높은 관직에 오르는 것을 잉어가 변해 용이 되는 것으로 표현했다. 이는 중국 용문 지방에 얽힌 '어변성룡' 설화에서 나온 것이다.

또한 「동궐도」의 부용정 일원에는 취병, 석등, 대석, 소맷돌이 그려져 있는데, 오늘날에는 소맷돌, 석누조, 대석, 괴석, 석함, 석등 등 좀더 다양하게 공간이 꾸며져 있다. 특히 「동궐도」에서는 가장 화려한 취병이 드러나 있는데, 현재 가장 화려하게 장식된 어수문과 주합루의 소맷돌도 공들여 표현한 흔적이 역력하다. 그 까닭은 앞뜰인 춘당에서 등과한 사람이 등용문인 어수문을 지나 주합루에 오르는 상징적인 의미를 지니는 곳이기 때문이다. 어수문의 방승 문양은 두 개의 방형이 서로 연결되어 있으며, 이는 마음을 함께하여 서로 떨어지지 않는다는 의미를 지니는 것으로 왕과 신하의 관계를 상징한다. 또한 주합루의 소맷돌에는 최대의 길상을 상징하는 것으로 정전인 경복궁의 근정전과 영제교 난간에 새겨져 있는 연환 문양이 있고, 보운 문양도 어수문보다 화려하게 장식했다. 이것은 등용문의 마지막 계단으로서의 상징성을 돋보이게 하기 위함인 듯하다. 부용지의 동쪽 입수구에는 서수와 초화, 당초문이 나타나는데, 연못가 축석의 잉어 문양은 수어지교의 의미를 지닐 뿐 아니라 잉어 자체가 또한 출세를 상징한다. 부용정 뒤에는 괴석과 석함이 있는데 석함에는 연화, 당초, 원문이 새겨져 있다. 대석은 주합루 옆과 영화당 앞에 있는데, 영화당 앞의 것은 아래부터 안상다리, 연판문, 원문, 당초문, 원문, 초화 문양이 새겨져 있다.

## 소요를 위한 곳, 애련지와 연경당 일원

애련지愛蓮池와 연경당演慶堂 일원은 여기저기 흩어진 구릉과 계류의 모양을 잘 파악하고 활용해 적절한 곳에 전옥殿屋과 정자를 세우

애련지 전경.

연경당 안채.

고, 또는 계류를 막아서 연못을 만드는 원유苑囿 공간을 조영했다. 즉 이 일대는 정자에서의 정적인 관상이나 유락을 하는 것에 그치지 않고 자연의 숲을 즐기는 소요逍遙를 위한 공간이다. 1692년(숙종 18) 애련정을 지으면서 방지와 정자를 중심으로 한 수경 공간을 완성했으며, 1828년(순조 28) 후원 내 행사를 치르는 대표적인 장소인 연경당을 동쪽과 북쪽으로 확장하면서 사대부 저택을 본뜬 민가풍의 전옥으로 고쳐 세웠다. 또 순조조, 익종이 춘저春邸일 때 역안제易安濟 공간을 고쳐 지으면서 운경거와 함께 각각 기오헌, 의두각으로 이름이 바뀌어 오늘에 이르고 있다. 한편 입지는 북쪽에서 내려오는 산줄기 일부가 동쪽으로 뻗은 형태로 연경당, 어수당(현존하지 않음), 애련정 일원을 북·남·서쪽으로 둘러싼 형태다. 특히 남쪽은 부용정 권역 북쪽에 해당하는 구릉지, 즉 주합루의 공간을 한정하는 구릉의 북사면으로 경계지어졌다. 또한 물의 흐름을 보면 능허정이 위치한 봉우리에서 발원한 물이 동남쪽으로 길게 이어져 흐르다가 중간의 빙천을 거쳐서 연경당 우측을 돌아 장락문 앞을 지난다. 이것이 어수당지, 애련지를 거쳐 남쪽 출수구를 통해 불로문 옆으로 연결된 암거수로를 지나 창경궁 지역으로 나오고 있다. 애련지·연경당 일원(어수당 권역)은 창덕궁 후원의 주합루 권역에 있는 영화당 왼쪽을 끼고 동쪽 넓은 마당을 지나 애련정 쪽으로 걸어가노라면, 금마문金馬門 옆 담장 중간에 담장을 끊고 다듬은 두 개의 주춧돌 위에 한 장의 통돌을 ∩ 모양으로 깎아 세운 불로문에 이른다.

이 불로문은 문머리에 '不老門'이라 새겨져 있는데, 석거문이라고도 불렸던 이 문에 돌쩌귀 구멍이 남아 있는 것을 보면 원래는 문짝을 달았던 것으로 생각된다. 문을 들어서면 넓은 공간을 지나 정면에 연와담이 있고, 그 한가운데에는 무명의 일척양식 문이 있다. 따라서 불로문 안쪽의 공간은 동·서·남쪽이 담으로 막혀 있고 북쪽만 애련지에 접해 열려 있는 특이한 공간 구성을 보이는데, 이는 애련지의 정원 공간과 똑같은 목적의 행사 장소 및 기오헌에서 애련지로의 조망에 대한 배려로 짐작할 수 있다. 또한 여기서 주목해야 할 점이 하나 있는데, 바로 『궁궐지』에서 기술하고 있는 불로지不老池다. 「동궐도」와 「동궐도형」을 보면 불로문의 동남쪽에 방지의 연못이 그려져 있다.[6] 하지만 그 연못에는 불로지라고 쓰여 있지 않고 「동궐도」에는 '당塘', 『동궐도형』에는 '연지蓮池'라고 되어 있는데, 『궁궐지』에 따르면 애련정 조에 '동쪽에 있는 석문이 있으니 '불로문'이라고 한다東有石門曰, 不老'라고 하고 이어서 '석문 밖에 하나의 못이 있으니 불로지라 일컫는다石門外有一池, 稱不老池'라고 되어 있는 것으로 미루어 방지를 불로지로 유추할 수 있다. 애련정은 1692년(숙종 18)에 지은 정면 1칸, 측면 1칸의 익공집 건물로서 연못 속으로 몸체를 드러내민 형태를 지닌 사각정으로, 정자에 오르면 연못 속에 떠 있는 듯한 느낌을 준다. 그 구조는 부용정과 같다. 애련정의 뒤쪽은 어수당으로부터 이어진 평탄한 단이 계속되는데, 이 단의 북쪽은 자연구릉이며, 그곳에는 석대에 앉혀진 괴석이 애련정을 중심으로 양옆에 1기씩 대칭을 이루고 있다. 일설에는 효종이 봉림대군 시절에 병자호란으로 나라가 겪은 치욕을 씻고자 이곳 불로문 안 어수당으로 우암 송시열을 자주 불러 극비리에 북벌 계

불로문 전경.

획을 의논했다고 한다. 물고기와 물을 뜻하는 어수란 임금과 신하가 서로 마음이 맞음을 비유하던 낱말로서 영특한 임금과 어진 신하가 마음으로 맺은 맹세를 어수계라고도 했다. 그러고 보면 이곳의 어수당은 효종과 우암이 어수계로 국정을 의논하던 무대였던 것으로 생각된다.

또한 애련정 뒤쪽 언덕에는 괴석의 배경을 이루는 듯한 소나무가 심겨져 있는데, 이러한 구성은 창덕궁 연조의 대조전 화계에서도 볼 수 있다.

한편 연경당의 공간 배치는 남향을 한 대문인 장락문 앞으로 맑은 물이 흘러내리도록 수구를 설치했으며, 다리 양쪽에 있는 석분에 괴석을 놓았다. 다리를 지나 대문 안으로 들어서면 행랑마당에 이른다. 행랑마당에서는 안마당으로 통하는 수인문修仁門과 사랑마당으로 통하는 장양문長陽門이 있는데, 수인문 앞에는 정심수(마당 중앙에 심는 나무)로 느티나무 한 그루가 심겨져 있고, 장양문 앞에는 석계를 사이에 두고 대석이 양쪽으로 놓여 있다.

우측 사랑마당으로 들어서면 정면에 사랑채인 연경당과 우측에 서고인 선향재가 있다. 그 한쪽으로는 석련지(마당에 연못을 팔 수 없을 때 이곳에 물을 담고 연잎을 띄우는 정원의 한 석물)가 놓여 있다. 그리고 선향재 뒤편 후원에는 건물의 기단과 나란하게 잘 다듬어진 사괴석四塊石을 사용해 바른층 쌓기를 두 번 한 4단의 화계를 만들었다. 화계 가장 위쪽에는 정자인 농수정을 둘러싼 석난간石欄干이 있다. 또한 사랑마당에는 안마당과의 사이에 낮은 담을 두어 두 공간을 나누고 있고 담 아래에는 땅에 다듬은 괴석과 석함에 얹어놓은 괴석이 담을 따라 놓여 있다. 또한 안채와 연결되어 있는 담 사이에 있는 협문을 지나 안마당으로 들어서면 조촐한 납도리집인 안채가 있다. 이곳엔 부엌이 딸려 있지 않고, 안채 뒷공간에 부엌인 반빗간이 별채로 마련되어 있다.

그다음으로 물이 흐르는 공간을 보자. 연경당 서북쪽 골짜기에서 내려오는 물을 일단 서쪽 행랑채의 마당 밑으로 끌어들였다가, 작은 개천으로 끌어내 행랑채 앞을 돌아 흐르게 만들어놓은 개천 위에 돌다리가 놓여 있다. 이 개천은 연경당 남쪽 방형의 연못으로 흘러들어가고, 이곳에서 나온 도랑물은 판돌 가운데를 우묵하게 파서 만든 물길을 따라 한 길 낮은 자리에 놓인 물확으로 작은

애련지로의 입수 시설.

폭포가 되어 애련지로 들어간다. 이렇듯 애련지로의 입수시설로 만들어진 석통石樋의 물길은 서쪽에서 들어와서 동쪽으로 흐르는 서입동류西入東流의 명당수다. 이러한 흐름은 다른 궁궐에서도 나타나는데, 가령 후원의 옥류천 물길, 창경궁의 통명전 물길, 경복궁 향원정의 열상진원 물길 등이 그렇다. 이렇듯 정원에 동적인 흐름을 부여하며 유유히 머물 듯 흘러 떨어지는 폭포의 수경은 신선함과 함께 시각적인 감흥을 안겨준다. 또한 애련지는 690제곱미터의 정방형 연못으로, 「동궐도」에 보이는 호안의 모습으로 바뀐 때를 지금으로서는 알아내기 어렵다. 다만 애련정이 만들어진 것과 같은 시기인 1692년(숙종 18)에 부용지의 중도가 소도로 고쳐지면서 그곳에 있던 청서정이 철거된 사실에 주목할 필요가 있다.

점경물을 살펴보자. 애련지 일원에는 석함, 석문, 석누조 등이 있다. 석함은 애련정 양쪽에 하나씩 있는데, 왼쪽 석함에는 암각된 서수의 경우 뿔이 있는 것으로 보아 해치로 추정되며, 오른쪽 석함은 연판문으로 장식되어 있다. 장수를 기원하는 의미에서 조영된 석문인 불로문은 큰 돌을 쪼아 만들어 이음새가 없는 것이 특징이며, 석누조에는 벽사의 의미를 지닌 용두가 있다. 연경당 일원에는 대석 3개소, 괴석 12개소, 석함 9개소, 하마석 1개소 등이 있다. 대석은 장량문 앞 2개소와 안마당에 1개소가 있는데, 그중 장량문 앞의 대석은 문양이 없는 안마당 대석과 달리 연판, 연화, 원문이 새겨져 있다. 괴석은 특치 형태로 심겨져 있는 곳이 3개소, 석함과 함께 심겨진 곳이 5개소로, 그중 안마당의 괴석은 느티나무가 크게 자라나는 것을 막으려는 실용적 목적으로 심겨졌다. 석함은 방형 4개소, 8각형이 1개 나타나는데, 그중 연경당 앞의 금천교 왼쪽에 위치한 석함은 익살스러운 해치 및 연화문이 새겨져 있으며 오른쪽 것은 하부에 안상다리를, 상부에는 괴석을 중심으로 한 달을 상징하는 두꺼비 문양이 새겨져 있다.

한반도의 모양을 한
반도지
정조의 호가 쓰인
존덕정

연경당의 언덕을 넘어가면 계곡 입구에 우리나라 지도 모양의 반도지가 있고, 연못의 동쪽 물속에는 마치 물에 뜬 듯 부채꼴 모양의 관람정이 있다. 『궁궐지』에는 관람정의 모양이 부채꼴인 까닭에서인지 '선자정扇子亭'이라고 기록되어 있다. 반도지는 한반도 모양과

반도지 전경.

같다고 해서 붙여진 이름으로 그 형태는 일제강점기에 일본인이 의도적으로 변형시킨 듯하다. 그렇게 추정할 수 있는 이유는「동궐도」에 나타나는 연못은 크고 작은 원형 세 개가 한곳에 모여든 호리병과 같은 모습이기 때문이다. 관람정 서쪽 언덕 위 숲속에는 정방형의 승재정이 있고, 그 앞에는 아름다운 괴석이 있다. 또한 반도지 북쪽 한 단 높은 곳에는 반월지가 있고 이 반월지와 반도지 사이의 계간에는 단아한 형태의 홍예석교가 자리잡고 있다. 이 석교를 건너기 전 양쪽에는 석함이 하나씩 놓여 있고, 다리를 건너면 왼쪽에 해시계를 받치던 일영대가 있다.

석교를 건너 들어가면 1644년에 세워진 육각형의 존덕정이 있는데, 지붕은 난간주를 덧대어 얹었기에 이층지붕처럼 보인다. 또한 존덕정에는 정조가 자신의 호號를 쓴「만천명월주인옹자서萬川明月主人翁自序」편액이 걸려 있다.

존덕정 전경.

창덕궁
깊이 읽기

석교 밑의 시냇물은 석지처럼 만들고 판석으로 물막이를 해 물이 고였다가 넘쳐서 반도지로 흘러들어가도록 했으며, 산록에 흘러드는 물은 계간에 폭포가 되어 떨어질 수 있도록 석구를 설치했다. 한편 존덕정 서쪽 산기슭에는 왕자들이 공부하는 폄우사가 있는데 주변에 수림이 울창해 한적한 분위기를 준다. '폄우砭愚'란 '어리석음을 고친다'는 뜻이다.

## 임금의 풍류적 취향이 드러나는 곳, 옥류천 일원

울창한 숲속의 고개를 오르면 위쪽에 취규정이 있고 이 고개를 넘어 북쪽 계곡으로 내려가면 후원에서 가장 깊은 옥류천 계정階庭에 다다른다. 이 계정은 1636년 인조가 조성한 것으로, 시냇가에는 청의정, 소요정, 태극정, 농산정, 취한정과 같은 정자들이 있다.

그중 청의정은 궁궐 안의 유일한 초정이다. 지붕이 소박한 형태를 띤 것과 달리 안의 천정은 굉장히 화려한 무늬와 채색으로 꾸며져 묘한 대비를 이룬다. 한편 초정 옆 암반에는 인조 때 판 어정御井이 있다. 시내는 북악의 동쪽 줄기인 매봉의 계곡에서 흘러내리는 것이며, 이 위에는 간결한 판석의 석교가 여러 개 놓여 있다. 어정 밑의 냇가에는 거대한 소요암을 'ㄴ'자형으로 잘라내서 만든 폭포가 있다. 암벽에는 '옥류천'이라고 인조가 새긴 글씨와 1690년 숙종이 지은 "비류삼백척 요락구천래 간시백홍기 번성만학뢰飛流

옥류천 일원 전경.

소요암 비폭.

三百尺 遙落九天來 看是白虹起 蕃盛萬壑雷"라는 오언시가 새겨져 있다. 시를 풀이해보면 "흐르는 물은 삼백 척을 날아 흘러, 아득히 구천에서 내려오누나, 보고 있노라니 문득 흰 무지개 일어나고, 일만 골짜기에 우레 소리 가득하다"라는 뜻이다. 이것은 궁궐에서나 찾아볼 수 있는 표현으로 임금의 풍류적 취향을 엿볼 수 있다. 이 바위의 바닥에는 물이 반원을 그리며 돌아 흘러 폭포로 떨어지도록 곡수거가 파여 있고, 정자 앞에는 작은 지당이 있어 계류를 끌어들이도록 했다. 옥류천 공간은 어정, 정자, 지당, 수전, 암반, 폭포, 수림이 한데 조화된 정원으로, 후원에서 가장 멀찍이 떨어져 있으면서 주변이 깊숙하고 조용하며 자연의 계류에 약간의 인공만을 더해 조성한 별서정원의 맛을 느끼게 한다.

창덕궁
깊이 읽기

낙선재 일원은 창덕궁 안의 왕과 왕비의 정당이 아닌 주거 공간으로, 오늘날 남아 있는 궁궐 안의 여느 건물들과 달리 작고 소박한 모습이다. 낙선재 일곽이 조영되기 전 이 일대는 1485년(성종 16) 저승전을 중심으로 창건된 창덕궁 동궁으로, 영·정조 시대 동궁의 주요 전각들이 소실되자 1782년(정조 6) 중희당을 중심으로 새로운 동궁지가 조영되었는데, 당시 낙선재와 석복헌이 영건될 지역은 동궁의 전각들이 사라진 뒤 영건되지 않아 빈터였으며, 동쪽으로 1785년(정조 9) 수강궁의 옛터에 영건된 수강재가 있었다. 이에 뒷날 낙선재 등이 조영된 창덕궁 동궁지는 예전부터 양위한 상왕과 대비의 소어처였던 덕수궁과 수강궁 터의 영역 안에 위치했기 때문에, 왕세자의 처소 외에도 동조의 처소라는 특수한 기능을 지니고 있다. 이러한 장소적 특성이 있는 낙선재 일원에 헌종은 왕세자의 생활공간이 아닌 연침과 빈과 동조의 처소를 조영했으며, 이에 낙선재 일원은 왕세자와 관련이 없는 연조 공간이 되었다. 주 건물을 둘러싼 행랑, 부속건물, 화계, 담장, 석물 등이 잘 보존되어 있다. 낙선재 후원 일원의 담장은 독특한 아름다움으로 감싸여 있다. 바로 문양을 넣는 화담으로, 귀갑 문양(낙선재와 석복헌을 구분하는 서쪽 담장면)과 포도, 매화, 당초 문양(낙선재 후원과 석복헌 후원 사이의 합문 주변)이 있으며, 특히 상량정과 상상와 일곽을 구분하는 화담 만월문의 벽면은 담장 테두리는 괴자룡으로 장식하고, 그 안에 복福

자와 희囍자를 도형화하며, 글자 사이에 꽃을 새겨넣었다. 여느 궁
궐의 연조 공간에서는 찾아볼 수 없는 정원건축적인 특성들을 띠고
있으며 또한 후원 화계를 중심으로 단상의 식재·수경 공간이 있다.
낙선재 일원은 중희당과 집영문 사이, 즉 예전의 동궁지에 위치하
며, 낙선재 및 석복헌은 수강재의 서쪽 담장으로 둘러싸인 빈 공간
에 위치하고 있다. 특히 낙선재는 헌종이 사용했던 편전에서 가까
우며 행랑과 연결되어 있지 않는 독립채로서, 석복헌과 수강재에 비
해 들고 나기가 쉽다. 장락문을 통해 들어가면 주 건물이 한눈에 들
어온다. 더욱이 주변 경관과 더불어 살펴보면 이 일원은 창덕궁 내

동북쪽에서 서남쪽으로 내려오는 나지막한 동산으로 둘러싸여 있으며, 특히 평지와 동산 사이의 경사지는 장대석을 가지런히 쌓아 후원의 화단을 조성했다. 여기에는 수목, 석물, 화담 등이 있고 이는 동산으로 자연스럽게 연결된다. 동산 위에는 주거를 위한 건물들이 배치된 평지와 달리 시계가 외부로 확장되는 공간으로, 주변의 자연환경인 인왕산, 남산, 낙산까지 볼 수 있도록 상랑정, 한정당, 취운정을 배치했으며 전경 및 차경으로서의 후원 공간을 만들어냈다.

　　배치 구성은 현재 대문으로 추정되는 이극문을 지나고 솟을대문을 지나 낙선재 일곽의 중심인 낙선재로 연결되는 진입 공간과 낙선재·석복헌·수강재 건물과 담장으로 둘러싸인, 즉 마당이 중심이 되는 중정 공간, 낙선재·석복헌·수강재 건물과 화계 사이의 전이 공간, 경사지형을 이용한 화계 공간, 동산 위 누·정이 위치하고 있는 후원 공간으로 분리되어 있다. 이에 낙선재 후원 일원은 평지 위의 건물과 담장, 후원의 화계로 각각의 공간이 매우 자유롭게 만나고 이어지면서 질서정연함과 더불어 변화가 풍부한 공간을 형성한다. 경사지형을 처리하기 위해 조영한 후원 화계는 낙선재·석복헌·수강재와 5~9미터 떨어진 곳에 위치해 있다. 화계의 구성은 장대석으로, 낙선재·석복헌 영역의 경우 각 5단, 석복헌 모서리 부분은 3단 등의 형태로 해당 지역의 지형에 맞게 축조한 것이다. 화계 내에는 산철쭉, 앵두, 모란, 조팝 등의 관목과 옥잠화, 비비추 등의 지피류의 식생과 굴뚝이, 하단에는 괴석과 세연지 등의 점경물이 있다.

　　낙선재·석복헌·수강재 건물과 담장으로 둘러싸인 중정 공간은 건물로 들어가기 전에 마음의 준비를 하게 함과 동시에 주 건물 안에서 외부 사람이 들고 나는 것을 볼 수 있도록 했다.[17] 한편 건물과 화계 사이의 전이 공간은 외부 사람의 동선을 구분하면서 동시에 괴석, 석분, 세연지 등의 점경물로서 선경을 상징하기 위한 은유로서의 공간적 특성을 지닌다. 또한 화계 공간의 식생과 굴뚝, 괴석 등의 점경물은 경복궁 교태전의 후원인 아미산峨嵋山과 창덕궁의 대조전, 창덕궁 통명전의 후원 및 상류 주택의 후원과 유사한 형태를 지닌다. 동산 위의 후원은 개방적이고 자연스러운 공간으로, 낙선재 후원 일원과 주변 경관을 조망할 수 있고 수복과 장수를 상징하는 다양한 길상 문양이 표현된 담장, 굴뚝,[18] 석물 등의 점경물이 있다.

낙선재 후원 일원의 석물은 7종으로, 괴석(9개)을 비롯해 세연지洗硯池 1개, 물확 1개, 석상 1개, 석대 2개, 나무테 1개, 노둣돌 1개가 있다. 괴석은 주로 낙선재 건물과 화계 사이의 전이 공간과 후원 안의 한정당 전정에 있고, 석분은 사각, 육각, 팔각의 형태를 띤다. 특히 사각형의 석분은 위아래로 구성되어 있는데, 아래쪽은 산예狻猊와 수구繡球가, 위쪽 전면에는 새와 구름과 수파문이, 배면에는 모란이, 동쪽에는 연꽃이, 서쪽에는 연밥과 연꽃이 양각되어 있다. 세연지는 낙선재 후원에 있으며 장식 없는 단순한 방형의 형태다. 특히 이를 받치고 있는 화강암으로 된 4개의 원 모양 다리에는 연전 문양이 새겨져 있고 세연지 전면에 '금사연지'라고 새겨져 있다. 작은 돌절구라는 뜻을 지닌 물확은 석복헌과 수강재를 연결하는 합문 옆에 있으며, 방형의 자연석을 다듬은 형태다. 석상은 상량정 앞 노단에 있는데, 사각형의 화강암으로 되어 책을 보거나 차를 마실 때 사용했을 듯하다. 석대는 한정당 앞에 팔각 모양으로 대칭 형태를 이루며, 나무 테는 취운정 앞에 있는데 원형의 형태로 감나무를 보호하고 있다. 노둣돌은 ㄴ자 형태로 낙선재 앞에 있는데, 이는 초헌에서 내린 헌종이 땅을 밟지 않고 바로 계단을 이용해 낙선재 안으로 들어가게 하기 위함이다.

석복헌 화계.

• • •

창덕궁 후원에서는 자연과 조화되려는 선조들의 마음가짐을 엿볼 수 있으며, 또한 단순히 휴식과 유락만을 위한 공간이 아니라, 사색과 명상을 통한 수신과 독서와 친시를 통해 정사에 몰두할 수 있는 지혜를 쌓고 기력을 회복시켜주는 치유 공간이다.

창덕궁
깊이 읽기

# 동궐을
# 꽃피운
# 예술의 절정

## 잔치와 의식을 빛낸 조선의 춤과 음악

**김영운** 한양대 국악과 교수

# 화려함과 다채로움의 극치를 보여준

# 궁중음악

수천, 수백 년을 살아 오늘날까지 살아 숨 쉬는 한국의 전통음악은 여러 갈래로 나뉜다. 국가나 왕실 의례에서 연주되었던 궁중음악, 불교의식이나 무속의식인 굿 등에서 연주되었던 종교음악, 그리고 사대부나 중인 계층의 음악애호가들이 즐기던 풍류음악, 악사나 광대 등 전문음악인 집단이 연주했던 공연용 음악, 평범한 백성들의 삶이 짙게 배어 있는 토속적인 향토음악 등이 그것이다.

이 가운데 우리가 들을 수 있는 궁중음악은 대부분 조선 후기 궁중에서 연주되던 것들이다. 즉 이 음악들은 오늘날의 음악회처럼 연주자가 무대에서 공연을 하고 청중이 음악을 감상하던 공연용이 아닌, 궁중의 의식과 의례의 하나로 주악되었던 것이다.

조선시대 궁중에서 치러졌던 의례는 크게 다섯 가지로, 이를 오례五禮라 한다. 즉 길례吉禮, 가례嘉禮, 빈례賓禮, 군례軍禮, 흉례凶禮다. 이 가운데 길례는 국가가 중심이 되어 치르는 각종 제례 의식으로, 사직社稷, 종묘宗廟를 비롯해 환구圜丘, 문묘文廟, 선농先農, 선잠先蠶, 원묘原廟, 혼전魂殿, 경모궁景慕宮, 관왕묘關王廟 등의 제례와 둑제纛祭 등이 여기에 속한다. 특히 종묘와 사직은 대사大祀이고 문묘 등은 중사中祀로 구분되는데, 여기에는 반드시 음악과 무용을 갖춰 제사를 지냈다. 이때 연주되는 음악을 제례악이라 했다. 사직·환구·문묘 등의 제례악으로는 중국 고대 음악의 양식을 따라 제정된 아악雅樂이 연주되었다. 고려시대 태묘太廟의 제례와 조선 초기 종묘의 제례에는 고려 예종 11년 중국 송나라에서 전해진 아악을 썼다가 세조 10년부터는 보태평保太平과 정대업定大業을 사용했다. 이 음악은 세종 때 작곡되고 세조 때 고쳐진 우리 음악이다. 그 밖의 몇몇 제례 때는 당악唐樂풍의 악곡을 연주하기도 했다. 이러한 제례악은 반드시 일무佾舞라는 의식무용과 함께 연행되었다.

가례 하면 흔히 혼례婚禮를 꼽지만 관례冠禮나 책례冊禮, 조회朝會, 연례宴禮도 여기에 속한다. 이들 의례에서는 전정헌가殿庭軒架 또는 전정고취殿庭鼓吹라 불리는 대규모 악대를 진설하고, 절차에 맞춰 음악을 연주했다. 특히 왕이 궁을 들고 날 때 여민락與民樂 계통의 악곡을 연주했고, 의식 도중의 배례拜禮에서도 연주는 이어졌다. 또한 행렬이 필요한 의식에서는 행차 앞뒤에 전부고취前部鼓吹·후부고취後部鼓吹 등의 악대가 음악을 연주하면서 행차의 위엄을 돋우었다. 궁으로 돌아갈 때에는 연에서 내려 가마를 타고 궁 안으로 들어가면 박을 급히 쳐서 음악을 그쳤다. 한편 어떤 의식에서는 악대를 진설하긴 했지만 '진설은 하나 연주는 하지 않는陳而不作' 경우도 있었다.

빈례는 이웃 국가와의 외교 의례로, 중국이나 일본의 사신을 맞는 회례의식이다. 군례는 대사례大射禮처럼 군사와 관련된 것이다. 또한 흉례는 상례喪禮인데, 이때는 대개 악대를 설치하지 않거나 '진이부작'했다.

조선 세종 때 굳게 기반을 다진 『국조오례의』에 따르면, 궁중의식 음악을 연주할 때 대부분 아악을 사용했지만 세조 이후 점

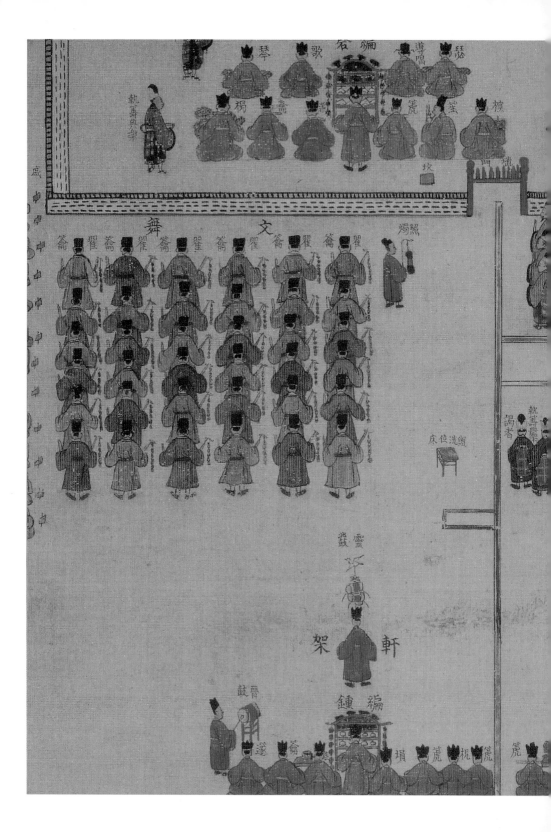

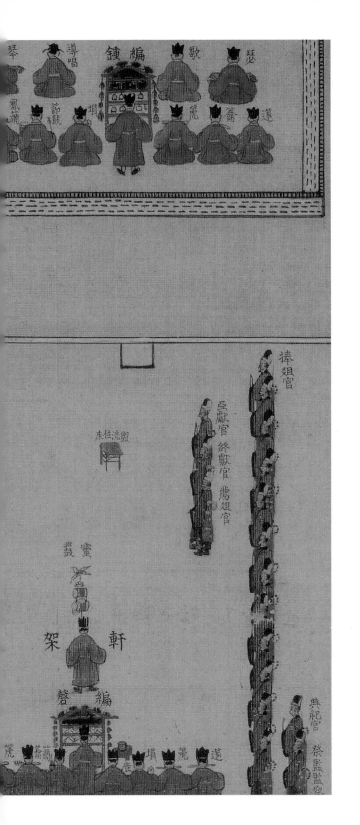

「사직단국왕친향도병」(제4폭),
비단에 채색, 각 폭 127.0×50.0cm,
19세기, 국립중앙박물관.
종묘와 사직에는 반드시 음악과 무용을
갖춰서 제사를 지냈다.

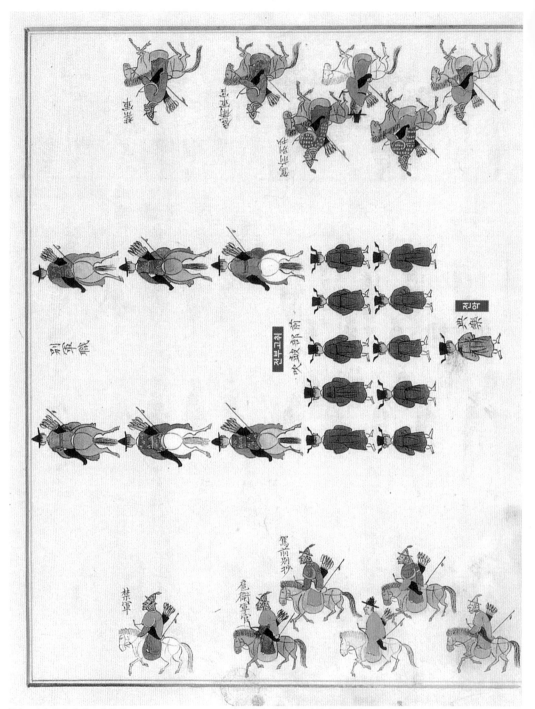

『영조정순왕후가례도감의궤』, 47.3×33.5cm, 1759, 외규장각 의궤, 국립중앙박물관.
전부고취와 전악의 모습이 그려져 있다.

차 향악·당악, 즉 '속악俗樂'으로 바뀌어갔다. 다만 사직과 환구, 문묘 등에는 아악과 일무가 지속적으로 연주되었다.

이처럼 조선조 궁중의식에 악무가 곁들여진 것에는 '예악사상禮樂思想'이 자리하고 있었다. 국가 통치 이념의 하나로 질서禮와 조화樂를 중시했던 조선은 나라를 세운 뒤 예를 바로 세우고자『국조오례의國朝五禮儀』를 완성했고, 악을 완성하기 위해 의식 음악을 정비했던 터다.

조선의 궁중음악은 전담기관인 장악원掌樂院에서 맡았다. 장악원은 원래 예조에 소속되었던 독립 기관으로 정3품 아문의 관청이었는데, 고종 32년에는 궁내부宮內府의 장례원掌禮院으로 이속되었다. 조선 초기에는 아악서雅樂署, 전악서典樂署, 관습도감慣習都監, 악학樂學 등의 기관들도 있었는데, 세조 때 아악서와 전악서는 장악서로 통합되고, 악학과 관습도감은 악학도감이 되었다가 다시 장악원으로 일원화되어 조선 후기까지 궁중 음악을 관장했다. 궁중의식에 쓰이는 음악과 무용은 장악원의 악공樂工, 악생樂生, 관현맹管絃盲, 여악女樂, 무동舞童 등이 연주했다. 악공은 장악원 우방右坊에 소속되어 향악鄉樂과 당악唐樂을, 악생은 좌방左坊 소속으로 제례의식의 아악을 주로 연주했다. 궁중무용인 정재呈才는 국왕과 문무백관이 참여하는 공적인 잔치인 외연外宴에서는 무동이, 왕실의 종친·의빈·척신 등이 참석하는 내연內宴에서는 여령女伶이 맡았다. 정재의 '정呈'은 윗사람에게 드린다는 뜻이고 '재才'는 재능과 재주를 뜻하는 것이니 궁중정재는 궁중의식에서 '기예技藝'를 헌정한다는 뜻이다.

궁중 의례에서 음악과 무용은 그 역할이 매우 컸다. 특히 제례의식에서 악무는 서로 떨어질 수 없는 것이었다. 동양에서 악기로 연주하는 기악樂, 노랫말을 갖춘 성악歌, 몸의 움직임을 통해 자신의 재주를 바치는 춤呈才, 舞은 서로 뗄 수 없는 것이었다. 즉 말이 있어 노래가 만들어지고, 노래와 더불어 연주하는 음악이 있으며, 여기에 맞춰 춤을 추므로 악·가·무는 결국 하나였다. 따라서 옛날에는 '악樂'이라 하면 당연히 이 세 가지를 모두 포함했다.

궁중의 엄숙하고 장엄한 의식에서 연주되던 춤과 노래는 의례의 성격을 강하게 띠어 오늘날의 공연예술과는 차이가 있다. 그러나 예술적으로 가장 세련된 음악과 춤은 궁중 잔치인 연례宴禮에서 펼쳐지는 공연들이었다. 궁중 연향에서 연주되었던 춤과 음악은 그 종류의 다양함과 화려함에서 단연 궁중 악무를 대표한다. 이런 점은 오늘날 전해 내려오는 궁중 악무의 대부분이 조선 후기 연향에서 공연된 것이라는 점만 봐도 알 수 있다.

앞서 언급한 것처럼 조선시대 궁중음악은 아악·당악·향악으로 나뉘는데, 송나라에서 전해진 아악은 한문 4자1구四字一句를 단위로 총 8구가 한 곡을 구성한다. 특히 모든 노래 가사 한 글자에 한 음이 붙고, 각 음의 길이는 일정해 매우 담담한 느낌을 준다. 이 음악을 연주하는 악기는 편종編鍾과 편경編磬이 대표적이다. 편종은 크기가 같은 작은 종 16개를 매달고 치는 악기로 종의 두께에 따라 음높이가 달라서 한 옥타브가 조금 넘는 음역音域을 연주할 수 있다. 편경은 맑은 소리를 내는 돌을 ㄱ자 모양으로 깎아 차례대로 16매를 매달고 치는 악기다. 크기는 비슷하지만 돌의 두께에 따라

창덕궁
깊이 읽기

반음씩 차이가 있으며, 이 역시 편종처럼 한 옥타브를 조금 넘는 음역을 지니고 있다. 아악 연주에는 편종·편경 같은 아악기가 주로 사용되는데, 현악기로는 금琴·슬瑟, 관악기로는 훈塤·지篪·적篴·약籥·소簫, 타악기로는 축柷·어敔·부缶를 비롯해 여러 종류의 북鼓, 鼗이 쓰인다.

이들 아악기는 그 이름이 한 자씩 되어 있는 점이 특징이기도 하다. 현재 남아 전하는 아악은 공자를 비롯한 중국과 한국의 유학자들을 모신 성균관 대성전에서 거행되는 문묘제례악이 유일하다.

반면 당악은 중국에서 들어온 궁중의 속악俗樂이다. 원래는 '당나라의 음악'을 뜻하지만 우리나라에 전래된 당악은 주로 송나라 음악이다. 고려시대에 중국 궁중의 춤呈才과 음악이 전해졌는데, 중국의 음악인이 고려에 귀화해 대대로 악무를 전담하기도 했다. 당악 연주에는 아악기인 편종·편경 외에도 당피리唐觱篥·당비파唐琵琶·당적唐笛을 비롯해 박拍·해금奚琴·장구杖鼓가 함께했다. 고려시대에 당악은 궁중음악의 큰 부분을 차지했고, 조선시대에도 마찬가지였지만 오늘날에는 「낙양춘洛陽春」과 「보허자步虛子」 두 곡만 전한다. 이 두 곡은 조선 후기 궁중 의례에서 정재 반주음악이나 배례악拜禮樂으로 연주되었다. 당악과 함께 중국에서 들어온 궁중무용을 당악정재唐樂呈才라 한다.

향악은 삼국시대부터 이어져온 우리나라의 음악으로, 오늘날 「정읍井邑」, 「동동動動」 등이 전한다. 이 곡들은 조선시대 궁중 연향에서 무고舞鼓나 아박牙拍 등의 향악정재를 반주하던 음악이다. 향악 연주에는 우리나라에서 만들어진 악기인 거문고玄琴·가야금

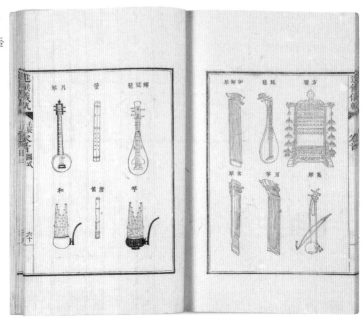

『진찬의궤』, 36.8×24.2cm,
1892, 국립고궁박물관.
궁중 연향에서 쓰인 악기들
의 모습을 엿볼 수 있다.

伽倻琴·대금大笒·향피리鄕觱篥 등이 쓰였다.

　　　　이처럼 온갖 화려하고 다채로운 궁중 의례 가운데 압권은
왕실의 경사를 맞아 치러진 연향이었다. 그런 까닭에 이 글은 조선
후기 궁중 악무를 연향을 중심으로 살펴보려 한다.

## 의궤가 그려낸 궁중 잔치의 모습들

　　　　조선시대의 연향에 관한 내용은 전기에 확립된 국가의례를 기록

창덕궁
깊이 읽기

한 『국조오례의』나, 의례용 악무의 전범으로 정리된 『악학궤범樂學軌範』, 『조선왕조실록』, 『승정원일기』 등에 전한다. 그렇지만 연향에 대해 상세히 밝혀주는 책으로는 무엇보다 의궤를 꼽을 수 있다. 특히 조선 후기의 국가 경사를 맞아 치러진 중요한 잔치의 준비 과정부터 진행 절차, 행사 후의 정리까지 세세히 기록했기에 이 글은 의궤를 집중적으로 살펴보려 한다. 서울대 규장각한국학연구원, 한국학중앙연구원 장서각 등에 소장된 의궤에 따르면, 궁중 연향은 진풍정進豐呈·진연進宴·진찬進饌·진작進爵·수작受爵 등 수많은 이름으로 불렸다. 중요한 연향을 정리하면 [표 1]과 같다.

•표 1• 조선시대 궁중에서 열린 주요 연향

| 일시 | | 의례 | 설행 계기 | 거행 궁궐 |
|---|---|---|---|---|
| 인조 8(경오) | 1630. 3. 22 | 진풍정 | 인목대비 진풍정 | 인경궁 |
| 숙종 45(기해) | 1719. 9. 28 | 진연 | 숙종 입기로소 | 경희궁 |
| 영조 20(갑자) | 1744. 10. 4 | 진연 | 영조 망륙, 입기로소 | 경희궁 |
| 영조 41(을유) | 1765. 10. 11 | 수작 | 영조 망팔 | 경희궁 |
| 정조 19(을묘) | 1795. 윤2. 15 | 진찬 | 혜경궁 회갑 | 화성 |
| 순조 9(기사) | 1809. 2. 27 | 진찬 | 혜경궁 관례 회갑 | 창경궁 |
| 순조 27(정해) | 1827. 9. 10 | 진작 | 순조 중궁전 상존호 | 창덕궁 |
| 순조 28(무자) | 1828. 2. 12 | 진작 | 중궁전(순원왕후) 사순 | 창덕궁 |
| 순조 28(무자) | 1828. 6. 1 | (진작) | (순조 중궁전 탄신) | 창덕궁 |
| 순조 29(기축) | 1829. 2. 9 | 진찬 | 순조 사순 | 창경궁 |
| 순조 29(기축) | 1829. 6. 19 | (진찬) | (순조 탄신) | 창덕궁 |

| 헌종 14(무신) | 1848. 3. 17 | 진찬 | 대왕대비 육순, 왕대비 망오 | 창경궁 |
|---|---|---|---|---|
| 고종 5(무진) | 1868. 12. 6 | 진찬 | 대왕대비 환갑 | 경복궁 |
| 고종 10(계유) | 1873. 4. 18 | 진작 | 대왕대비 책봉 40년 | 경복궁 |
| 고종 14(정축) | 1877. 12. 6 | 진찬 | 대왕대비 칠순 | 창경궁 |
| 고종 24(정해) | 1887. 1. 27 | 진찬 | 대왕대비 팔순 | 경복궁 |
| 고종 29(임진) | 1892. 9. 24 | 진찬 | 고종 망오, 등극 30년 | 경복궁 |
| 광무 5(신축) | 1901. 5. 13 | 진찬 | 명헌태후 (헌종계비) 망팔 | 경운궁 |
| 광무 5(신축) | 1901. 7. 26 | 진연 | 고종 오순 | 경운궁 |
| 광무 6(임인) | 1902. 4. 23 | 진연 | 고종 망륙, 입기로소 | 경운궁 |
| 광무 6(임인) | 1902. 11. 4 | 진연 | 고종 망륙, 어극 40년 | 경운궁 |

위의 표에서 보듯 조선 후기 창덕궁과 창경궁에서 거행된 연향은 순조 초부터 고종 초에 이르는 70여 년에 집중되어 있다. 이때는 창덕궁과 창경궁이 조선의 중심 궁궐로 자리잡았던 때로, 고종 초 경복궁이 제 모습을 찾은 뒤 대한제국 시기에는 경복궁이나 경운궁(현 덕수궁)이 그 중심 공간이 되었다.

창덕궁과 창경궁에서 '국가적으로 중요한 잔치'(이하 국연國宴이라 한다)가 거행된 시기는 조선조 궁중 연향의 전성기로 볼 수 있는데, 특히 순조 27년부터 3년간은 궁중무용의 큰 전환기라 할 만큼 새로운 정재가 많이 창작되었다. 순조~고종대 창덕궁과 창경궁에서 거행된 국연을 중심으로 그 설행 목적과 주빈 및 주최자, 거행 전각 등을 정리하면 [표 2]와 같다.

•표 2• 순조~고종대 창덕궁과 창경궁에서 거행된 국연

| 일시 | 의례 | 설행 목적 | 주빈 | | | | 주최자 | | | | 궁궐 | 외연 | 내연 | 야연 | 대전회작 | 대전야연 | 왕세자회작 |
|---|---|---|---|---|---|---|---|---|---|---|---|---|---|---|---|---|---|
| | | | 혜경궁 | 순조 | 순조비 | 조대비 | 순조 | 효명세자 | 헌종 | 고종 | | | | | | | |
| 순조 9 (1809) | 진찬 | 혜경궁 관례회갑 | ○ | | | | ○ | | | | 창경궁 | − | 경춘전 | 경춘전 | − | − | − |
| 순조 27 (1827) | 진작 | 순조 중궁전 상존호 | | ○ | ○ | | | ○ | | | 창경궁 | − | 자경전 | − | − | − | |
| 순조 28 (1828) | 진작 | 중궁전 사순 | | | ○ | | | ○ | | | 창경궁 | − | 자경전 | 자경전 | − | − | 자경전 |
| 순조 28 (1828) | 부편 | 순조 중궁전 탄신 | | ○ | | | | ○ | | | 창덕궁 | − | 연경당 | − | − | − | |
| 순조 29 (1829) | 진찬 | 순조 사순 | | ○ | | | | ○ | | | 창경궁 | 명정전 | 자경전 | 자경전 | − | − | 자경전 |
| 순조 29 (1829) | 부편 | 순조 탄신 | | ○ | | | | ○ | | | 창경궁 | − | 자경전 | 자경전 | − | − | |
| 헌종 14 (1848) | 진찬 | 대왕대비 육순, 왕대비 망오 | | | ○ | ○ | | | ○ | | 창경궁 | − | 통명전 | 통명전 | 통명전 | 통명전 | − |
| 고종 5 (1868) | 진찬 | 대왕대비 환갑 | | | | ○ | | | | ○ | 경복궁 | − | 강녕전 | − | 강녕전 | − | − |
| 고종 10 (1873) | 진작 | 대왕대비 책봉 40년 | | | | ○ | | | | ○ | 경복궁 | − | 강녕전 | 강녕전 | 강녕전 | 강녕전 | − |
| 고종 14 (1877) | 진찬 | 대왕대비 칠순 | | | | ○ | | | | ○ | 창경궁 | − | 통명전 | 통명전 | 통명전 | 통명전 | − |

순조~고종대 창덕궁과 창경궁, 즉 동궐東闕에서 거행된 국연은 창경궁의 정전인 명정전明政殿을 비롯해 경춘전景春殿·자경전慈慶殿·통명전通明殿 등에서 열렸고, 창덕궁 연경당演慶堂에서도 한 번 진찬이 열렸다. 이 가운데 1809년(순조 9)의 진찬이 치러졌던 경춘전은 1830년에 화재로 소실되었다가 3년 뒤 다시 지었으며, 1827년(순조 27)부터 1829년(순조 29)까지 여러 차례의 국연이 열렸던 자경전은 일제강점기인 1911년 건물을 헐어버려서 지금은 터만 남아 있다. 그리고 1848년(헌종 14)과 1877년(고종 14)의 진찬이 열렸던 통명전은 지금도 건물이 남아 있어 옛 모습을 살펴볼 수 있다.

국연이 열리면 대개 국연의 설행 목적이나 성격에 따라 여러 차례의 잔치가 마련된다. 국왕이 주빈일 때는 대소 신료들이 참여하는 외연이 정전에서 열리며, 이어서 왕실의 종친·내외명부 등이 참여하는 내연이 또다른 곳에서 치러진다. 같은 장소에서 야연이 열리는 것이 보통이며, 그다음 날에는 회작會酌과 야회작이 열린다. 긴 연회가 끝나면 잔치 음식은 가자架子라 불리는 들것에 실려 종친과 고관대작의 집에 보내졌다. 음식 한 가지씩을 한지에 포장했기 때문에 집집마다 전해 받는 음식이 달랐다.

[표 2]에 정리된 내용을 살펴보면, 순조 때의 국연은 주로 순조와 왕후를 위해 당시 대리청정 중이던 효명세자(훗날 익종으로 추존)가 베푼 잔치였으며, 고종 때의 국연은 효명세자비인 조대비를 위해 고종이 베푼 것이었다.

「무신진찬도」 중 통명전 진찬 부분, 비단에 채색, 139.0×384.0cm, 1848, 국립중앙박물관.

순조대에서 고종대 국연의 주악은 장악원의 악사와 악공들이 맡았는데, 편성된 악대는 등가登歌, 殿上樂와 헌가軒架, 殿庭樂 두 가지였다. 선유락船遊樂 정재가 포함될 때는 반주를 위해 내취內吹라 불린 대취타大吹打가 참여했다.

순조 29년 『진찬의궤』에 보이는 등가의 편성은 [표 3]과 같다.

• 표 3 • 순조 29년 『진찬의궤』 등가 편성

| | | 피리 | 대금 | 당적 | 통소 | 비파 | 해금 | 방향 | 장고 | 생 | 현금 | 가야금 | 아쟁 | 양금 | 당금 | 부구 | 교방고 | 운라 | 가 笳 | 철적 | 갈고 | 정 鉦 | 요 鐃 | 합계 |
|---|---|---|---|---|---|---|---|---|---|---|---|---|---|---|---|---|---|---|---|---|---|---|---|---|
| 본편 | 외진찬 | 7 | 6 | 2 | 1 | 2 | 2 | 1 | 4 | 2 | 2 | 2 | 2 | · | · | · | 1 | · | 4 | · | · | · | · | 38 |
| | 내진찬 야진찬 왕세자회작 | 6 | 4 | 4 | 2 | 4 | 4 | 4 | 2 | 4 | 2 | 2 | 2 | 2 | 2 | 1 | 2 | 2 | 2 | 2 | · | 1 | 1 | 55 |
| 부편 | 진찬 야진찬 | 4 | 2 | · | · | 1 | 2 | 1 | 1 | · | 1 | 1 | 1 | · | · | · | 1 | · | · | 1 | · | · | · | 16 |

즉, 명정전에서 거행된 외진찬 등가에는 38명의 악공이 주악을 맡았다. 그러나 실제로는 악공들 외에 집사악사 3인, 집박전악 1인, 선창악사 2인, 대오전악 2인, 풍물차지전악 1인, 권착전악 2인 등의 악사가 참여했고, 민간에서 뽑힌 가자歌者 4인도 있었다. 한편 순조 29년 『진찬의궤』의 외진찬 헌가는 [표 4]와 같이 구성되었다.

•표 4• 순조 29년『진찬의궤』외진찬 헌가 편성

| | 피리 | 대금 | 편종 | 편경 | 당적 | 통소 | 비파 | 해금 | 방향 | 장고 | 건고 | 삭고 | 응고 | 축 | 어 | 생 | 합계 |
|---|---|---|---|---|---|---|---|---|---|---|---|---|---|---|---|---|---|
| 본편 외진찬 | 7 | 6 | 2 | 2 | 2 | 2 | 2 | 2 | 2 | 4 | 1 | 1 | 1 | 1 | 1 | 1 | 37 |

순조 29년 외진찬에는 집사악사 2인, 집사전악 1인, 풍물차지전악 2인, 서기 2인이 더 참여했다.

순조 29년『진찬의궤』본편만 살펴보면 내진찬을 비롯한 내연에서는 하나의 악대만 편성되는데, 외진찬에는 등가와 헌가가 편성된다. 외진찬의 등가와 헌가를 비교하면, 등가는 편종·편경·축·어·부 등의 아악기가 빠지고, 거문고·가야금·양금 등의 현악기가 들어간 게 눈에 띈다. 반면 헌가에서는 편종·편경 등 아악기가 편성되고 현악기가 빠지며, 건고建鼓·응고應鼓·삭고朔鼓 등 북 종류의 타악기가 대거 편성되었다.

헌종·고종대에 이르러 창경궁 통명전에서 거행된 두 차례의 진찬에서는 순조대와는 다른 악대의 모습을 보인다. 순조비 육순과 조대비 망오望五(쉰을 바라본다는 뜻으로 마흔한 살을 이르는 말)를 축하하기 위해 열린 1848년(헌종 14) 진찬과 조대비 칠순을 축하하며 열린 1877년(고종 14)의 진찬은 내진찬·야진찬 등 내연에도 전상악(등가)과 전정악(헌가)이 함께 편성되었다. 그러나 현악기와 노래를 위주로 하는 전상악의 특징과 종·경 및 타악기를 주된 편성으로 하는 전정악의 특징은 유지된다. 이처럼 여러 악기로 편성된 악대의 모습은 진찬도병進饌圖屏과 같은 궁중기록화나 의궤에 수록

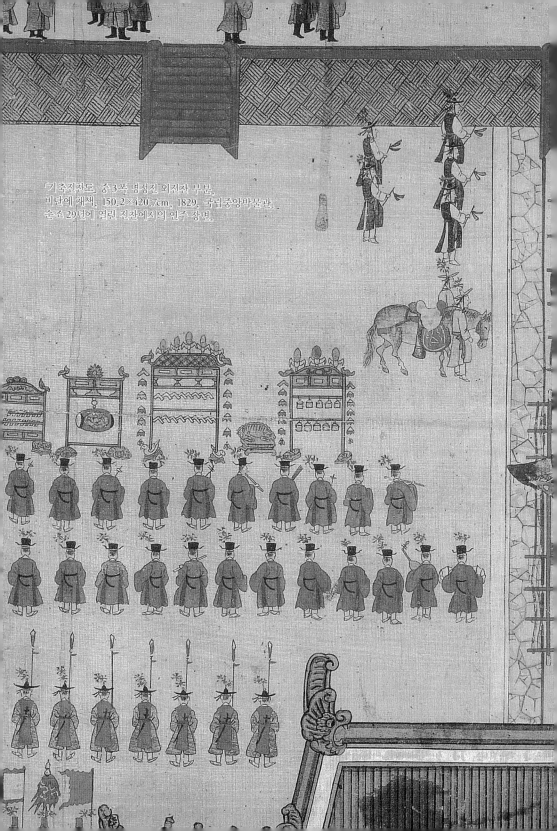

「기축진찬도」중 3폭 명정전 외진찬 부분,
비단에 채색, 150.2×420.7cm, 1829, 국립중앙박물관.
순조 29년에 열린 진찬에서의 연주 장면.

「무신진찬도」 중 인정전 진하 부분,
비단에 채색, 139.0×384.0cm, 1848, 국립중앙박물관.

된 진찬도進饌圖·진연도進宴圖를 통해 그려볼 수 있고, 악기의 구체적인 모습도 의궤에 악기도樂器圖로 전한다. 이러한 그림 자료를 통해 당시의 악기를 비교하면, 지금과 같은 것도 있지만 몇몇은 그 모양이 조금 달랐다.

국연에서 주악을 맡았던 악대 중에는 특이하게도 군대음악을 연주하는 악대도 있는데, 어가의 행차를 앞서 이끌거나 선유락·항장무項莊舞를 반주하는 데 쓰였던 내취內吹가 그것이다. 오늘날 대취타大吹打로 알려진 이 악대는 궁중 선전宣傳관청의 악대로, 요즈음의 군악대원과 같은 취고수吹鼓手들이 연주했다. 이들 내취의 악기도 의궤의 '내취악기도'로 그 모습을 그려볼 수 있고, 도병圖屛에 악대의 모습이 남아 전한다.

이러한 편성으로 연주했던 음악은 의례 절차의 부수적인 주악으로 연주된 음악과 정재 반주음악으로 나눌 수 있다. 주악용 음악으로는 「향당교주鄕唐交奏」, 「낙양춘」, 「보허자령」, 「여민락만與民樂慢」, 「여민락령與民樂令」, 「수룡음水龍吟」, 「정읍만기령井邑慢機令」 등이, 정재 반주음악으로는 「향당교주」, 「보허자」, 「보살만菩薩慢」 등이 연주되었다. 특히 대부분의 정재 반주음악은 '원무곡原舞曲'이라고만 밝힌 악곡을 썼는데, 아직까지 이것이 어떤 곡인지는 밝혀지지 않았다. 그런데 의궤에 기록된 악곡명은 주악용이든 반주용이든 대부분 아명雅名을 썼다. 아명은 연주될 때마다 달리 부를 수 있는 일종의 별칭으로, 이것만으로는 실제 악곡을 알기 어렵다. 순조대에서 고종대의 국연 의궤에서는 다음과 같은 이름을 많이 썼다. 뜻을 짐작하는 데 도움이 되도록 한자와 함께 표기한다.

가악지곡嘉樂之曲, 가연지곡嘉讌之曲, 강릉지곡岡陵之曲,

건청곤녕지곡乾淸坤寧之曲, **경록무강지곡景籙無彊之曲**,

경춘광지곡慶春光之曲, 경태평지곡慶太平之曲, 경풍악지곡

慶豊樂之曲, 기주오복지곡箕疇五福之曲, 길상지곡吉祥之曲,

낙만년지곡樂萬年之曲, 낙만세지곡樂萬歲之曲, 낙승평지곡

樂昇平之曲, 낙천추지곡樂千秋之曲, 대명지곡大明之曲,

**만년장환지곡萬年長歡之曲**, 만방녕지곡萬方寧之曲, 만사년지곡

萬斯年之曲, 만세성지곡萬歲聲之曲, 만세장락지곡萬歲長樂之曲,

만수영무강인萬壽永無彊引, 만수장락지곡萬壽長樂之曲,

**만파정식지곡萬波停息之曲**, **무령지곡武寧之曲**, 산하옥력장지곡

山河玉曆長之曲, 상운요일지곡祥雲曜日之曲, 서운요일지곡

瑞雲曜日之曲, 성수무강지곡聖壽無疆之曲, 성인무우지곡

聖人無憂之曲, **수연장지곡壽延長之曲**, 수요남극지곡

**壽耀南極之曲**, **수제천지곡壽齊天之曲**, 연백복지곡악演百福之曲樂,

염양춘지곡艶陽春之曲, 영남산지곡永南山之曲, **요천순일지곡**

**堯天舜日之曲**, 응천장지곡應天長之曲, **일승월항지곡日升月恒之曲**,

장생락지곡長生樂之曲, 장생보연지악長生寶宴之樂,

**장춘불로지곡長春不老之曲**, 전전환지곡殿前歡之曲, 제수창지곡

帝壽昌之曲, 창운송지곡昌運頌之曲, **천년만세지곡千年萬歲之曲**,

천록영창지곡天籙永昌之曲, 천보구여지곡天保九如之曲,

천선자지곡天仙子之曲, 천하태평지곡天下太平之曲, 청평악지곡

淸平樂之曲, 축성인지곡祝聖人之曲, 축유여지곡祝有餘之曲,

축화지곡祝華之曲, 태령지곡泰寧之曲, 태평만년지곡

「화성친행도」, 47.5×460.0cm, 1795, 국립중앙박물관.
『원행을묘정리의궤』에 실린 정조의 어머니 혜경궁 홍씨의 회갑연의 행차 모습 반차도로,
왕의 거둥에 수행하는 대규모의 대취타·취고수·세악수 등의 모습을 볼 수 있다.

太平萬年之曲, **태평춘지곡**太平春之曲, 팔천위춘지곡八千爲春之曲,

풍강지곡豊康之曲, 풍운경회지악風雲慶會之樂, 하성조지곡

賀聖朝之曲, **헌천수지곡**獻天壽之曲, 희신춘지곡喜新春之曲

    위의 아명 가운데 진하게 표시된 곡명들은 오늘날 국립국악원 등에서 쓰지만 그것들이 옛 국연 의궤의 악곡과 같다고 보긴 어렵다. 따라서 조선 후기 국연에 사용된 악곡을 본래의 이름, 즉 속명俗名을 중심으로 살펴보면 아래와 같다.

    「낙양춘洛陽春」은 낙양춘곡洛陽春曲이라는 이름으로 표기되었다. 이 곡은 원래 당악에 속하며 사배四拜·재배再拜 등 배례에 주로 쓰였다. 특히 등가와 헌가가 함께 편성될 때는 주로 헌가에서 연주되었다. 「낙양춘」에는 때에 따라 25종의 아명이 붙여졌는데, 대부분 한 번씩 불렸던 반면 만세성지곡(6회), 축화지곡(4회), 하성조지곡(4회)은 여러 번 붙여졌다. 그러나 지금은 기수영창지곡其壽永昌之曲이라는 아명으로 널리 쓰인다.

    당악에 속하는 「보허자령步虛子令」은 보허자라고도 불렸으며, 순조 28년과 29년에 정재반주곡으로 쓰인 적이 있지만 대체로 왕세자가 자리로 나아가거나 잔을 올릴 때 또는 왕세자가 들고 날 때 연주되었다. 「보허자령」에도 12종이나 되는 아명이 붙여졌지만 오늘날에는 장춘불로지곡長春不老之曲으로 통용된다.

    「수룡음水龍吟」은 주빈主賓이나 왕의 출입과 배례에서 연주되었는데, 특히 출입에 많이 쓰였다. 「수룡음」 역시 당악에 속하지만 오늘날에는 사관풍류 계통의 악곡을 가리킨다. 즉 성악곡인 가곡

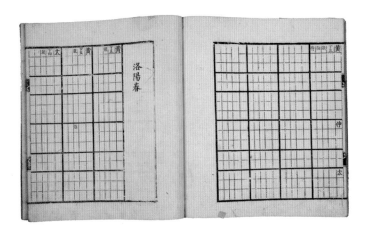

『속악원보』「낙양춘」악보,
국립국악원.

의 농弄·낙樂·편編을 관악 중심의 편성으로 연주하는 음악을 가리
킨다. 이 곡 역시 19개의 아명이 붙여졌지만, 지금은 '수룡음'으로
불린다.

여민락 계통의 악곡은 여민락·여민락령·여민락만·여민지
악與民之樂·여민령지악與民令之樂 등의 여러 이름으로 기록되어 있다.
원래 「여민락」은 세종 때 창제된 음악으로『용비어천가龍飛御天歌』를
노랫말로 삼아 창작한 것이다. 우리나라에서 만든 것이지만 조선
후기 궁중에서는 당악 편성으로 「여민락만」과 「여민락령」 두 곡이
연주되었다.

「여민락령」은 등가와 헌가가 함께 편성될 때는 헌가에서 주
로 연주되었고, 배례나 국왕이 출입할 때 쓰였으며, 진화進花·진휘
건進揮巾 등에도 이들 음악이 함께했다. 의궤에는 열다섯 개의 아명
으로 기록되어 있다.

「여민락만」은 정조 19년과 순조 28년, 순조 29년, 고종 29년

의 의궤에만 보이는데, 순조 28년에는 아박·무고·첨수무의 반주곡으로 쓰이기도 했다. 이 곡은 등가와 헌가가 함께 편성될 때 등가와 헌가 모두에서 연주되기도 했고, 배례나 진찬안進饌案·진주기進酒器 등에서 연주되었다. 특히 사배 때에는 '악사성樂四成'이라 하여 같은 곡을 네 차례 반복해서 연주하기도 했다. 「여민락만」과 관련해 주목할 만한 점은 1829년(순조 29)~1892년(고종 29) 사이 60여 년 동안 국연에서 이 곡이 연주되지 않았다는 것이다.

「여민지악」과 「여민령지악」은 1827년(순조 27) 의궤에만 보이는 곡명이다. 「여민지악」은 「여민락만」으로, 「여민령지악」은 「여민락령」으로 보이는데, 이 두 곡은 헌가 또는 등가에서 각각 연주되거나 함께 연주되기도 했다. 특히 「여민지악」이 배례와 진화·진휘건 등에서, 여민령지악이 출입에서 주로 연주된 점으로 미루어 「여민락만」과 「여민락령」의 쓰임새와 일치한다. 따라서 「여민지악」을 「여민락만」으로, 「여민령지악」을 「여민락령」으로 봐도 무리가 없을 듯하다.

「정읍만기井邑慢機」와 「정읍만기령井邑慢機令」은 '정읍'이란 이름 때문에 같은 곡인 듯하지만 둘의 쓰임새는 달랐다. 순조 28년과 29년 의궤에 보이는 「정읍만기」는 정읍악井邑樂이라고도 불렸는데, 향악이라는 표기가 분명하며, 진작進爵·출차出次·재배再拜 등 여러 절차에서 연주되었다. 한편 「정읍만기」는 아박 정재의 반주곡으로도 쓰인 데 비해 「정읍만기령」은 무용반주에 전혀 사용되지 않았다. 따라서 「정읍만기」는 오늘날의 「동동動動」으로, 「정읍만기령」은 오늘날의 「정읍井邑, 아명壽齊天」으로 볼 수 있을 듯하다.

「향당교주鄕唐交奏」는 1795년(정조 19)부터 1892년(고종 29)까지 각종 국연에서 다른 어떤 악곡보다 지속적으로 사용되었다. 이 시기의 국연 의궤에 「향당교주」라는 곡명은 총 344회나 나온다. 이 가운데 28회는 정재반주로, 나머지 316회는 각종 절차에 주악용으로 연주되었다. 이 곡은 등가와 헌가가 함께 편성된 연향에서는 주로 등가에서 연주되었으며, 순조 28년에는 '세취細吹'로 연주했다. 주악용 「향당교주」는 1887년(고종 24) 『진찬의궤』에서 대전회작大殿會酌 때 명부命婦와 진찬소당상낭청進饌所堂上郞廳이 사배할 때 두 번 연주되었을 뿐 배례에서는 더 이상 쓰이지 않고 다른 절차에서 연주되었다.

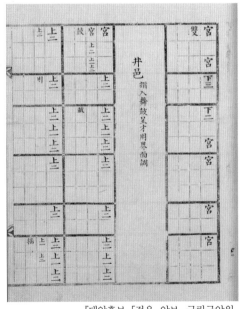

『대악후보』「정읍」악보, 국립국악원.

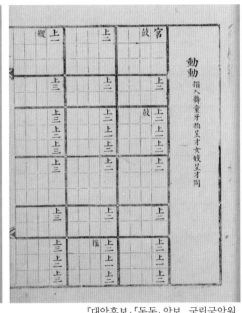

『대악후보』「동동」악보, 국립국악원.

「보살만」은 정재반주곡으로 연주되었는데, 한자로 '菩薩慢'과 '菩薩蠻' 두 가지로 표기되었다. 순조 28년『진작의궤』「부편附編」에서 세취로 연주한 「보살만菩薩慢」은 춘대옥촉무春臺玉燭舞의 반주곡으로 연주되었을 뿐 더 이상 보이지 않는다. 「보살만菩薩蠻」은 1829년부터 1892년까지 장생보연지무長生寶宴之舞의 반주를 위해 지속적으로 쓰였는데, 대개 장생보연지악長生寶宴之樂이란 아명으로 기록되었다.

지금까지 살펴본 것 중 「낙양춘」과 「보허자」는 현재 전승되는 단 두 곡의 당악곡이며, 「여민락만」과 「여민락령」은 당악풍 여민락곡으로 오늘날 전승되는 궁중음악의 중요한 부분을 차지한다. 또한 정읍과 동동은 향악곡으로 전승되는 궁중음악의 대표적인 악곡이며, 「수룡음」 역시 궁중 연향의 거상악擧床樂으로 전승되는 대표적인 악곡이다. 다만 「향당교주」와 「보살만」은 그 구체적인 악곡의 모습을 파악하기 어렵다. 「향당교주」가 오늘날의 '향당교주'와 같은 곡이라면 이는 관악영산회상의 상영산과 같은 곡이며, 「보살만」 역시 불교적인 이름으로 미루어 관악 영산회상靈山會相을 가리키는 것이 아닐까 짐작할 뿐이다.

이처럼 조선 후기 궁중 연향에서 쓰인 악곡들은 현재까지 남아 우리 전통음악의 중요한 악곡으로 연주되고 있다. 대규모의 관악, 관현악 합주편성으로 매우 여유 있는 한배tempo로 장중하게 연주되는 이들 음악을 통해 지난날 궁궐에서 거행된 왕가 의례의 존엄과 궁중 문화의 품격을 느낄 수 있을 것이다.

순조~고종대의 궁중 연향 가운데 의궤 등을 통해 연향에서 공연된 정재의 내용이 상세하게 드러나는 것은 순조 28년 진작부터다. 순조 28년부터 고종 14년까지는 일곱 차례의 궁중 연향이 거행되었다. 이는 순조 28년과 29년 의궤 부편에 정리된 진작과 진찬을 포함한 것으로, 연향마다 외연이나 내연 등의 잔치가 열리므로 잔치 횟수는 20회에 이른다. 그리고 이 잔치에서 공연된 정재는 총 43종이다.

이때 포구락抛毬樂이 15회로 가장 많이 취졌고, 그다음이 무고舞鼓 14회, 선유락 12회 순이다. 반면 경풍도慶豐圖·고구려무高句麗舞·공막무公莫舞·만수무萬壽舞·망선문望仙門·무산향舞山香·박접무撲蝶舞·연화무蓮花舞·영지무影池舞·첩승무疊勝舞·춘광호春光好·춘대옥촉春臺玉燭·침향춘沈香春·헌천화獻天花 14종은 순조 28년 6월 1일 창덕궁 연경당에서 거행된 대전중궁전진작大殿中宮殿進爵에서 단 한 차례만 연행되었고, 연백복지무演百福之舞·제수창帝壽昌·사선무四仙舞는 순조 29년 6월 19일 자경전에서 치러진 진찬에서 단 한 번만 취졌다. 그리고 학무鶴舞는 고종 14년 12월 10일 통명전에서 거행된 대전야연大殿夜讌에서 단 한 번 공연되었을 뿐이다.

특히 주목할 만한 것은 순조 28년 연경당 진작이다. 『진작의궤』 부편에 정리된 연경당 진작례에서 무려 17종의 정재가 연행된 점이 눈에 띄는데, 그것들은 모두 새롭게 만들어진 것이었다.

당시 대리청정을 하고 있던 효명세자와 악사 김창하金昌河가 주도한 정재 창작이 조선 후기 궁중정재 문화를 한층 화려하게 꽃피웠음을 보여준다. 이 국연은 순조비 순원왕후純元王后의 보령 40세를 경축하는 잔치였는데, 순조 임금의 보령이 40세가 되던 이듬해인 순조 29년 6월 19일의 자경전 진찬에서도 새로운 정재 4종이 공연되었다.

조선 후기 궁중 연향을 잔치별로 본다면 고종 29년 내진찬에서 총 20종의 정재가 춰진 것이 가장 많은 기록인데, 이해의 야진찬에 19종, 외진찬에도 18종의 정재가 춰졌다. 그다음은 순조 28년『진작의궤』부편에 정리된 연경당 진작으로 모두 17종의 정재

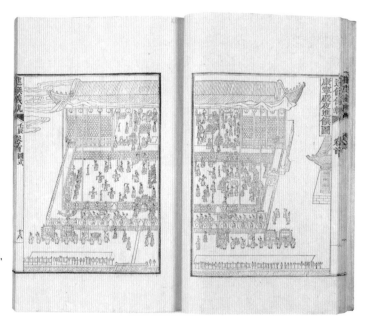

『진찬의궤』, 36.8×24.2cm, 1892, 국립고궁박물관. 고종 29년 강녕전에서 열린 야진찬. 이때 19종의 정재가 연행되었다.

창덕궁
깊이 읽기

가 연행되었다. 이 시기 국연에서 연행된 정재는 다음과 같다.

당악정재(12종): 몽금척, 수연장, 연백복지무, 연화대,
　　오양선, 장생보연지무, 제수창, 최화무, 포구락, 하황은,
　　헌선도
향악정재(31종): 가인전목단, 검기무, 경풍도, 고구려무,
　　공막무, 관동무, 광수무, 만수무, 망선문, 무고, 무산향,
　　무애, 박접무, 보상무, 사선무, 선유락, 아박, 연화무,
　　영지무, 처용무, 첨수무, 첩승무, 초무, 춘광호,
　　춘대옥촉, 춘앵전, 침향춘, 학무, 향령무, 향발, 헌천화

이 시기 국연에 쓰인 정재 43종 가운데 『고려사』악지樂志부
터 전하는 것이 8종이며, 『악학궤범』에 처음 정리된 것이 5종이다.
그리고 초무初舞와 광수무廣袖舞는 숙종 45년(1719)에 처음 보인다.
따라서 43종 가운데 28종은 정조 19년 이후부터 쓰인 듯하며, 여
기서 당악정재는 5종, 향악정재는 23종이다. 이 가운데 순조 28년
『진작의궤』부편에 정리된 연경당 진작례에서 무려 17종의 정재가
창제되어 연행된 점은 매우 주목할 만하다. 이 『진작의궤』의 공령
조에는 포구락·고구려무·공막무·무고·아박·향발 정재의 차비差
備가 기록되어 있으나, 의주儀註에는 이들 정재가 빠져 있어서 실제
연행되었는지는 알 수 없다. 고구려무와 공막무는 이 의궤에 처음
보이는 이름이지만, 포구락·무고·아박·향발 등은 이전부터 연행
되어오던 것이다. 이 4종의 정재는 해당 국연에서 연행되지 않은 듯

한데, 이 점은 연경당 진작례가 새로운 춤을 중심으로 거행되었음을 드러낸다. 그리고 이듬해인 순조 29년에도 새로운 정재 4종이 춰진 것을 보면 효명세자의 대리청정기가 정재 창제의 전성기였음을 알 수 있다.

이 시기 궁중 연향에서는 43종의 정재가 공연되었지만, 이들 춤은 공연 때마다 똑같았던 것이 아니라 조금씩 변화를 주어가며 춰졌다. 특히 무원舞員의 수가 달라져 규모에 변화를 보였다. 이 당시 세 번 넘게 연행되었음에도 규모가 그대로였던 것은 연백복지무·오양선·장생보연지무·하황은 등의 당악정재다. 반면 향악정재

「무신진찬도」의 가인전목단과 무고 부분. 이들 정재에 참여한 인원수는 최대 17명까지 늘기도 했다.

는 독무獨舞인 춘앵전과 무산향을 빼고는 무원의 수가 곧잘 변했다.

정재별로 무원의 수를 보면 선유락은 최소 25명부터 최대 37명의 여령이 참여한 적이 있으며, 포구락은 8~22명, 가인전목단은 4~17명, 무고는 4~17명까지 차이가 났다.

이 시기 국연의 정재는 무동이나 여령에 의해 공연되었다. 무동이 정재를 맡았던 것은 순조 28년『진찬의궤』의 진작, 야진별반과, 왕세자회작과 부편의 진작, 그리고 순조 29년『진찬의궤』의 외진찬과 부편의 진찬, 고종 29년『진찬의궤』의 외진찬이다. 이를 제외한 잔치에서는 여령이 정재를 추었다.

무동은 대개 11~13세의 소년으로, 각 사司의 유한有限한 노자奴子와 양인良人에게 출가한 자의 소생으로 보충했으며, 장성하면 악공으로 이속시켰다고 한다. 이 시기 관련 기록에서 무동이 악공으로 옮겨간 예는 1828~1892년 국연에 참여한 무동 가운데 8명을 찾을 수 있다.

여령은 궁중 연향에서 내연의 춤과 노래를 맡았던 여성을 가리킨다. 내외법이 엄격했던 조선시대 궁궐에서는 원래 내전입진內殿入診을 위한 내의원內醫院의 의녀醫女와 상의원尙衣院의 침선비針線婢가 여령도 겸하게 했다. 그리고 여령은 경중京中 각 사비司婢 또는 충청도·경상도·전라도, 즉 삼남읍비三南邑婢의 신분 중 나이 어리고 용모가 아름다우며 영특한 자 가운데 선발했고, 나이가 들면 다시 본읍으로 돌려보내 궁 안에서 연행되던 가무 일체를 각 지방에 널리 보급하게 했다고 한다. 그러나 이 시기 국연에 참여한 여령은 의녀나 침선비뿐만 아니라 각 지방에서 선발된 선상기選上妓들도 꽤

『원행을묘정리의궤』의 선유락 장면, 김홍도, 종이에 먹, 23.8×16.7cm, 1795, 국립중앙박물관.

있었던 듯하다.

정조 19년『원행을묘정리의궤』의 봉수당 진찬에는 경기京妓로 의녀 7인과 침선비 9인이 참여했으며, 행사가 거행된 화성의 기녀 15인이 함께한 적이 있다. 또한 1809년(순조 9)『혜경궁진찬소의궤』에서는 이문질移文秩과 내관질來關秩의 기록에 따라 의녀와 침선비가 참여한 것을 알 수 있다.

한편 순조 27년『자경전진작정례의궤』의 이문移文과 내관來關에는 향기鄕妓의 선상選上과 관련된 기록들이 보이는데, 공충도公忠道(오늘날의 충청도) 15명, 황해도 15명, 강원도 15명, 개성부 15명, 강화부 12명, 화성부 12명이 선상되었다. 각 도에서는 배정된 인원을 각 읍에 나눠 맡게 한 것으로 보인다. 한 예로 강원도는 영기營妓 3명, 원주기 2명, 영월기 2명, 강릉·삼척·간성·춘천기 각 2명으로 배정된 인원을 충당했음을 확인할 수 있다. 같은 의궤의 내관조

『원행을묘정리의궤』의 봉수당 진찬 모습, 21.8×33.8cm, 1795, 국립중앙박물관.

9월 1~3일의 기사에 따르면, 강화·수원·개성 등에서 선상된 기녀들은 악무를 담당하기보다는 주로 의장차비儀仗差備였던 듯하다.

순조 28년의 국연에는 무동이 주로 참여했으며, 의궤를 보면 선상기에 관한 언급이 없다. 반면 순조 29년『진찬의궤』에는 선상기에 관한 기록이 많이 보인다. 이문과 내관의 기록을 살펴보면 경상도 21명, 평안도 20명, 강원도 5명, 공충도 7명, 황해도 17명, 전라도 15명의 선상 사실을 확인할 수 있다. 이들은 각 도에서 다시 각 읍으로 나누어 정했는데, 경상도는 경주와 안동에서, 평안도는 평양·성천·안주·선천 등에서 선상했다. 특히 경상도에서는 처용무를 연행할 6인을 선발했고, 행사를 마친 뒤에 특별히 '노고에 대한 보수酬勞'를 지급한 것으로 보인다.

이후 1848년(헌종 14)과 1868년(고종 5), 1892년(고종 29)의 국연에도 향기를 선발한 사실이 보인다. 이처럼 대부분의 국연에 향기를 선상했지만, 궁중 연향의 악무를 전적으로 이들 선상기에 의존하지는 않은 듯하다. 1827년 강화·개성부의 여령과 수원부의 관비는 주로 의장차비였다. 1892년 의궤에 의장차비 하전여령下典女伶은 각 궁의 비자婢子로 한다고 기록된 것으로 미루어 경기京妓(의녀와 침선비)와 향기 중 나이가 어리고 용모가 단정하며 가무에 소질이 있는 자는 노래나 춤에 참여했고, 가무에 어두운 자는 의장차비를 맡아 함께 국연에 참여한 것으로 보이며, 때에 따라 정재와 의장을 함께 맡기도 했다.

정재에 참가하는 여령이나 무동도 기량에 따라 참여 정도가 달랐다. 의궤의 공령조를 분석해보면 춤에 익숙한 사람과 서툰 사람의 구별이 드러난다. 또 나이가 많은 기녀들은 상대적으로 활동의 폭이 좁았다. 정조 19년 『원행을묘정리의궤』를 예로 들면, 침선비 운선雲仙(24세)은 몽금척의 좌무, 하황은의 좌무, 포구락의 좌무, 무고의 무舞, 아박의 좌무, 향발의 좌무, 수연장의 좌무, 첨수무의 무, 검무의 무를 맡아 무원으로서 중심 역할을 했다. 이에 비해 의녀 난화蘭花(22세)는 포구락의 죽간자, 무고의 봉고奉鼓를 맡았고, 화성기華城妓 모애慕愛(35세)는 헌선도의 죽간자를, 침선비 채단彩丹(40세)은 헌선도의 죽간자와 몽금척의 황개黃蓋를 맡는 등 의물이나 무구舞具를 들고 있는 정도였다. 이러한 점은 다른 연향에서도 흔히 발견된다.

이 시기 정재 공연에서 주목되는 점 하나는 남자 무용수인 무동들의 활약이다. 순조 29년 자경전 진찬에 참여한 무동 18명 가운데 진대길과 김형식의 활약이 유난히 돋보인다. 이 두 사람은 이 잔치에서 연행된 정재 11종 모두에 참여했는데, 주로 좌무左舞·우무右舞·원무元舞 등을 맡았다. 김명풍과 신광협은 총 10종의 정재에 참여해 좌무·우무·원무 등으로 활동한다. 반면 박귀능·정귀돌은 가인전목단의 협무挾舞로 단 한 차례 참여할 뿐이고, 차성철은 죽간자 4회, 협무 3회로 참여했다. 이 가운데 신광협, 김형식, 김명풍 등은 순조 28년 진작의 정재에서도 비중 있는 역할을 맡았다. 특히 김형식은 부편에 기록된 연경당 진작의 공령조에 의하면, 총 23종의 정재 중 22종의 정재에 이름을 올렸다. 이 잔치에서는 23종의 정재가 준비되었지만 실제로는 새로 창작된 17종만 춰졌을 것으로 보인다. 이 진작에서 첫선을 보인 춤은 신광협·신삼손·진대길·김형식·김명풍·진계업 등 여섯 명이 췄으므로 무동 6인이 각각 10회 넘게 정재에 참여한 셈이다. 그중에서도 김형식은 새롭게 창제된 17종 정재 모두에 참여했을 뿐만 아니라 독무獨舞인 춘앵전春鶯囀과 무산향舞山香의 주인공이었다는 점에서 그가 당시 가장 뛰어난 무동이었음을 짐작할 수 있다. 이해 2월에 있었던 자경전 진작에는 30명의 무동이 동원되었는데, 6월의 연경당 진작에는 그중 6명만 뽑혔다. 이들은 17종의 새로운 정재를 도맡아 췄는데, 이 점은 김형식을 비롯한 이들 6명의 기량이 매우 뛰어났음을 보여준다.

조선시대 궁중정재 중에서 독무로 추는 춤은 춘앵전과 무산향인데, 이 둘은 춤추는 공간이 매우 제한적이라는 특이한 공통

「무신진찬도」에 표현된 춘앵무. 화문석 위에서 자리를 벗어나지 않고 춘 춤으로 절제의 미를 발휘했다.

창덕궁
깊이 읽기

점을 지녔다. 춘앵전은 화문석 한 장을 깔고 무용수가 그곳을 벗어나지 않으면서 추는 춤이고, 무산향은 마루처럼 짠 평상을 놓고 그 위에서 추는 춤이다. 이 둘은 조선시대 궁중 무용이 지니는 절제의 미美를 단적으로 드러낸다. 즉 매우 좁은 공간에서 차분하고 우아한 동작으로 감정을 극도로 조절하며 표현하던 춤이다.

　　오늘날 전해지는 궁중정재 중 비교적 자주 볼 수 있는 것은 헌선도·포구락 등의 당악정재와 무고·처용무·선유락 등의 향악정재다. 고려 문종 때 중국 송나라에서 들어온 당악정재의 하나인 헌선도獻仙桃는 정월 보름날 밤 가회嘉會에 군왕을 송도頌禱하기 위해 왕모王母가 선계仙界에서 내려와 선도仙桃를 바치는 내용의 춤이다.

「무신진찬도」에 그려진 헌선도와 포구락.

이 춤에는 선모仙母 1명, 협무挾舞 2명, 죽간자竹竿子 2명, 봉탁奉卓 1명, 봉반奉盤 1명이 참여한다. 이 춤은 순조 28년부터 고종 14년까지 국연에서 열린 20회의 잔치 중 여덟 번이나 공연되었다. 선도를 바쳐 장수를 기원하는 의미가 연향을 마련한 뜻에 들어맞았던 까닭에 자주 공연된 듯하다.

당악정재 중 가장 많이 공연된 춤은 포구락抛毬樂이다. 『고려사』 악지에 따르면 이 춤은 고려 문종 27년(1073) 11월에 팔관회를 차리고 왕이 신봉루神鳳樓에 나아가 가무를 보았는데, 교방여제자敎坊女弟子 초영楚英이 새로 전래된 이 춤을 췄다고 했다. 당시 포구락을 연행한 교방여제자는 13인이라 했다. 순조 28년부터 고종 14년까지 총 20회의 잔치 가운데 포구락은 15회 공연되었는데, 이때 연행에 참여한 인원은 8~22인으로 규모에 큰 차이를 보였다. 이춤은 당시 송나라에서 유행한 일종의 공 던지기 놀이를 정재로 꾸민 것이다. 무대 가운데 세운 포구문抛毬門 위쪽에 있는 풍류안風流眼이라는 작은 구멍에 채구彩毬를 던져넣는 놀이다. 성공한 여령은 상으로 꽃을 받지만, 넣지 못한 여령은 붓으로 얼굴에 검은 점을 찍는 벌을 받았다. 놀이가 더해진 이 춤은 흥겹고 즐거운 분위기의 연향에 잘 어울렸기에 자주 공연된 듯하다. 이 춤은 당악정재이므로 죽간자 2인이 필수적이며, 상벌을 맡은 봉화奉花·봉필奉筆 각 1인, 그리고 공놀이에 참여하는 두 편의 무원, 약간 명의 협무挾舞로 구성되는데, 무원과 협무는 때에 따라 숫자를 달리했다.

스무 차례의 잔치 가운데 14회나 공연된 향악정재 무고舞鼓에 대해서 『고려사』 악지는 "충렬왕 때 시중 이혼李混이 영해寧海에 유배되었을 때 바닷가에서 물에 뜬 뗏목을 얻어 큰 북을 만들었더니 그 소리가 크고 웅장하여 북을 두드리며 춤춘 데서 기원하였다"고 기록하고 있다. 이 춤은 큰 북을 가운데 놓고 원무元舞(북채를 들고 북을 치는 사람)와 협무(원무 주위를 돌며 춤추는 사람)로 나뉘어, 춤을 추면서 원무가 두 손에 든 북채로 북을 치면 협무는 삼지화三枝花를 두 손에 나눠 들고 그 둘레를 돌면서 춤을 춘다. 이 춤 역시 규모가 달라졌는데, 4인에서 17인까지 늘어났다. 큰 북을 가운데 놓고 두드리며 추는 춤으로 경상도 통영에 전승되는 승전무勝戰舞가 있는데, 이는 궁중정재인 무고가 관아의 춤으로 변화한 것이다.

궁중무용 중 탈假面을 쓰고 추는 춤은 처용무處容舞가 유일하다. 통일신라시대의 설화와 관련 있는 처용무는 고려 때 이미 춰진 듯하다. 『악학궤범』에 따르면, 12월 회일晦日 하루 전날 궁중에서 잡귀를 쫓는 의식인 나례儺禮를 행한 뒤 처용무를 췄다고 한다. 처용무는 처용의 탈을 쓴 다섯 사람이 파랑, 빨강, 노랑, 검정, 하양의 옷을 입고 다섯 방향으로 나눠 서서 췄다. 오늘날에는 남성들의 춤처럼 여겨지는 이 춤을 조선시대 궁중 연향에서는 경상도 지방에서 선상된 향기들이 주로 췄다. 처용무는 1971년 1월 중요무형문화재로 지정되었으며, 최근에는 유네스코 인류무형유산으로 등재되었다. 지금은 다섯 명이 추지만, 조선 후기에는 6인 또는 11인이 춘 것으로 기록되어 있다.

오늘날 이어받고 있는 궁중정재 중 가장 규모가 큰 춤은 선유락船遊樂이다. 이 춤은 순조 29년 이후 궁중에 큰 잔치가 있을 때마다 빠지지 않고 공연되었는데, 관서 지방의 '배따라기'가 궁중정

「무신진찬도」에 그려진
처용무 장면. 5명의 무원이
오방색의 옷을 입고
처용탈을 쓴 채 오방으로
나누어 서서 호방하게
춤을 췄다.

재로 다듬어진 듯하다. 선유락은 아름답게 채색한 작은 배에 동기
童妓를 태우고 내취內吹, 大吹打의 반주에 맞춰 여러 무원이 배를 끌
며 배가 떠나가는 이별의 장면을 춤으로 표현한 것이다. 1893년 궁
중정재의 춤사위를 기록한 『정재무도홀기呈才舞圖笏記』에 따르면, 이
춤에는 호령집사기號令執事妓 2인, 내무內舞 10인, 외무外舞 32인이
참여해 그 규모가 장대했음을 짐작할 수 있다. 선유락은 이 무렵
열린 스무 번의 궁중 잔치 중 11번 공연되었는데, 25~37명의 무원
이 참여했다. 이 정도면 잔치에 참여한 여령 전체 숫자에 달한다.
즉 잔치의 마지막을 장식하는 선유락에는 연향에 참여한 여령 모두
가 출연해 성대한 잔치가 끝나는 아쉬움을 배가 떠나는 이별의 정

「무신진찬도」중 선유락 정재 부분,
비단에 채색, 134.4×47.0cm, 1848,
국립중앙박물관.

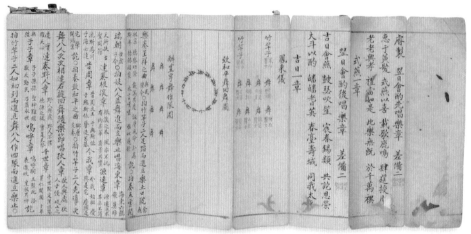

『정재무도홀기』, 23.8×994.5cm, 1893, 국립중앙박물관.

情에 실어 표현한 것이다.

이렇게 본다면 창덕궁과 창경궁에서 활발하게 국연이 펼쳐지던 순조에서 고종 무렵은 우리 전통음악 중 궁중음악과 무용이 가장 화려하게 꽃피우던 시기였으며, 오늘날까지 전승되는 궁중악무는 대부분 이 시기에 만들어졌거나 틀을 갖춰 이어지고 있다. 어느 민족 어느 국가도 마찬가지겠지만, '궁중 문화'는 그 시대, 그 지역 문화 가운데서 가장 세련되고 정제된 고급문화의 결정체다. 그렇게 본다면 우리 전통음악과 전통무용 가운데 가장 우아하고 예술적으로 정제된 작품들이 이 시기에 동궐을 무대로 화려하게 꽃피었음을 알 수 있다.

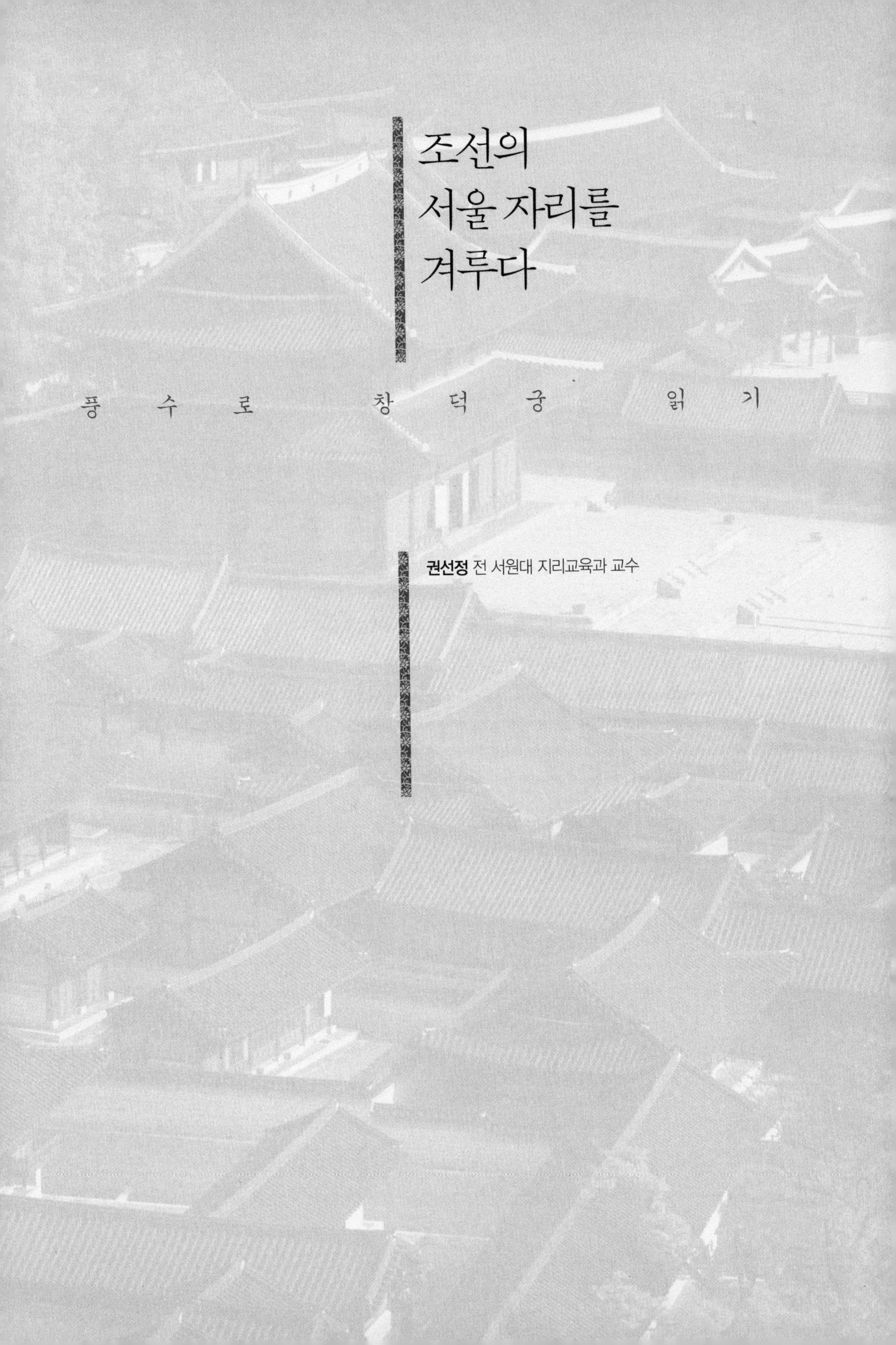

# 조선의
# 서울 자리를
# 겨루다

풍 수 로 창 덕 궁 읽 기

**권선정** 전 서원대 지리교육과 교수

# 풍수의 창을
# 통해
# 창덕궁 읽기

이 글은 창덕궁을 풍수라는 창窓 또는 문화적 여과장치를 통해 읽어보려는 시도다. 이를 위해 우선 풍수가 어떤 것인지 살펴봐야 한다. 겉으로는 똑같이 보인다 해도 창덕궁을 바라보는 풍수라는 창의 색깔이 어떠한가에 따라 그것의 모습은 다르게 읽힐 수 있기 때문이다.

풍수는 오랫동안 한국의 전통 지리학이자 공간인식 체계, 환경관으로 자리잡아왔다. 풍수에서는 인간의 삶 또는 죽음과 관련된 특징적인 장소(묘지, 택지, 마을, 도시, 국도, 사찰 터 등), 이른바 명당明堂을 그 중심에 놓는다. 명당에 묏자리를 정하거나 명당 터에 가택, 마을, 국도(궁궐)를 잡으면 그와 관련된 인간의 삶이 긍정적인 효과를 얻는다고 보기 때문이다. 오늘날 풍수 화두를 꺼내며 '명당 찾기'에 열을 올리고 인간 삶의 온갖 양상을 땅과 관련짓는 것도 이러한 맥락에서 비롯한다.

물론 지구상에서 지형이나 기후, 토양 등 지표상의 조건들은 차이가 날 수밖에 없다. 그런 까닭에 농경과 같은 생산활동이나 일상생활, 군사적 방어, 교통, 교육 등과 관련해 어떤 곳은 다른 곳들에 비해 훨씬 더 선호되기 마련이다. 당연히 인간은 자신들의 삶을 지속 가능하게 하고 (이는 사회적·역사적 환경에 따라 달라지지만) 긍정적으로 만들기 위해 적당한 장소를 찾는 일에 관심을 가질 수밖에 없다. 문화적 관습처럼 공유되어온 일상적인 공간 인식에서부

창덕궁
깊이 읽기

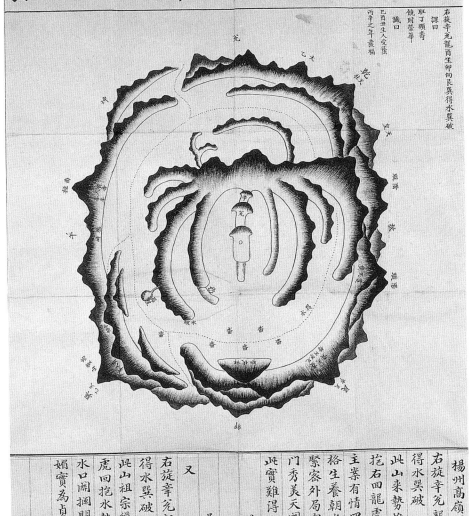

論山及畵山向卯坐酉里百塲荒洞嶺高州楊

右旋辛兊龍百坐卯向艮巽得水巽破
課曰
驄丁顎靑
饒畤榮華
識曰
巳酉丑生大壯葰
丙辛之年養福

楊州高嶺洞荒塲里山論

右旋辛兊龍百坐卯向艮巽
得水巽破
此山来勢雄奇作穴精妙左
抱右回龍虎相捍前迎後擁
主崋有情四方砂法各浔貴
格生養朝水俱合方位內堂
緊案外局寬平龜鼉崋表捍
門秀美天開恢洞地軸深鎖
此實難浔吉地

黃教授金遠鳴

教授鄭悼

前教授楊再興

又

右旋辛兊龍百坐卯向艮巽
得水巽破
此山祖宗聳拔結穴豐孕龍
虎回抱水勢彎環照對秀麗
水口開捆明堂平正砂格姸
媚實為貞吉之地

副司勇吳震說

「숙빈최씨묘소도형여산론」, 필사, 보물 제1535호, 1718, 한국학중앙연구원 장서각.
1718년 숙종의 후궁이자 영조의 생모인 숙빈 최씨의 장지를 정할 때 제작한 산도山圖. 왕실에서는
왕과 왕비의 상을 당하면 풍수에 능한 지관을 보내 장지를 물색했는데,
이곳 소령원은 한눈에 명당임을 알 수 있도록 그렸다.

터 고도의 지식체계를 갖춘 지리학 단계에 이르기까지 오랫동안 삶의 각 층위에서 풍수 또는 지리학을 관련지어온 이유이기도 하다.

그런데 이 지점에서 하나 짚고 넘어가야 할 것이 있다. 지표상 여러 조건의 차이로 각 장소가 다를 수밖에 없다는 것은 그 누구도 인정하지만, 그렇다고 특정 장소가 누구에게나 좋은 영향을 미칠까 하는 문제다. 말하자면 풍수 명당이라는 것이 본질적으로 다른 장소와 구분되는 절대적 조건을 갖추고 있는가, 또는 풍수상 지기地氣가 밀집되어 있는 '절대 명당'이 있을 수 있는가 하는 것이다. 그동안 풍수에 대한 관심은 그러한 절대 명당을 대전제로 깔고 있는 듯하다. 그렇다보니 전설처럼 전해오는 '제후지지帝侯之地'의 땅이니 '삼대발복三代發福'의 명당이니 하는 표현이 있었으리라. 그러므로 앞서 말했던 명당 찾기는 결국 '절대 명당' 찾기가 된다. 당연히 풍수의 관심은 그런 절대 명당, 누가 그 장소와 관련되더라도 긍정적 효과를 미칠 절대적 실체로서의 명당을 찾게 되는 것이다. 풍수의 관심이 철저히 '땅'으로 집중되는 이유다.

이렇듯 본질론적 차원으로 풍수를 전제하면 창덕궁에 대한 풍수적 해석은 당연히 그 터가 명당인지 아닌지, 과연 명당이라면 어느 수준인지, 그 자리를 잡음으로써 어떤 풍수적 효과가 있었고 앞으로 어떻게 나타날 것인지에 관심을 기울일 터다. 말하자면 땅을 원인으로, 그리고 그와 관련된 인사人事를 결과로 관계짓는 인과론적 방식으로 접근하게 된다.

그렇지만 과연 불변의 실체로서 절대 명당이 존재할 수 있을까? 우리는 주변에서 같은 조건을 지닌 입지라 해도 그것을 누

창덕궁
깊이 읽기

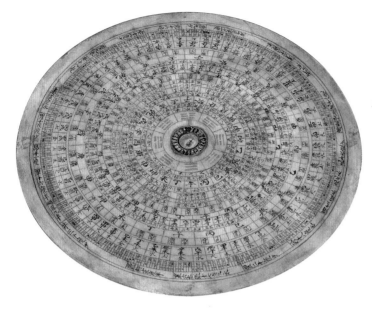

「지남철指南鐵」,
나무, 지름 22.1cm,
두께 2.6cm, 조선 후기,
서울역사박물관.
묏자리나 집터를 잡는
풍수에 많이 사용되었다.
특히 이것은
중국에서 이미 한대漢代에
실용화되어 점을 치는 데
쓰였다.

가 어떤 목적으로 쓰는가에 따라 완전히 다른 결과를 낳는 것을 곧
잘 목격한다. 보통 사람들에게 위락 또는 두려움의 장소이기도 한
심산유곡이 신을 접하고 도를 구하려는 이들에게는 최고의 수행처
가 되는 것처럼 말이다. 현대 문명의 더러운 산물로 치부되어 버려
지는 쓰레기 매립장이 절대 빈곤층에게는 생존의 터전이 되는 예도
허다하다.

　　그런 까닭에 이 글은 다음과 같은 의문들을 이야기의 출발
점으로 삼으려 한다. 과연 절대 명당이 가능한가? 오히려 명당은
만들어지고 구성되는 것이 아닌가? 오히려 땅보다 그 땅과 관련된
인간 또는 사회적 관계가 중요한 것이 아닌가? 이것은 풍수가 절대

명당을 찾는 지술地術이나 과거의 특정 문화에서 공유되었던 비과
학적(기껏해야 의사과학) 수준의 지리학이 아닌, 명당이라는 장소를
구성하는 하나의 문화적 코드로 이해될 수 있음을 말하는 것이다.
이른바 명당을 '찾는' 것이 아닌 '만드는(구성하는)' 풍수, 풍수 담론
의 문제에 관심 가질 필요가 있는 것이다.

## 고지도는 풍수를 어떻게 담고 있나

먼저 풍수를 묏자리, 능, 마을, 도시(읍치), 국도 등 다양한 공간 문
제와 관련해 오랫동안 공유되어온 전통적 공간인식 체계, 즉 문화
적 코드로 접근할 필요가 있다. 보통 문화적 코드라 하면 특정 시
대, 지역, 사회에서 의식적·무의식적으로 공유되는 약속 체계를
말한다. 이러한 코드를 통해 인간은 자신들이 경험하는 현상의 외
형적 특성(형태)뿐만 아니라 의미까지도 함께 나눌 수 있다. 만일
문화적 코드를 서로 나누지 못한다면 겉으로 봤을 때 같은 현상이
라 해도 그 의미는 얼마든지 달리 읽힐 수 있다.

문화적 코드에 대한 인식은 의사소통 체계에서의 언어나 몸
짓, 길거리의 신호등을 떠올리면 쉽게 이해된다. 말이나 글로 표현
되는 언어의 형태 요소에 관련된 의미를 읽어내려면 말을 하는 사
람과 듣는 이 사이에 공유되는 규약 체계가 필요한 까닭이다.

풍수가 문화적 코드로 어떻게 공유되었는지는 고지도와 같

의사소통 체계에서의 문화적 코드와 경험 대상

은 전통적인 지리적 재현물을 통해 파악할 수 있다. 고지도는 지표상의 자연·인문 현상을 이차원 평면 위에 표현한 그림으로, 지도가 만들어지고 통용될 시대의 공간 인식이 어떠했는지를 잘 보여준다. 뒤에 나오는 그림은 흔히 명당이라 불리는 풍수상 중심 국면의 개념도와 니산현(『해동지도』, 18세기 중반), 면천군(『지승』, 18세기 후반)·석성현(『1872년 지방도』) 등 전국의 여러 군·현 단위를 담고 있는 고지도들이다. 일견 형태상으로도 실제 군·현 지역의 읍치를 둘러싸고 있는 풍수 사신사四神砂(청룡·백호·주작·현무)[1]가 거의 풍수의 공간 구성 개념도와 일치될 정도로 잘 표현되어 있음을 알 수 있다. 즉 지도의 위쪽 주산(현무)과 그 맞은편에 자리잡은 주작으로서의 안산案山과 조산朝山, 그리고 양옆의 내외 청룡과 백호 등이 그것이다. 물론 여기서 제시한 군·현 지역의 실제 산수 조건은 이들 고지도에서 담아낸 것처럼 전형적인 명당의 조건을 갖추고 있지 않다. 현재의 지도 읽기 잣대로 평가하자면 현실을 상당 부분 왜곡한 부정확한 지도다. 그럼에도 지도상에서 이렇게 재현되고 있다는 것은 풍수가 고지도 구성의 주요한 문화적 코드로 작용했음을 여실히 보여준다.

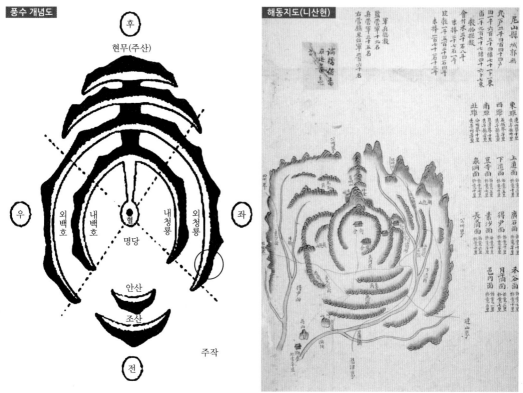

**풍수 개념도**

후
현무(주산)

우 · 좌

외백호 내백호 혈 내청룡 외청룡
명당
안산
조산
주작
전

**해동지도(니산현)**

풍수 개념도와 풍수적 재현으로서의 고지도, 규장각한국학연구원.

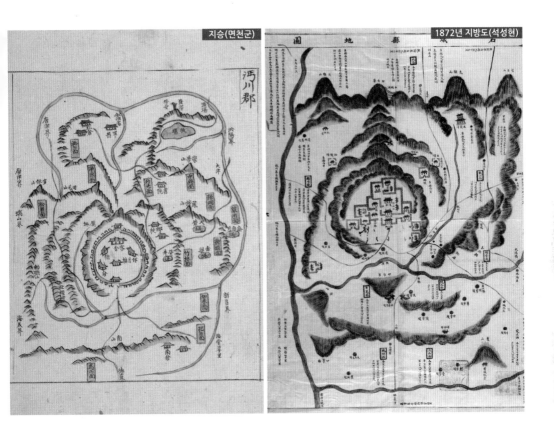

# 천 년을
## 전통지리로
### 유지해온

## 풍수

그렇다면 오늘날 풍수에 대한 이해는 어떠한가? 사실상 묏자리나 집 자리를 어디에 잡느냐에 따라 인간의 운명이 달라질 거라는 식의 발복풍수 위주이거나, 혹은 선언적·피상적 수준에서 풍수가 지도나 지리지, 지명과 같은 지리적 구성물에 영향을 미쳤을 것이라는 전제하에 풍수라는 옷을 입히는 것이 대부분이다. 더욱이 이성중심주의, 인간중심주의, 이원론 등으로 대변되는 서구 근대의 인식론적 토대로 무장한 우리에게는 풍수가 미신적이고 비과학적이면서 신비한 영역으로 여겨지기까지 한다.

이러한 상황과 관련해 풍수가 근대 이전에 어떤 위상을 점했는지를 문헌 기록의 풍수 용례를 중심으로 살펴보려 한다. 먼저 고려 전기부터 시작된 과거의 내용을 보면 의복·율학·서학·산학·삼례·삼전·하론 등과 더불어 잡과에 속했던 지리과地理科라는 분야가 확인된다.[12] 그리고 지리과의 시험 과목[13]과 시험 방법, 평가 기준 등을 살펴보면[14] 당시의 지리과는 다름 아닌 오늘날 우리가 풍수라 부르는 것임을 알 수 있다. 조선시대에도 지리과 과거시험과 관련해 '풍수=지리'라는 논지를 뒷받침하는 의미 있는 근거들이 계속해서 확인된다. 가령 국가의 기본 법령을 정리해놓은 『경국대전』(1485)과 『속대전』(1746)에 지리과 과시 과목으로 제시된 『청오경靑烏經』, 『금낭경錦囊經』, 『호순신胡舜申』, 『명산론明山論』, 『동림조담洞林照膽』, 『지리문정地理門庭』, 『감룡撼龍』, 『착맥부捉脈賦』, 『의룡擬龍』 등은 오늘날 소위 풍수 경전이라 불리는 중국의 이론 풍수서들이다.[15] 현재 이들 서책 가운데『청오경』,『금낭경』,『호순신』,『명산론』,『감룡』,『의룡』등은 국내에 번역되어 있다.[16] 따라서 과거를 통해 국가 관료로 등용되었던 지리전문가는 요즘식으로 말하자면 풍수전문가였던 것이다.

이외에도 국도陽基나 궁궐陽宅, 왕릉陰宅 등 수많은 국가적 차원의 풍수 관련 내용을 기록하고 있는『조선왕조실록』을 통해서도 구체적으로 풍수와 지리의 관계를 엿볼 수 있다. 가령 "지리地理로 고찰한다면 국도 장의동 문과 관광방 동쪽 고갯길은 바로 경복궁의 좌우 팔입니다. 빌건대 길을 열지 말아서 지맥地脈을 온전하

『경국대전』, 조선시대, 서울역사박물관.
조선의 기본 법령을 담은『경국대전』에는 지리과 과시 과목으로 이른바 풍수서들이 제시되어 있었다.

게 하소서"(『태종실록』, 13년 6월 병인조)라든가, "지리에 대한 서적이란 세상에 전하는 것이 희귀하고, (⋯) 이러한 까닭에 풍수학이 그 관직은 있으나 아무런 실상이 없으니 실로 가탄할 일입니다"(『세종실록』, 13년 1월 정축조), "지리의 공부는 서운관에서 맡아 하는 것인데, 이제 집현전 유신들에게 명하여 풍수학을 강명하게 하시어서"(『세종실록』 15년 7월 정축조)라 하고, "풍수학은 지리학으로 이름을 고쳐서 교수, 훈도 각각 하나씩을 두었다"(『세조실록』 12년 1월 무오조)라고 하는 내용 등이 그것이다. 상황이 이렇다보니 오늘날 『조선왕조실록』에서 풍수 관련 기사를 확인하려면 풍수나 풍수지리가 아닌 '지리'라는 용어를 찾아봐야 한다.

이렇듯 지리학은 곧 풍수였고 풍수학은 곧 지리, 지리학이었다. 한때 지리학은 천문학과 구분되는 음양학陰陽學으로도 불렸는데,[17] 풍수학으로 그 명칭이 다시 바뀐다.[18] 그러다가 앞서 보았듯이 풍수학은 세조 때 다시 지리학으로 그 명칭을 고쳤다.[19] 이러한 상황은 조선 말기까지 이어지다가 서양 문물이 들어오면서 서양의 근·현대 지리학이 자리를 잡아 전통 지리학인 풍수는 그 이름조차 지리학Geography에 내주고 만다. 소위 서양 근·현대 지리학이 정상正常의 위상을 차지하면서 전통 지리 곧 풍수는 타자화되는 것이다. 그렇다보니 현재 지리학이라 할 때 그것은 전통 지리학이 아닌 서양의 근·현대 지리학을 가리키게 된 것이다.[110]

이처럼 문헌상 확인되는 것만 봐도 풍수는 거의 천 년 넘게 한국의 전통 지리로 유지되어왔다. 특히 조선 후기에 이르면 그동안 중앙의 정치권력이나 지식엘리트 위주로 공유되어오던 것이 일

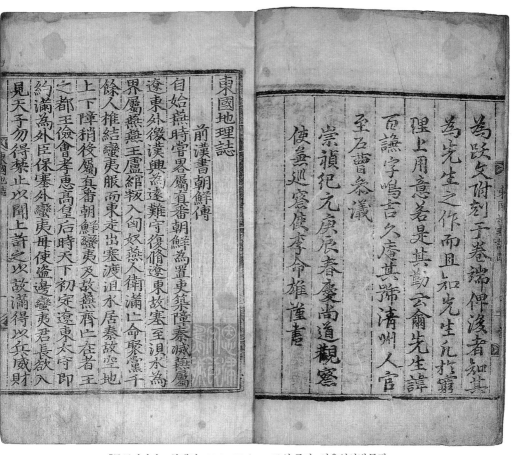

『동국지리지』, 한백겸, 30.3×30.4cm, 조선 중기, 서울역사박물관.
조선의 지리에 관한 내용을 여러 전적에서 뽑아 엮은 역사지리서로,
이 분야를 개척했고 훗날의 지리 연구에 영향을 끼쳤다.
조선시대에 지리학은 곧 풍수학이기도 했다.

상적, 전국적 수준으로까지 널리 퍼진다.[11] 현재 일상적 수준의 풍수에서부터 고도의 지식 체계에 이르기까지 다양한 수준의 풍수를 확인할 수 있는 이유이기도 하다. 따라서 근대 이전의 다양한 공간 구성물이나 고지도, 지명, 지리지 등과 같은 지리적 재현물을 접근하는 데 있어서 풍수는 의미 있는 문화적 코드로 읽어야 한다.

## 개경보다 못한 한양이 조선 최고의 명당이 되다

창덕궁은 조선의 새 수도로 정해진 한양의 동쪽 부분에 자리잡고 있다. 흔히 창경궁과 더불어 동궐東闕이라 부르는 까닭이다. 그 역사의 시작은 1405년(태종 5) 개성으로 이어移御했던 신왕조가 한양으로 환도하면서 이궁(별궁)으로 지어진 것에서 비롯되었다. 때문에 창덕궁의 풍수를 이해하려면 먼저 조선의 국도인 한양의 풍수를 살펴봐야 할 것이다. 큰 규모의 공간에서부터 작은 장소에 이르기까지 규모의 유연성을 그 특징으로 하는 것이 지리학이요 풍수인 까닭에 한양과 관련된 풍수에 먼저 관심을 갖는 것이다. 특히 조선 초 신왕조의 수도를 정하는 과정을 보면 왜 풍수를 지술로서가 아닌 담론 차원에서 접근할 필요성이 있는지가 드러난다.

한 나라의 국도는 풍수상 '최고의 명당'이라는 의미를 지니고 있다. 따라서 조선의 서울로 정해진 한양은 '조선 최고의 명당'이라고 할 수 있다. 역사상 한양은 조선의 국도로 정해지기 전 이미 고려 문종대부터 삼경三京 가운데 하나인 남경南京으로 경영되었고,[12] 이후 숙종, 공민왕, 우왕대에는 천도의 대상이 되기도 했다. 그랬던 것이 조선의 국도로 정해졌고 오늘날까지 600년 이상의 역사를 잇고 있는 것이다. 그렇다보니 한양을 조선 최초의 수도로 알고 있는 이들도 있다. 그러나 한양은 조선 최초의 국도가 아니었으며, 이는 그만큼 조선 초 국도를 정하는 과정에 여러 우여곡절이 있었음을 짐작케 한다.

잠시 조선 초 천도 과정을 살펴보자. 조선이란 나라를 연 태조 이성계는 즉위(1392년 7월 17일) 직후 한 달이 채 되지 않은 시점에서 전 왕조의 남경이었던 한양으로의 천도를 명한다. 그러나 한양 천도는 이뤄지지 못하고 반년 가까이 천도는 다시 거론되지 않는다. 『태조실록』의 즉위년 말까지의 기록을 살펴보면 어디에서도 천도에 관한 논의를 찾아볼 수 없다. 그만큼 현실 정치판에서는 전 왕조의 국도인 개경(개성)을 중심으로 한 기득권 세력의 천도 반대 분위기가 강했다고 할 수 있다. 물론 명분은 풍수가 주종을 이룬다. 국도를 포함한 공간 문제를 결정할 때 당시 누구나 공유하고 있던 준거(문화적 코드)는 풍수였기 때문이다.

그러다가 이듬해 천도 논의에 다시 불을 붙이는 일이 생기는데, 다름 아닌 '계룡산 도읍지도'가 태실 후보지 지도와 함께 상서되는 '사건'이었다. 사건이라고 강조하는 것은 이것이 우연히 발생한 일이라기보다 천도와 관련해 신왕조에 의해 계획되고 준비된 전환점이었다고 보기 때문이다. 말하자면 천도 반대 세력이 유지하려 했던 개경과 거의 같은 풍수적 조건을 갖춘 국도 후보지를 준비함

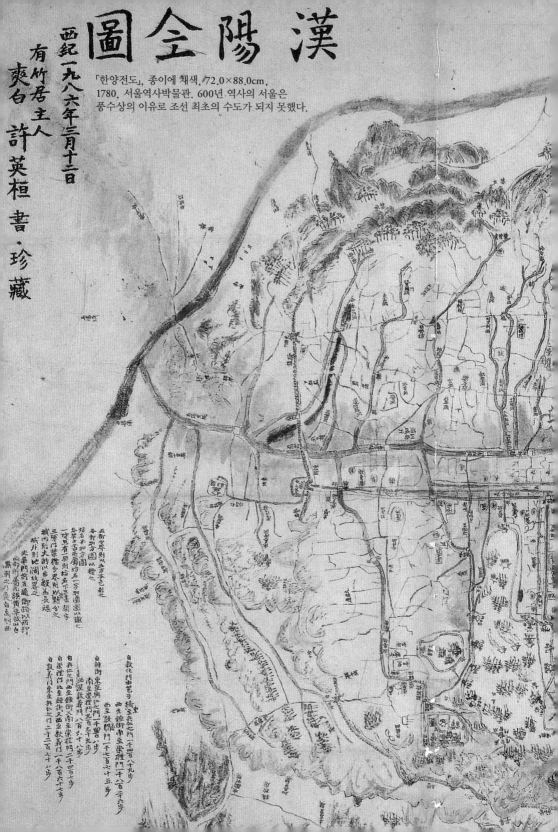

漢陽全圖

「한양전도」, 종이에 채색, 72.0×88.0cm,
1780, 서울역사박물관. 600년 역사의 서울은
풍수상의 이유로 조선 최초의 수도가 되지 못했다.

으로써 '개경으로부터의 천도' 의지를 기정사실화했던 것이다.

보통 풍수에서는 국면을 형성하는 주요 조건이 산일 때 장풍국藏風局이라 하고 물일 때는 득수국得水局으로 구분한다. 역사상 국도로 경영되었던 곳 가운데 한양과 오늘날 북한의 수도인 평양은 대표적인 득수국이고, 개경과 조선 최초의 국도로 정해지는 계룡산 신도(신도안, 현 계룡시 관내)는 장풍국이다. 따라서 한양 천도가 불발된 뒤 조선의 국도로 정해졌던 신도가 개경과 같은 장풍국 지세였다는 것은 흥미로운 부분이다.

그렇지만 1393년 2월 조선 최초의 수도로 정해진 신도는 열 달 남짓 만에 당시 경기좌우도관찰사였던 하륜의 상소를 계기로 폐기되고 만다. 몇 해 전 참여정부 때 충청권 행정수도 이전 계획이 열 달 만에 위헌 판결을 받아 중지되었던 것과 흡사한 상황이 벌어진 것이다. 그 뒤 몇 군데 후보지가 물망에 오르다가 결국 1394년(태조 3) 8월 태조가 애초에 의도했던 한양으로의 천도가 결정되고 10월 25일 천도가 이뤄진다. 이러한 한양 전도奠都 과정에서 풍수는 국도 또는 국도 후보지들을 평가하고 결정하는 데 주요한 코드로 작용한다. 그리고 그때의 풍수는 본질론적 차원의 절대적 명당을 전제하는 풍수라기보다는 장소 의미를 구성하는 담론으로 작용하고 있음에 주목할 필요가 있다. 열 달 만에 조선 최초의 수도로 정해졌던 신도가 이미 개경보다 못한 조건을 지니고 있다고 판명된 한양에 '조선 최고의 명당'이라는 자리를 내주지 않았던가!

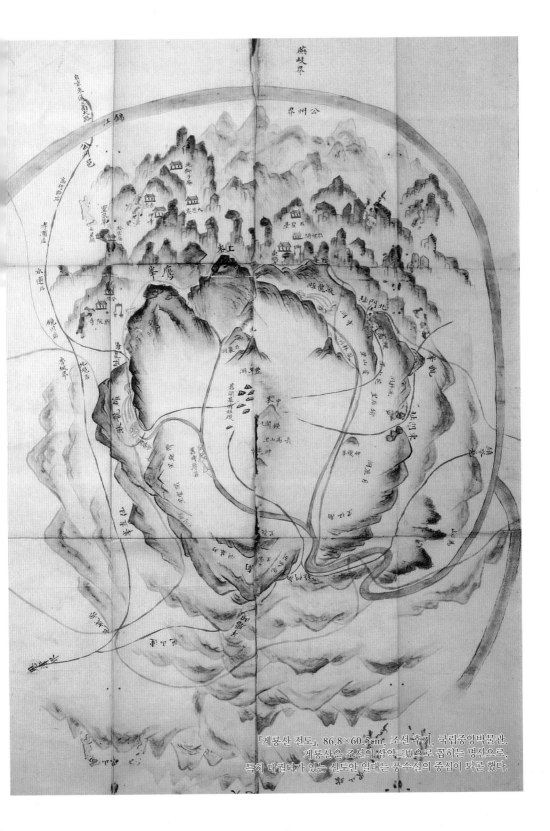

「계룡산 전도」, 86.8×60.5cm, 조선 후기, 국립중앙박물관.
계룡산을 조선의 삼악三嶽으로 꼽히는 명산으로,
특히 대궐터가 있는 신도안 일대는 풍수설의 중심이 되곤 했다.

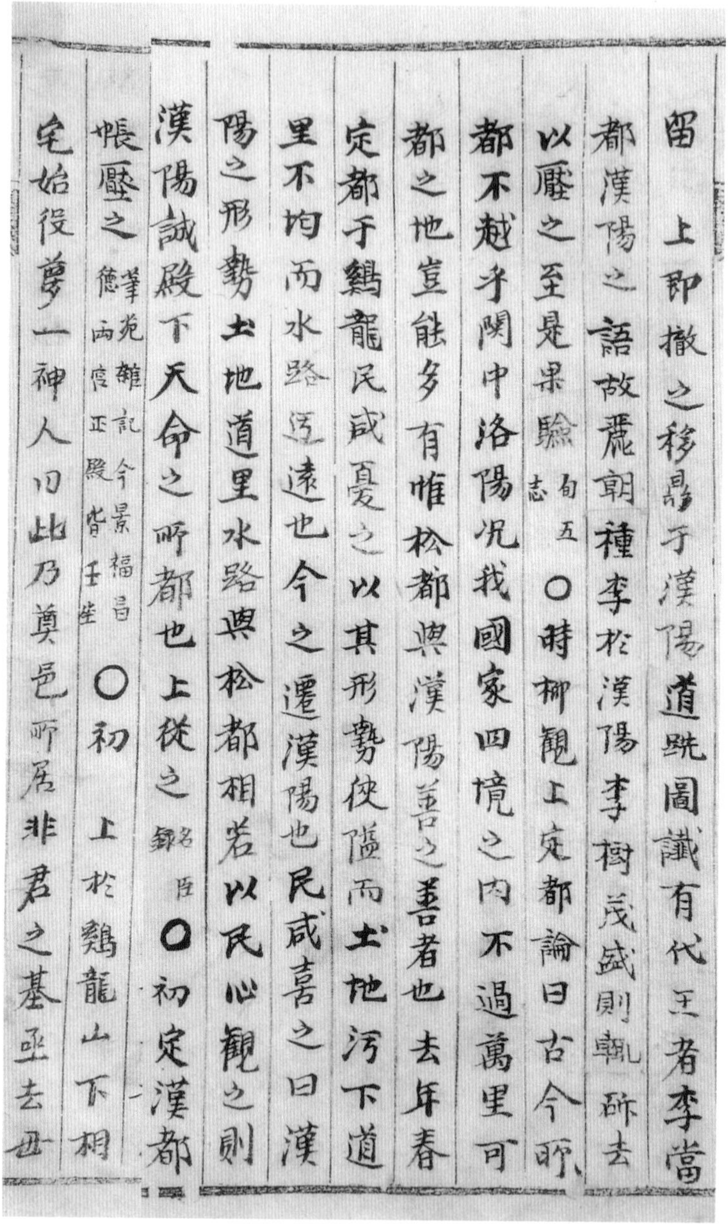

留上即撤之移晶于漢陽道詵圖讖有代王者李嵩

都漢陽之 語故罷朝種李松漢陽李樹茂盛則輒斫去

以歷之至是果驗志旬五 ○時柳觀上定都論曰古今昕

都不越乎關中洛陽況我國家四境之内不過萬里可

都之地宜能多有惟松都與漢陽善之)善者也 去年春

定都于鷄龍民咸夏之以其形勢俠隘而土地污下道

里不均而水路迂遠也 今之遷漢陽也民咸喜之曰漢

陽之形勢土地道里水路與松都相若以民心觀之則

漢陽誠殿下天命之所都也上從之錄臣 ○初定漢都

帳歷之肇光雜記今景福昌 德兩度正殿皆壬生 ○初上於鷄龍山下相

宅始役夢一神人曰此乃奠邑所居非君之基亞去毋

『연려실기술』, 이긍익, 35.0×22.0cm, 조선 후기, 국립중앙도서관.
이 책에는 이성계가 계룡산으로의 천도를 결정하고 공사를 시작했는데, 꿈에 한 신인神人이
나타나 "이곳은 바로 전읍奠邑이 의거할 땅이지 그대의 터가 아니니 머무르지 말고 빨리 가라"
하여 태조가 철거하고 한양으로 천도했다는 이야기가 나온다.

이제 한양으로 시선을 좁혀 창덕궁의 풍수를 살펴보자. 우선 창덕
궁이 왜 1405년(태종 5) 경복궁의 이궁으로 지어졌고 태종이 계속
그곳에 머물렀을까 하는 궁금증이 생긴다. 알다시피 임진왜란 전
까지 조선은 한양의 중심에 자리한 경복궁을 법궁으로 하고 창덕궁
과 창경궁(1484)을 이궁으로 하는 양궐 체제를 유지해왔다. 때문에
개경으로부터의 한양 환도 때 태조대에 세웠던 조선 제일의 궁 경
복궁으로 어가가 자리잡게 되는 것이 당연한 일이었을 텐데 태종은
창덕궁을 새로 지어 이어한다. 그곳 자리가 풍수상 경복궁보다 명
당자리여서 그랬던 것일까?

　　　한양의 내룡來龍 맥세를 보면 국도 한양의 중심이 되는 주
산主山은 경복궁이 기대는 북악산(백악산)이고 창덕궁이 기대는 산
세는 사신사四神砂 가운데 청룡 맥세를 이루는 응봉 자락이다. 최
고 지존의 위치에 있는 왕이 풍수상 최고의 명당 자리에 머무르지
않는다는 것은 풍수 이외에 다른 요인이 있음을 짐작케 한다. 널리
알려졌듯이 경복궁은 태종이 왕자 시절 세자로 책봉되었던 신덕왕
후 강씨 소생 방석芳碩과 방번芳蕃 그리고 그 일파를 제거한 골육지
쟁의 참극을 겪었던 곳이다(1398년 제1차 왕자의 난). 대개 이런 경우
풍수를 공유하고 있던 당시 상황으로는 경복궁 터와 관련된 풍수
옷을 입힌 이야기들이 떠돌기 마련이다. 마치 경복궁의 터가 좋지
못해 그런 비극적인 사건이 벌어졌다고 말이다.

「도성」, 채색필사본, 『여지도』에 수록, 18세기 중반, 규장각한국학연구원.

또한 창덕궁과 관련해 주목되는 것이 세종대 국도 주산 문제다. 지리학인(풍수학인) 최양선이 북악산 주산을 부정하며, 문헌 기록상 지금의 운니동·계동·가회동 사이에 걸쳐 자리잡고 있었을 것으로 추정되는 당시 승문원 자리로 이어지는 산세를 한양의 새로운 주산으로 제기했던 것이다. 특히 『세종실록』에 따르면 이곳 승문원 터로 창덕궁을 옮기면 만세의 이점이 있을 것이라고까지 이야기했다.

임금이 사정전에 나아가 지신사 안숭선을 인견하고 말하기를, "최양선이 아뢰기를 '경복궁의 북쪽 산이 주산이 아니라, 목멱산木覓山에 올라서 바라보면 향교동의 연한 줄기, 지금 승문원承文院 자리가 실로 주산이 되는데, 도읍을 정할 때에 어찌하여 그곳에다 궁궐을 짓지 아니하고 북악산 아래에다 했을까요. 지리서에 이르기를 개인의 집이 주산의 혈穴 자리에 있으면 자손이 쇠잔해진다고 하였사오니, 만약 창덕궁을 승문원 자리로 옮기면 만대의 이익이 될 것입니다' 하는데, 양선은 미치고 망령된 사람이라 실로 믿을 것이 못 되나, 그러나 무식한 나무꾼의 말도 성인이 가려듣는다 하는데, 나무꾼보다는 양선이 나을 것이기에 곧 전 판청주목사였던 이진을 시켜 양선과 함께 목멱산에 올라가서 바라보게 하였더니, 진도 역시 양선의 말이 옳다고 한다."(『세종실록』 15년 7월 갑인조)

물론 세종대의 주산 논쟁은 찬반양론이 팽팽히 맞서다 결국 경복궁 주산인 북악산으로 다시 확인되는 것으로 끝났다. 그렇지만 실록의 내용에서 보듯 풍수를 통한 주산 논쟁에서 세종은 새로운 주산설을 제기한 최양선의 입장을 어느 정도 보호하는 듯한 모습을 보여 주목된다. 이는 세종에게 있어서 선친이 머무르는 창덕궁을 한양의 중심으로 만들 수도 있는 국도 주산 논쟁이 결코 불편하지만은 않았을 것이라 짐작되기 때문이다. 물론 찬반논쟁의 요지에는 모두 풍수가 깊이 관여하고 있다. 만일 세종대 주산 논쟁에서 창덕궁 옆의 승문원 기지설이 채택되었다면 창덕궁은 역사적으로나 풍수적으로 조선의 법궁으로 유지되었을 것이다. 그리고 창덕궁을 중심으로 놓으면 한양의 공간 구성은 달라질 수밖에 없고, 그 결과 현 서울의 모습도 오늘날과는 완전히 달라지지 않았을까 한다.

그런데 조선의 법궁으로 창덕궁이 유지되는 운명은 피할 수 없었던 듯하다. 임진왜란으로 한양이 폐허가 된 뒤 궁궐 복원사업에서 창덕궁이 영건 대상이 되어 조선의 법궁으로 고종대까지 유지되는 것이다. 이때에도 경복궁 영건은 불길하니 창덕궁을 그 대상으로 해야 한다는 풍수적 해석이 기저에 깔려 있었다.[13] 당시 궁궐 복원의 주체였던 광해군은 단종이 세조에 의해 쫓겨나고 연산군이 폐위되었던 현장인 창덕궁으로의 이어를 꺼렸다. 그럼에도 결국 창덕궁으로 이어하는 것은 관심이 가는 부분이다. 특히 광해군은 지금의 파주 지역인 교하交河 천도를 계획하기까지 해 신하들과 무수한 격론을 벌였던 인물이기도 하다.

창덕궁
깊이 읽기

이렇듯 창덕궁은 역사상 주요 왕들과 피할 수 없는 운명의
끈을 가질 수밖에 없는 궁궐이었다. 그만큼 정치적인 권력관계가
중심이 되는 국도 한양에서 창덕궁의 풍수는 다양한 옷을 갈아입
으며 구성되어온 것이리라.

# 대한제국 최후의 정전正殿, 인정전

## 한 인 무 용 韓 人 無 用 의   개 조

**양정석** 수원대 사학과 교수

19세기 말 서구화를 바탕으로 삼아 근대사회로 넘어가던 조선에서는 숱한 변화가 일어났다. 이러한 변화는 도성 한양에까지 예외 없이 파고들었고, 그 중추부인 궁궐도 이를 비껴가지 못했다. 전근대 시대 궁궐은 단지 왕의 거주지였던 것만이 아니라 국가의 모든 권력이 집중되는 곳이자 그 권력의 실현을 상징적으로 보여주는 공간이었다. 그리고 그 궁궐에서 가장 중심에 서 있는 것이 정전正殿이었다.[1]

경복궁의 근정전, 창덕궁의 인정전 등으로 대표되는 조선 궁궐의 정전은 국가 권위를 상징적으로 드러냈고, 국정을 논하는 정치의 중심 공간이 되었다. 왕은 신하들로부터 조하朝賀를 받으며 외국 사신을 접견했다. 이 공간은 왕권의 지엄함과 신성함을 드러낼 각종 의례가 행해지는 격식을 최대치로 갖춘 공간이었고 그 중심에는 정전이 있으며, 이러한 의례를 많은 사람이 모여서 거행할 수 있는 넓은 마당인 조정朝廷, 안팎을 구분짓는 회랑回廊, 그리고 그 공간으로 들어갈 수 있는 정문正門으로 이뤄져 있었다.

이러한 공간 역시 근대에 접어들면서 변화를 맞는데, 이를 가장 잘 보여주는 곳이 창덕궁의 인정전仁政殿이다. 1세 황제 고종이 대한제국을 선포한 경운궁 태극전太極殿과 새로 지은 중화전中和殿을 뒤로한 채 2세 황제로 즉위한 순종은 1907년 10월 7일 조서를 내려 창덕궁으로 옮길 것을 명한다. 이로부터 한 달이 조금 지난 11월

13일 하오 1시 30분 황제와 황후, 황태자는 대한문大漢門을 출어出
御하여 포덕문전로布德門前路, 황토현黃土峴, 종로鍾路, 철교鐵橋, 파조
고罷朝橋, 돈화문敦化門을 거쳐 2시에 창덕궁에 입어入御하였다.[12] 이
로써 창덕궁의 인정전은 다시 정전으로서의 역할을 시작했다.

인정전은 태종 5년(1405) 창덕궁을 지으면서 정면 3칸의 규
모로 조영된 뒤 1418년(세종 즉위년)에 정면 5칸으로 확장되어 오늘
날과 같은 규모를 갖춘다. 임진왜란 때 왜군의 방화로 궁궐이 전소
될 때 인정전 역시 소실되었는데, 광해군이 즉위하면서 모습을 되
찾았다. 우리가 보고 있는 정전 앞 광장의 품계석은 정조대(1777)에
설치되었다.

인조반정으로 내전 대부분이 타버리는 와중에도 모습을 지
켰던 인정전은 1803년 선정전 서쪽 행각의 화재로 다시 불탔다. 인
정전은 공사의 시행과 중단이 되풀이되면서 다음 해인 순조 4년
(1804)에 복구되었다. 그 뒤 50여 년이 지난 철종 8년(1857) 인정전
에 손상이 많아 정상적인 사용이 더 이상 어려워지자 이를 해체하
고 석재의 대부분도 교체하는 대규모의 중건이 이뤄졌다. 이후 고
종이 한동안 머물다가 경복궁과 경운궁으로 정전을 옮기면서 쓰이
지 않았던 창덕궁은 관리마저 잘 이뤄지지 않은 듯하다.

궁이 비어 있을 당시 사진을 보면, 창덕궁 정전인 인정전에
잡초가 무성한 채 내버려져 있다시피 한 것을 알 수 있다. 이러한
상황에도 버려진 궁궐의 정전은 당시 관광을 온 외국인들에게 한
국의 유명한 관람코스의 하나가 되었다.

이보다 앞서 조선의 건축물을 조사했던 세키노 다다시關野

(景368) Shotokukyu Jinseiden 景風群朝 景政仁宮德昌城京

일제강점기에 제작된 엽서. 이 사진의 원본은 '로세타 마루 만한순유기념사진첩ろせった丸滿韓巡遊紀念寫眞帖' (1906)으로 인정전은 당시 일본인을 비롯한 외국인들의 관광코스가 되었다.

貞도 인정전을 비롯한 그 주변을 사진으로 찍어 남겼는데, 그의 사 진은 이후『조선고적도보』(제10권, 1930)에 정리되어 실린다. 이때 는 이미 창덕궁이 지녔던 조선 궁궐로서의 권위는 사라지고 있었 다. 일본 도쿄제국대학 공과대학 조교수였던 세키노(당시 35세)는 대한제국 초청이란 명목을 띠었지만, 사실상 일본 정부의 명령으로 1902년 7월부터 몇 달에 걸쳐 한국의 건축물을 조사했다. 일본으 로 돌아가 정부에 보고한『한국건축조사보고韓國建築調査報告』(1904) 에 "한국인은 취미가 부족하여 미술애호심이 없으므로, 귀중한 문

『조선고적도보』에 실린 인정전 전경.

화재가 소멸되는 것을 막기 위하여 적극적으로 건축 조사에 나선
다"고 했던 것을 보면, 당시 그는 한국이 자립적으로 근대에 접근
할 수 없다는 제국주의적 인식을 가지고 있었던 것으로 보인다.

　　세키노는 당시 사용되지 않고 비워져 있던 경복궁을 조사하
면서도 "황괴荒壞하고, 기둥이 기울고, 잡초가 기단을 덮고, 창서蒼
鼠가 고와古瓦에 숨어 있어도 수축修築할 여유가 없을 것 같다"고 했
는데, 이러한 인식은 그가 1902년에 찍은 창덕궁 인정전의 전경 사
진을 통해서도 드러난다.

그런 창덕궁으로 1907년 새롭게 2세 황제가 된 순종이 돌아간 것이다. 한동안 방치되었던 창덕궁을 그대로 쓸 수는 없었기에 1907년 10월 7일 순종은 조서를 통해 창덕궁 수리하는 일을 궁내부가 담당하도록 했다. 창덕궁으로의 이어를 준비한 기간이 한 달밖에 걸리지 않은 것으로 보아 기존 건물에 큰 변화를 가하지 않고 청소 등 간단한 정비만 해서 그대로 썼을 가능성이 높다.

정교鄭喬가 1864년(고종 1)부터 1910년 일제강점에 이르기까지의 역사를 기록한 『대한계년사大韓季年史』에는[13] 순종이 황위에 오른 뒤 창덕궁으로 옮겨가는 내용을 다음과 같이 쓰고 있다.

"1907년 11월 황제가 창덕궁으로 거처를 옮기다.
─일본인들은 황제가 태황제와 한 궁궐에서 같이
거처하면 혹시 정치에 간섭을 받을까 두려워하여 11월
13일 황제를 핍박하여 창덕궁으로 옮기도록 했다."

이렇게 갑자기 창덕궁으로 옮겨가는 과정에 대해 당시 사람들은 그 배후에 일본이 있었다고 생각했던 것이다.

그런데 순종이 이어한 뒤 얼마 지나지 않아 다시 창덕궁, 그중에서도 인정전에 대한 개보수가 이뤄졌다. 당시 궁내부 직원이었던 곤도 시로스케는 1908년 봄 인정전 개조를 위해 황제의 명으로 궁내대신 민병석 자작과 차관이 참여하는 궁전 조영을 위한 기공식이 거행되었다는 기록을 남겼다.[14] 그리고 이 공사는 1909년 봄 마침내 끝마쳤다. 이는 1907년 황제의 이어 직전에 시행되었던 한 달

창덕궁
깊이 읽기

정도의 수리와는 대조되는 대공사라고 할 수 있겠다. 이와 관련하여 당시의 상황을 알려주는 신문 기사가 있다.

"近日昌德宮內仁政殿越廊(근일창덕궁내인정전월랑)을
一新建築(일신건축)하기 爲(위)하야 日前(일전)붓터
始役(시역)하엿다는디 韓人(한인)은 都無所用(도무소용)이오
專(전)히 日本人(일본인)으로 擔役(담역)케혼다더라."
(『황성신문』(2834호) 1908년 7월 21일)

이 기사는 당시 창덕궁 내의 인정전 월랑을 상당한 기간에 걸쳐 새롭게 건축했음을 보여준다. 그런데 여기서 주목할 만한 것은 수리의 주체가 일본인이라는 점이다. 게다가 한국인의 참여는 전혀 없었고 오로지 일본인만 건축 과정 전반을 담당했던 것이다.

만약 창덕궁 중수가 전통적인 방식으로 이루어졌다면 임시로 영선도감營繕都監을 설치해 영건과 개수改修를 관장했겠지만 그러한 내용은 전하는 것이 없다. 1908년 황제가 궁내부에 명한 인정전의 개보수는 기존과는 다른 방식으로의 변화를 의미하는 것으로 생각된다. 당시의 상황을 전하는 『매천야록』 1908년(융희 2) 6월 조에는 다음과 같은 내용이 전한다.

"창덕궁과 인정전을 반 양식洋式으로 새로 꾸몄다.
이때 창덕궁이나 경복궁이 모두 크고 아름다운 옛 모습
그대로인 것을 왜인들이 줄이거나 헐어서 고쳐 꾸미니

비용이 끝도 없이 많이 들 뿐만 아니라 무익한 노릇이라,
나라 재정을 좀먹는 한 가지 방법일 뿐이다.
이번 공사비만도 12만8000원이 들었다."

　　황현이 『매천야록』을 통해 말하는 창덕궁과 인정전을 반 양
식으로 새로 꾸몄다는 것은 앞의 『황성신문』에서 거론된 일본인이
중심이 되어 시행한 '일신건축—新建築'을 말하는 듯하다. 당시 일본인
들이 만들어낸 건축물은 나무를 많이 사용한 일본화된 서양식 건축
물들이었다고 한다. 그런데 다시 짓는 것이 아니라면 인정전의 기본
적인 구조를 바꿀 수 없었을 것이므로 일본인 주도로 개조된 인정전
이 어떤 방식으로 변화할 것인지 쉽게 유추할 수 있다. 이때 고쳐 지
은 인정전은 기존의 전통 건축에 당시 그들이 서양식이라고 생각하
는 건축 요소를 혼합하여 만들어졌다. 이에 대하여 곤도 시로스케
는 "이것이 바로 오늘날 동양 건축물의 정수로서 세계적으로 알려져
있는 웅장하고 아름다운 인정전"이라고 하였다.[15] 그에게 있어서 인
정전과 그 일곽에 대한 개조사업은 이전의 쇠락한 조선 궁궐을 일본
제국의 근대적 역량을 통해 일신했다는 의미가 더 컸던 것이다.

## 도면을 통해 본 인정전의 변화

이제 일본인들에 의해 개조되었다는 인정전이 과연 어떻게 바뀌었

느지를 알아봐야 하는데, 그러려면 우선 바뀌기 전의 인정전을 먼저 살펴볼 필요가 있다. 현재 우리가 보고 있는 인정전의 원래 모습을 알 수 있는 것으로 가장 오래된 자료를 찾는다면 1805(순조 5)에 만들어진 『인정전영건도감의궤仁政殿營建都監儀軌』가 있다. 인정전은 1803년 12월 13일 밤 화재로 연소되었는데, 이를 1803년 12월부터 1804년 12월까지 1년여에 걸쳐 중건했다. 이 책은 그 과정을 기록한 것으로, 여기에는 인정전의 도형, 즉 간략한 정면 도면이 실

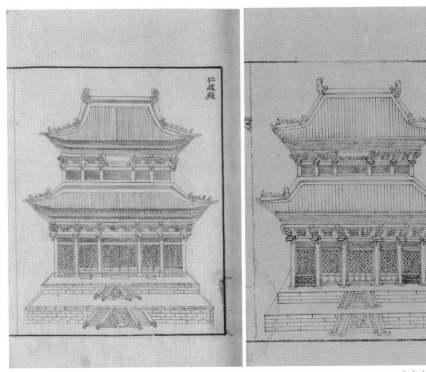

『인정전영건도감의궤』에 그려진 인정전의 모습(왼쪽), 종이, 45.0×33.6cm, 1805, 규장각한국학연구원.
『인정전중수도감의궤』에 그려진 인정전의 모습(오른쪽), 종이, 45.0×32.6cm, 1857, 규장각한국학연구원.

려 있다. 이후 인정전이 중건된 뒤 50년이 지나 퇴락한 인정전을 다시 해체, 보수했다. 공사는 1854년 5월 25일 영의정 김좌근이 인정전이 퇴락하여 내년 봄에 중수하자고 발의하면서 시작되었는데, 인정전의 중요성 때문에 일정을 앞당겨 1854년 9월 23일 착수했다가 1855년 1월 25일에 공사를 일시 중단했고, 다시 1857년 1월 26일 공사를 재개해 그해 윤5월 6일 지난한 과정을 거쳐 공사를 끝마쳤다. 이 내용을 기록한 것이 『인정전중수도감의궤仁政殿重修都監儀軌』다. 여기에도 도설에 인정전 정면, 당가, 오봉병, 당가천장, 곡병 등 도형 7면이 그려져 있다.

이 중수 의궤는 그 기술의 형식과 그려진 도설 등 몇몇 점에서 차이가 있긴 하지만 대부분 『인정전영건도감의궤』와 흡사하다. 따라서 당시 중수는 1804년 영건된 건물을 기본 틀을 유지하면서 보수하는 선에서 이뤄진 듯하다. 그런데 의궤에 그려진 도형은 모두 간략한 스케치 수준으로, 그 기본적인 형태를 알 수 있다 해도 자세한 건물의 내용과 배치 관계는 알기 어렵다. 이를 보완해주는 것이 「동궐도」다. 「동궐도」는 그 제작자, 작성 시기, 의도 등과 관련해 정확히 밝혀진 것이 없어 연구자들 사이에 다양한 설이 나오고 있는데, 도면에 실린 건축물의 존재 여부 등을 고려해 1828년에서 1830년 사이에 작성된 것으로 추정한다.[7] 이 「동궐도」에는 창덕궁과 창경궁 전역이 전통회화 기법을 이용해 그려졌기 때문에 일부 부정확한 면도 있지만 그 양상의 대략을 이해하는 데는 매우 유용한 자료다. 특히 인정전의 경우 기존의 의궤와 달리 주변 일곽을 모두 조망할 수 있게 그려졌다. 다만 「동궐도」는 일종의 이념화된 회

창덕궁
깊이 읽기

「동궐도」에 그려진 인정전의 모습.

화, 즉 개념도인 까닭에 정확한 방향이나 규모를 이해하는 데는 한
계가 분명하다.

　이를 보완하는 것으로 자주 활용되는 것이 이보다 후대인
20세기 들어 작성된 것으로 보이는 「동궐도형」이다. 「동궐도형」은
건물의 기본적인 평면 구조를 알려준다는 점에서 중요한 의미를 지
니는데, 「동궐도」와 마찬가지로 제작자를 알 수 없는 세로 539.2센
티미터, 가로 338.4센티미터에 이르는 대형 도면이다. 「동궐도」가
회화적 기법으로 창덕궁을 그린 데 비해, 「동궐도형」은 가로 세로

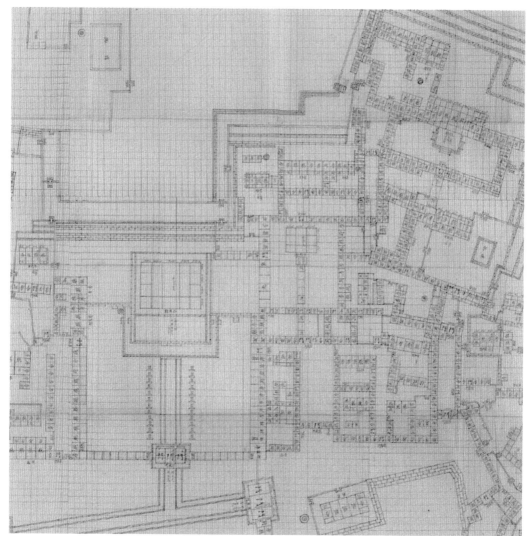

「동궐도형」중 인정전 일곽을 포함한 창덕궁 중심 구역, 종이, 펼침면 593.2×338.4cm,
각 면 34.5×46.6cm, 1907년경, 규장각한국학연구원.

로 붉은 칸을 그린 방안지에 각 전각의 규모를 실측해 배치하고 이 것을 한 장으로 붙인 기본적인 실측 평면도다. 이를 너비 1.2센티미 터 정도의 격자 위에 각 건물의 모양 및 크기를 비교적 정확하게 나 타내는 근대적 지도 제작 기법으로 보는 이들도 있지만, 이미 18세 기 말 제작된 「본영도형」이나 19세기 말에 작성된 「북궐도형」 등에 서 유사한 기법이 확인돼 그보다는 전통적인 요소가 강한 것으로 여겨진다.

기존 연구에 따르면 이 자료를 「동궐도」와 비교해볼 때 몇몇 건축물이 사라지고 일부는 새로 조영되었음을 알 수 있다. 이 도면 의 작성 시기는 연구자에 따라 1907년으로, 때로는 1908년으로 이 해하고 있다. 1907년이라 할 경우 인정전으로의 이거가 10월에 정 해졌으므로 그 이전에 만들어진 것이라면 이거와 관련 없이 작성된 것이고, 혹 그 뒤라면 이거와 관련해 작성되었을 가능성이 높다. 또 1908년이라면 인정전으로 옮긴 뒤 일본인들에 의한 개조가 이뤄지 기 이전일 가능성이 높다. 어떤 경우든 기본적으로는 개조가 이뤄 지기 전의 상황을 그대로 보여주는 것으로 여겨진다.

그런데 「동궐도형」에 그려진 인정전 구역과 거의 같은 모습 을 다른 제도 방식으로 그린 또 하나의 도면이 전해지고 있다. 이 도면은 근래 장서각에서 소장하고 있는 근대 건축도면을 정리한 자 료집을 통해 공개되었다.[18] 바로 「인정전급부속건물평면도」이다.

양지에 그려진 이 도면에는 인정전 및 그 좌우에 있는 동행 각과 서행각, 그리고 인정문이 제도되어 있다. 여기에는 「동궐도 형」과 마찬가지로 인정문과 인정전을 이어주는 삼도와 계단, 그리

「인정전급부속건물평면도仁政殿及附屬建物平面圖」,
양지, 69.0×101.4cm, 1907~1908년 5월 사이 추정, 한국학중앙연구원 장서각.

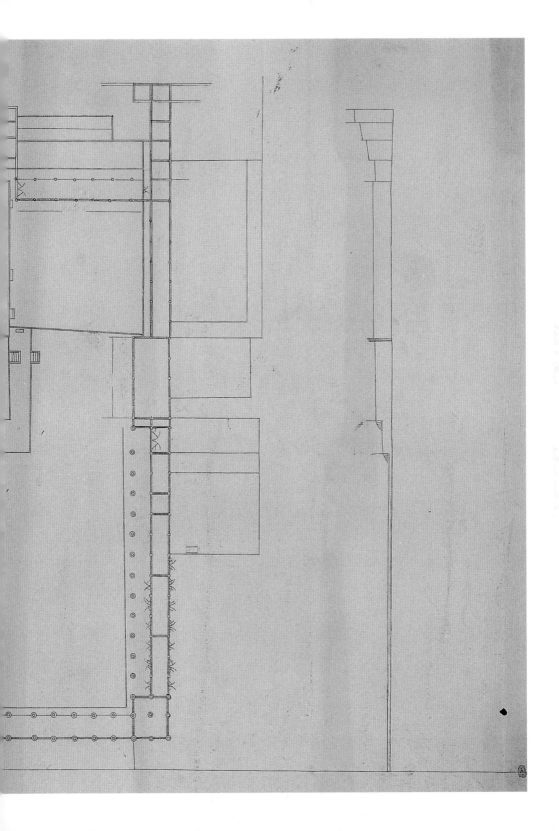

고 그 좌우 열두 줄의 품계석이 세밀하게 제도되어 있다. 이렇게 그려진 내용은 「동궐도형」과 대체로 일치하는 것으로 봐도 무리가 없다.[19] 그러나 도면을 작성하는 데 사용한 제도 방식에서는 차이점도 분명하다. 즉 「동궐도형」에는 없지만 건축물의 구조와 관련하여 중요한 요소인 기둥과 벽체, 창호가 표시되어 있다. 특히 분합문의 개폐 방식은 매우 세밀하게 묘사되어 있어 평면이라는 한계에도 불구하고 입면을 이해할 수 있게 했다. 더불어 도면 오른쪽에 인정전 대지의 단면도도 그려져 있다. 이처럼 평면도와 단면도를 같이 표현하고 기둥, 벽체, 창호 등을 명확하게 하는 제작 방식은 「동궐도형」의 제작 전통과는 분명히 구별되는 근대적 의미의 도면 제작 기법이다. 다만 정확한 실측치를 알 수 있는 스케일이나 방향 등을 표기하지 않은 점은 이 도면이 지닌 의미를 이해하는 데 한계로 작용한다.

이처럼 성격이 다른 두 장의 도면은 그 제작 주체도, 건물을 바라보는 인식 면에서도 큰 차이가 있는 것으로 보인다. 「동궐도형」이 우리의 전래 방식으로 인정전을 인식한 것임에 비해 장서각의 인정전 평면도는 인정전을 기존의 방식과는 다르게 이해한 것이다. 거의 같은 시기에 동일한 건축물을 대상으로 만들어진 두 장의 도면은 인정전 변화의 획기劃期를 오버랩하며 보여준다. 어쨌든 이들 도면은 인정전의 실제 모습을 파악할 수 있게 하는 가장 오래된 자료로 여겨지는 1902년 세키노 일행이 촬영한 당시 인정전의 모습과 기본적으로 같아, 1907년 순종의 이어를 전후로 큰 변화 없이 다시 사용하기 시작한 인정전을 바탕으로 제작되었다고 할 수 있다.

한국학중앙연구원 장서각 소장 『근대건축도면집』에는 앞서 살펴본
도면이나 사진과는 전혀 다른 인정전 도면이 또 하나 실려 있다.

　　도면분류번호 007인 「제1호 알현소급 부속건물평면도第一號
謁見所及附屬建物平面圖」라는 도면에 나오는 장소는 분명히 인정전 일
곽인데 이를 인정전이라 하지 않고 알현소라 하고 있다. 더불어 앞
서 보았던 도면과는 달리 인정전 주변에 커다란 변화가 있음을 보
여준다. 원래 인정전 좌우에는 남북으로 기다란 회랑이 조영되었는

「제1호 알현소급 부속건물평면도」, 양지, 64.4×82.2cm, 1908년 무렵 추정, 한국학중앙연구원 장서각.

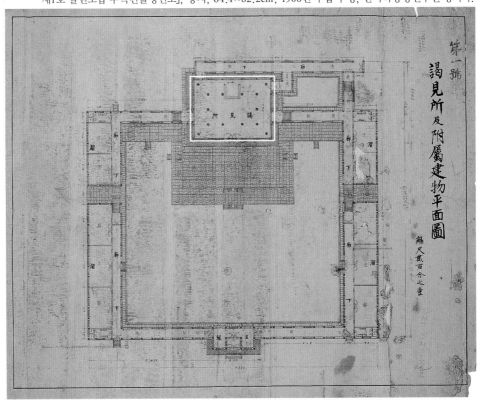

데, 동쪽은 동월랑(좌월랑), 서쪽은 서월랑(우월랑)이라 불렀다. 동월랑에는 악기고, 육선루, 광범문, 서방색, 제의문, 관광청이, 서월랑에는 내삼청, 숭범문, 향실, 예문관 등 여러 기구가 있어 왕의 근시 업무를 담당했다.[10]

도면을 보면 이 월랑이 완전히 바뀌었다. 기존의 월랑 대신 좌우에 새롭게 동행각과 서행각이 크게 중축되어 전혀 다른 모습이 된 것이다. 『황성신문』에 "인정전 월랑을 일신건축"하였다는 것은 이를 말하는 것으로 보인다. 더불어 임금의 즉위식이 열리던 인정문도 그 구조가 바뀐 채 현관이라는 용어로 표기되었다. 인정전도 원래 독립된 건축물이었는데, 둘레 네 곳에 복도가 새로 지어졌다.

이 도면집에는 인정전의 변화와 관련된 도면이 이외에도 11종이 더 있다.[11] 이 가운데 앞서 본 제1호 도면 이외에 「제3호 알현소부속가개축규거도」(갑)(1908년 5월 30일 제도), 「제4호 알현소부속가개축규거도」(을)(1908년 5월 23일 제도), 「제6호 알현소상기목장평면도」(1908년 7월 제도), 「제8호 알현소부속가취합도계단급교등상세도」(1908년 6월 17일 제도) 등은 모두 1908년 5월에서 7월 사이에 제도된 것이다.[12] 우선 「제3호 알현소부속가개측규지도」(갑)는 인정전 좌우에 있던 원래의 행각을 부수고 규모를 대폭 늘려 새롭게 지은 좌우 행각의 도면이다. 그런데 주춧돌 밑에 콘크리트 구조를 두고 창호 개폐 방식, 지붕을 조성하는 방식도 전통적인 것과는 전혀 다른 방식을 쓰고 있다. 이러한 변형 과정은 「제4호 알현소부속가개축규거도」(을)에서도 확인할 수 있다. 도면은 실제 시공과는 차이가 있으나 변형 방식은 앞의 도면과 유사하다. 「제8호 알현소부속가취합도계단급교등상세도」는 새롭게 조성한 행랑을 연결하는 구조를 보여준다. 이와는 달리 「제6호 알현소상기목장평도면」은 인정전 내부 바닥을 기존의 전돌을 철거하고 새롭게 쪽매이음 마루로 개조한 것과 관련되는데, 현재 남아 있는 마루와는 약간 차이가 있다. 따라서 이들 도면은 기본 설계로 실제 시공 과정에서 조금씩 변화가 생긴 것으로 여겨진다. 이외에도 1908년 6월에 제도된 인정문과 오른쪽 복도 그리고 동행각 남면의 모습을 그린 도면 역시 제2호로 부기되어 있는데 이들은 모두 인정전과 그 일곽을 그린 것이다. 이렇게 한 번에 많은 도면이 만들어진 1908년 5월에서 7월에 이르는 기간은 일본인들에 의해 인정전이 개조되고 있다고 기록한 시기와 정확하게 일치한다.

이러한 장서각에서 소장하는 도면의 작성자의 대해서는 확인된 자료를 볼 때 궁내부와 이왕직 소속의 일본인 기술자였다는 견해가 있다.[13] 이 가운데 궁내부는 1910년의 한일 강제병합 이전, 이왕직은 그 이후 황실 관련 건축을 전담했고 따라서 건축도면도 그들이 만들고 보관했을 것으로 여기고 있다. 여기서는 인정전 도면 제작자가 영문 이니셜로 된 경우가 있어 분명하지는 않지만 제4호에는 '홍紅'이라는 사인이 있어 이보다 늦게 만들어진 다른 도면의 제작자와 동일인일 가능성도 있다. 다만 사인 방식과 시기에 차이가 있고 나머지는 여타의 내용을 확보할 수 없었기 때문에 다른 도면을 통해 추측할 수밖에 없다는 한계가 있다.

이와는 달리 창덕궁 인정전의 개조에 탁지부 건축소가 참여했다고 보는 설도 특별한 근거를 제시하지는 않았지만 널리 회자되

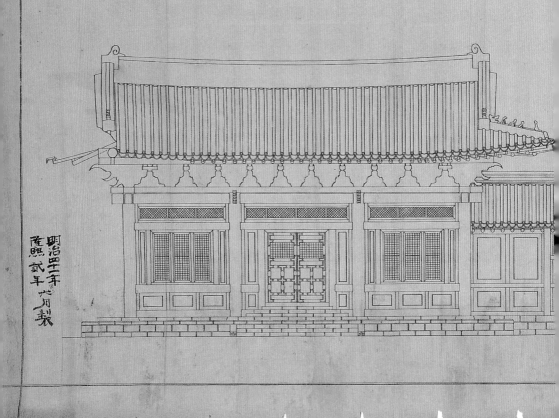

「제2호 현관급유지간병이랑하정면도玄關及溜之間幷二廊下正面圖」,
천, 45.3×93.7cm, 1908, 한국학중앙연구원 장서각.

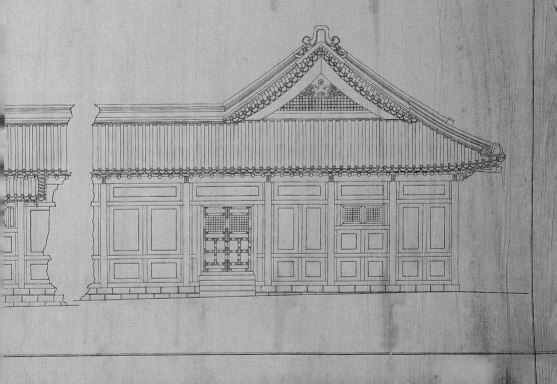

개조된 인정전 일곽 전경, 『일본지조선日本之朝鮮』에 수록, 1911.

고 있다. 이는 당시 상황을 다음과 같이 이해하고 있기 때문인 듯 싶다. 제2차 한일협약, 즉 을사조약에 의해 1906년 공포된 '건축소 관제建築所官制'를 통해 만들어진 탁지부 건축소(1906년 9월~1910년 8월)는[14] 국가 건축과 관련된 최초의 상설 건축기구로서 이후 대한 제국 정부의 건축 공사 대부분을 담당했다. 기록상으로는 탁지부 건축소에 많은 한국인이 있었다고 하지만 1907년 말부터는 일본 인 탁지부 차관이 건축소 소장을 겸임하면서 모든 실무를 일본 제 국 통감부에서 관장했다. 탁지부 건축소는 비교적 짧은 시간 안에 식민 지배의 기반을 구축하는 다양한 건축 프로젝트를 실시했다고 한다. 따라서 1908년에 이뤄진 소위 '일신건축'에 당시 국가 건축을 담당하는 탁지부 건축소가 참여했을 가능성이 높다는 것이다. 그 런데 이러한 인식이 가능하려면 그 전제로 궁내부에서 발주한 개조 공사를 탁지부 건축소가 맡아서 실무를 행했다는 업무 흐름이 있 어야 한다.

어쨌든 당시 그들이 만들어낸 건축물은 대부분 나무를 주 재료로 쓴 일본화된 서양식 건축물들이었다. 인정전 관련 도면을 통해 볼 때 이러한 방식이 적용된 것을 확인할 수 있다는 점은 당 시 일본의 건축 기사들이 궁내부 소속이든, 아니면 탁지부 건축소 소속이든 그들이 공유하는 기본적인 건축 인식을 바탕으로 한 것 이라고 볼 수 있다.

일제에 의해 정리된 『순종실록』에는 1907년 순종이 창덕궁으로 이어한 뒤 인정전 관련 기사가 모두 스물아홉 차례 나온다. 그 첫 기사는 순종의 즉위 다음 해인 1908년(융희 2) 양력 1월 1일 인정전에서 처음 열린 종친과 문무백관이 세수歲首에 진하하고 치사致詞를 올린다는 의례에 대한 것이다. 그런데 이때의 의례는 임금이 참여하지 않는 권정례權停例로 열렸다. 이러한 인정전에서의 권정례는 같은 해 7월 31일(양력)에 열린 진종眞宗, 헌종, 철종哲宗에 대한 제호帝號를 추숭한 뒤에 축하를 올리고 대사령을 반포할 때에도 이어졌다.

　　이렇게 보면 1908년에는 인정전에서의 행사가 두 번밖에 열리지 않은 것이 된다. 그나마 열린 것도 황제의 참여 없이 의례가 행해졌다. 이러한 점은 일상적이라 보기 어려운데, 권정례는 왕의 병이 심하거나 유행병이 돌 때 등 특별한 사유가 있을 때 이뤄지는 것이기 때문이다.

　　물론 고종에서 순종으로 황위가 이양되는 과정이 매끄럽지 못했던 당시 상황으로 볼 때 정전에서의 의례를 피했을 가능성도 생각할 수 있겠지만, 그와 더불어 당시 인정전이 공사를 예정했거나 공사가 진행되고 있었던 것도 하나의 원인이 되지 않았을까 싶다. 즉 순종의 이어가 매우 급하게 이뤄졌고 이후 인정전의 개조 공사가 단순한 보수 차원이 아닌 새로 만들다시피 한 공사였다는 점도 염두에 둘 수 있는 것이다.

인정전에서 이뤄진 본격적인 의례 행위는 그다음 해인 1909년 정월 축하 알현부터 이뤄졌다. 그 과정은 다음과 같다. 우선 친왕親王인 군君과 승후관承候官들을 흥복헌에서 소견하고, 이어 궁내부의 친임관, 칙임관, 주임관 및 동同 대우관待遇官을 희정당에서 소견했다. 이후 내각과 부部의 대신들과 중추원 의장, 내각과 부의 칙임관, 주임관 및 동 대우, 훈 3등 이상 관리들을 인정전에서 소견했다. 마지막으로 일본국 통감 공작公爵 이토 히로부미, 군사령관 육군 대장 하세가와 요시미치長谷川好道, 부통감 자작子爵 소네 아라스케曾禰荒助, 사단장 육군 중장 남작男爵 니시미치 스케요시西道助義와 각국 영사와 그 관원들, 통감부, 군사령부, 사단부의 칙임관, 주임관과 그와 같은 급의 관리들을 인정전에서 접견했다.

『순종실록』의 기록에서는 이날의 의례를 '수조하 반사受朝賀頒赦'하는 전통적인 의미의 하례가 아닌 '세수축하폐견야歲首祝賀陛見也', 즉 새해를 축하하러 알현하는 것으로 표현하고 있다. 이는 고종 대까지 근정전 또는 인정전에서 조하를 받고 대사령을 반포하는 전통적인 방식과는 차이가 있는 것이다.

한편 인정전은 창덕궁의 정전으로서 왕이 외국 사신을 접견하고 신하들로부터 조하를 받는 것 외에도 각종 의례와 연회를 치르던 곳이다. 그중 1874년(고종 11) 창덕궁 관물헌에서 고종과 명성황후의 둘째 아들 순종이 탄생했을 때 경축하는 진하례 장면을 보자.

이 도병 가운데 인정전례 부분을 확대해서 보면 인정전의 분합문이 모두 열린 상태에서 행사가 이뤄지고 있는 것을 알 수 있다.

「왕세자탄강진하도」,
비단에 채색,
132.0×416.8cm,
1874,
국립중앙박물관.

즉 인정전 안팎이 모두 의례 공간으로 활용되고 있다. 다만 이 도병에서 인정전은 정면이 3칸으로 묘사되어 원래 정전의 정면 5칸을 모두 그리지 않았기에 공간의 활용을 명확하게 알기는 어렵다. 그러므로 좀더 명확한 묘사를 하고 있는 자료를 찾아볼 필요가 있다.

「무신진찬도」에는 1848년(헌종 14) 대왕대비 순원왕후의 육순과 왕대비인 신정왕후의 망오를 기념하여 열린 잔치를 그린 것 중 인정전에서 행해진 진하례를 기록한 것이 있다. 여기에는 인정

「무신진찬도」 중 인정전 진하(1~2폭), 비단에 채색, 각 폭 136.1×47.6cm, 1848, 국립중앙박물관.

전의 정면이 5칸으로 명확하게 묘사되어 있으며 다른 부분도 좀더 사실적이다. 여기서도 인정전을 완전히 열어둔 채 진하 의례가 치러지고 있다. 이러한 개방이 가능한 것은 인정전의 정면이 완전 개방이 가능한 분합문으로 이뤄졌기 때문이다. 즉 그림에서는 어칸을 비롯한 전면 3칸은 분합문으로 이루어져 있으며, 퇴칸 부분은 하단이 전돌로 막음되어 있음에도 그 상부에 창호가 분합창으로 되어 있는 까닭에 행사 때 모두 개방해놓고 사용했던 것이다. 이러한 모습은 앞서의 「인정전급부속건물평면도」의 분합문 묘사를 통해 어느 정도 확인할 수 있다. 물론 모든 행사에서 모든 분합문을 개방하지는 않았을 것이다. 그럼에도 불구하고 문무백관이 참여하는 조회에서는 정면의 퇴칸을 제외한 중심의 3문을 열어 당상과 당하의 신료들이 모두 제각기 정해진 자리에서 의례를 행했을 것이다. 즉 조정의 품계석에 따라 문무백관이 도열하여 하례를 하는 모습을 상정할 수 있다.

반면 순종이 1909년에야 비로소 행사에 참여했던 개조된 인정전은 이러한 행사를 더 이상 할 수 없는 구조로 변했다. 이전의 모습과는 달리 창과 문이 명확히 구별되어 전면의 정문, 그리고 좌우 측면의 문, 건물의 뒤편으로 각 2문을 두고, 그 외에는 고정식 창호로 고쳤다. 이를 통해 내부를 외부와 나누어 명확히 구분짓는 폐쇄적인 공간을 만들었다. 그리고 참여 인원과 진행 방식으로 볼 때 행사는 모두 알현소, 즉 인정전 내부에서 이뤄졌음을 알 수 있다. 1909년의 신년축하 의례는 이렇게 개방적 공간 구조에서 폐쇄적 공간 구조로 변경된 인정전에서 이뤄졌다.

기존 연구에서는 순종이 창덕궁에 이어한 1908년에 인정전의 내부 바닥과 창호를 일부 서양식으로 고치는 변화가 있었으나 상부 공포 및 가구, 건물의 기본 골격은 그대로 유지했다고 하며 원형 유지에 방점을 찍는 견해가 많다. 그러나 인정전 역할의 변화라는 면에서 보면 내부 구조와 창호의 변화는 거의 모든 것을 바꾸어 놓았다고 할 수 있다.

이렇게 내부 구조를 대부분 개조한 인정전이 모델로 한 것은 일본 메이지 왕이 거처하는 메이지궁의 정전이었다. 일본 제국에 의해 일본화된 인정전은 기존의 정전이 지녔던 상징체계도 포기할 수밖에 없었다. 가령 1909년 남서순행을 마치고 순종과 일행이 창덕궁 인정전 앞에서 기념 촬영한 모습을 살펴보면, 당시 이미 어칸의 좌우칸이 문으로서 역할하는 것은 사라지고 어칸만이 정문이

일본 「헌법발포식지도」에
보이는 메이지궁 정전 내부.

창덕궁
깊이 읽기

되어 개폐되는 모습으로 개조되었다. 그리고 가운데 순종 옆에 자리잡은 통감 이토 히로부미의 모습은 이러한 변화의 주체가 누구인지 잘 보여준다.[15]

1909년과 같은 방식의 알현과 접견은 1910년 1월 1일에도 똑같이 이뤄졌다. 나아가 1월 4일 새해를 축하하는 연회가 내외 관료를 소견召見하여 인정전에서 열렸다. 이 자리에서 순종은 "짐이 새해를 축하하며 경성에 있는 일본의 문무 관료 및 여러 신하를 한자리에 모이게 하고 이에 연회를 베풀었으니 경들은 함께 즐기는 짐

창덕궁 인정전 앞 기념촬영에서 인정전 정문의 모습, 1909년 2월, 국립고궁박물관.

의 뜻을 본받아 한껏 즐길 것이다"라 하고, 배식陪食을 하사했다. 이러한 행사가 치러진 인정전 내부 공간에서 당시 순종 황제가 좌정할 수 있는 장소도 이전과 같을 수는 없었을 것이다. 앞의 「인정전급부속건물평면도」와 「제1호 알현소급 부속건물평면도」 도면에 흰 테두리로 표시한 부분을 살펴보면 어좌의 표현이 다른데, 이러한 인정전 내부 황제의 옥좌 구조에 변화가 생겼다는 점은 정전에서의 조회와 알현소에서의 알현과 접견과 관련하여 각기 내부에서 이루어지는 과정에도 차이가 있었을 가능성을 보여준다.

원래 인정전의 어좌는 닫집, 즉 정전 천장 중앙에 설치한 보

「조선고적도보」에 실린
개조 전의 인정전 보좌.

창덕궁
깊이 읽기

개 형식의 부당가浮唐家와 그 하부의 어좌단, 즉 좌탑당가座榻唐家로 구성된 전통 정전의 당가 구조로 되어 있다. 이에 비해 개조된 인정전의 어좌는 이 좌탑 부분을 개변하여 3단 구조의 단을 만들고 그 위에 전통의 어좌를 제거하고 서양식 의자를 배치했다. 이러한 구조의 변화는 단순히 당가를 없앴다는 점뿐만 아니라 일본인들이 지향했던 궁전의 구조와 밀접한 관련이 있다. 앞에서 본 일본 메이지궁 정전과 유사하게 3단 구조의 단을 만들고 그 위에 어좌를 배치하고 있는데, 이는 인정전 정전의 옥좌가 무엇을 원용하여 개조되었는지를 알게 해준다.

이러한 알현도 일제에 강제병합된 뒤에는 더 이상 지속되지

3단의 대좌로 구성된 인정전 옥좌.

못했다. 창덕궁 인정전에도 그 격에 변화가 일어났던 것이다. 이제 '황제 폐하'라는 칭호를 쓸 수 없었으며 격을 낮춰 '왕 전하'라고 해야 했다. 이에 따라 주권자의 존엄을 의미하는 인정전의 옥좌 또한 폐기되었던 것이다.[16] 이후 만들어진 한 엽서는 알현을 받던 3단으로 구성된 대좌가 사라지고 어좌만 남은 모습을 보여준다.

　　1911년 1월 1일의 신년 축하 행사는 인정전이 아닌 선정전에서 종척宗戚 귀족貴族 및 원 궁내부 대신 이하가 모인 가운데 열렸다. 다만 신년 연회는 1월 3일 인정전 동행각에서 종척, 귀족 및 원 궁내부 주임관 이상이 모인 가운데 오찬으로 열렸다. 이후 황제에서 이왕 전하로 격하된 순종은 신년 축하행사도 선정전이나 희정당에서 열어야 했으며, 이를 기념한 연회만이 1월 6일을 전후하여 인정전의 동행각에서 열렸을 뿐이다. 이렇게 인정전이 그나마 궁궐의 중추인 정전으로서의 역할을 한 것은 알현으로 변형된 조하 의례도

열 수 없었다. 물론 이러한 행사도 1926년 순종이 붕어한 뒤 모두 사라진다.

이렇게 대한제국의 마지막 시기에 인정전에서 치렀던 스물 아홉 차례의 행사 가운데 신년 알현을 제외하면 대부분은 통감과의 접견, 그리고 그와 관련된 연회였다. 이는 병합이 이뤄진 뒤에도 비슷한데, 총독 또는 총독이 대동한 인사들과의 접견과 연회가 대부분이었다.

물론 어떤 이는 당시 다른 궁궐의 정전에 비하면 창덕궁의 인정전은 그나마 명맥을 유지하고 있는 것이 아닌가라는 견해를 내놓는다. 1909년에 이미 당시 창경궁의 정전인 명정전을 비롯한 경춘전, 통명전, 양화전, 함덕정 등이 박물관의 소장품을 전시하는 진열실과 이를 관리하는 사무실로 쓰였다. 1911년 11월 30일 일본식 화관 건물이 본관으로 완성되고 나서도 여전히 창경궁의 남아 있던 주요 전각 대부분이 박물관 전시품의 전시장소로 활용되었던 것과 달리 창덕궁 인정전은 나름대로 일정한 역할은 하고 있었기 때문이다.

그러나 이도 얼마 지나지 않아 정전으로서 알현의 장소였던 인정전 역시 다른 궁궐의 정전과 마찬가지로 쓰임새가 바뀐다. 한일병합이 이뤄진 이후의 역사를 정리한 『순종실록부록』(3권 5년 5월 2일)에 "인정전, 비원, 창경원을 특별히 종람하는 것을 허가하는 취급 규정을 외방에 고시하였다"[17]는 기록이 있다. 이러한 내용은 3년 뒤인 1915년 최초의 친일 잡지인 『신문계新文界』(제3권 제8호)에 실린 최찬식의 「창덕궁배관기昌德宮拜觀記」에서 확인할 수 있다.

이 글에 따르면 관람객은 궁문을 경위하는 경관이 소개한 안내자와 동행하여 창덕궁을 관람했다고 한다. 그 가운데 인정전의 관람 코스는 인정문에 들어가서 서쪽의 익랑 복도를 따라 식당과 휴게소를 지나 정실正室에 들어가는 것으로 되어 있다. 인정전으로 향하는 관람로가 서쪽 행각 내부에 만들어져 있던 것이다. 그런데 동편 익랑 방향으로는 관람을 하지 않는데, 안내자는 이곳에 옥돌부玉突部, 지금의 당구장이 있다고 했다.[18] 사실 이 동편 행각은 일반에게 공개되지 않은 이왕가만의 공간이었다.

최찬식은 인정전에 들어가 전면을 바라보며 '전정前庭' 즉 인정전 앞마당에 모란牧丹이 가득하다고 적고 있다. 이미 앞마당이 정원으로 바뀌었던 것이다. 결국 의례 공간인 인정전은 한낱 접견과 연회의 알현소로 전락했으며, 창덕궁 인정전의 조정도 전면에 깔린 박석과 품계석은 사라지고 화초가 만발한 정원이 되었다. 조선의 문무백관이 왕에게 하례하던 조례 공간은 더는 존재하지 않았던 것이다.

당시 창덕궁에 근무하던 곤도 시로스케는 이러한 상황을 다음과 같이 표현했다. "그런 의미에서 창덕궁은 투명한 유리그릇 속에 담긴 물체처럼 누구나 분명하게 볼 수 있게 하는 것이 좋겠다는 판단을 내리고, 내외의 손님들에게 충분한 대우를 하며 궁전이든 후원이든 그 희망에 따라 관람할 수 있게 개방하여 왕가의 근황을 직접 설명하기도 하면서 이왕가의 현재를 알리려 힘을 기울였다. 이로써 이왕가에 대해 우리나라가 얼마나 후하게 예우하고 있으며 이왕가가 얼마나 평화롭고 행복한 생활을 하고 있는지 주변에

창덕궁
깊이 읽기

인정전 앞 순종과 데라우치 총독 일행.

널리 알려졌으며, 특히 외국인들의 오해를 푸는 데 커다란 역할을 했다."|19

　　이왕 전하로서의 순종이 데라우치 총독 일행과 찍은 기념 사진에는 대한제국 시기와도 다른 좀더 변화된 인정전이 보인다. 이 사진을 통해 인정전의 이중 기단에는 마치 테라스처럼 테이블과 의자들이 배치되어 있고 이곳에 앉아서 정원을 바라보며 담소를 나눴을 총독 일행을 그려볼 수 있다. 이들에게 있어서 인정전은 실제 쓰임새가 있는 건물이 아닌 보여주기 위한 전시 공간으로서 역할하는 일종의 세트장이었다. 그리고 당시 이왕 전하, 즉 순종 역시 마지막 순간까지 그 안에서 왕의 역할을 연기하는 배우 그이상도, 이하도 아니었던 것이다.

창덕궁
깊이 읽기

# 조선 왕실의 마지막 자존심을 지키다

## 근대 조선 왕실의 장식화와 창덕궁 벽화 읽기

**박수희** 국립고궁박물관 학예연구사

조선 왕조의 궁궐 건축물은 온갖 주제로 그려진 그림들이 그 모습을 더 돋보이게 했다. 병풍이나 벽화, 창호 그림 등의 장식화에는 왕실의 취향과 사상이 가장 직접적으로 스며 있었다. 「일월오봉도日月五峯圖」, 「십장생도十長生圖」, 「곽분양행락도郭汾陽行樂圖」, 「백자도百子圖」처럼 의례용이나 장식용으로 쓰이면서 궁궐의 품위와 격을 드러냈고, 긴 역사의 흐름 속에서 크게 바뀌지 않는 화풍과 화제를 유지해왔다.

그러던 중 근대화와 함께 닥친 식민지 조선의 현실은 왕실 장식화에도 커다란 영향을 미쳤다. 먼저 조선시대에 장식화를 제작했던 화원들이 사라졌으며, 생활공간의 일본화를 노골적으로 밀어붙였던 일본과 친일 세력에 의해 왕실의 실내장식은 빠른 속도로 잠식당했다. 패망한 조선의 왕실은 이왕직李王職의 관리 하에 일본의 식민 지배를 공고히 하는 수단이 되었다. 조선 왕실이 일본 지배 아래에서 전적으로 식민 통치의 선전 매체가 되었다는 데에는 이견이 없으나, 과연 그 사실을 조선 왕실에서 어떻게 받아들였는지에 대해서는 의견을 달리할 수 있다. 실제로 고종은 최근의 여러 연구에서 밝혀졌듯 일본의 식민 통치에 저항했던 인물이었으며, 이러한 그의 태도가 왕실 인물들에게 영향을 끼치지 않을 수 없었을 것이다.[1]

이 글에서는 근대의 전환기인 1900년에서 1920년 사이 조선 왕실을 장식했던 그림을 살펴보고, 1920년 조선 왕조의 마지막 대규모 왕실 화사畫事였던 창덕궁 벽화의 제작과 그 특징을 조망해보려 한다. 근대 초 조선의 몰락과 함께 왕실의 장식화가 어떤 변화의 흐름을 맞았는지를 왕실에 유입된 일본화를 중심으로 살펴보

고, 이를 20세기 초 조선 화가들의 노력으로 제작된 대형 장식벽화
와 대비해 봄으로써 근대 시기 왕실의 그림을 한층 더 세밀하게 그
려보려는 것이다.

## 500년 역사의
## 도화서가
## 사라지다

조선왕조 500년 동안 주로 궁중에서 쓰이는 회화를 제작했던 기관
은 예조 산하의 도화서圖畫署였다. 취재를 통해 도화서에 들어온 화
원들은 주로 의궤나 궁중장식화 등 왕실에서 쓸 그림을 그리는 게
임무였다. 역관·율관·의관 등과 마찬가지로 오늘날의 국가 기술고
시라고 할 잡과 취재를 통해 직역을 얻었던 화원들은 자연스레 이
를 후대에 물려주며 화원 가문을 이뤘다. 즉 가문 안의 전문 직업
세습 교육을 통해 왕실 그림에 걸맞은 화풍을 배우고, 그 제작 기
술을 대를 이어 전수해주며 직업 화가군을 이뤘던 것이다. 따라서
이들은 전통적인 방식의 화원화를 제작해 일반 화단에 비해 보수
적인 화풍을 띠었다. 이는 감상을 목적으로 하는 보통의 그림들과
는 달리 실용적인 목적을 띤 궁중 회화의 특성상 나타날 수밖에 없
는 결과였다.

　　도화서는 대대적인 관제 개혁이 이뤄졌던 1894년 갑오개
혁 때 혁파되었고, 화원들이 맡았던 일은 궁내부 산하 규장각, 장
례원, 예식원 등으로 차례로 옮겨졌다. 근대적 기록화 제작은 사진

「십장생도」, 비단에 채색, 152.0×228.0cm, 19세기, 국립고궁박물관.

「일월오봉도」, 비단에 채색, 147.8×232.6cm, 19세기, 국립고궁박물관.

촬영에 점차 그 자리를 내줬고, 뒤이어 궁중 화원들은 장식화를 그리는 데 그 임무가 집중되었으리라 생각된다. 1910년 한일병합 이후에도 조선 왕실을 관리하기 위해 설치되었던 이왕직에서는 왕실용 회화작품을 그릴 화가들을 필요로 했을 것이다.

이러한 기능을 대체한 것이 새로 등장한 근대적 미술 교육기관들이었다. 그중 최초의 기관은 김규진金圭鎭(1868~1933)과 김유택金裕澤(1911~1975)이 주축이 된 교육서화관으로 1907년 첫발을 내딛었고, 그 뒤를 이어 서화미술회(1911), 서화협회(1918) 등이 생겨났다. 이 가운데 이토 히로부미, 이완용 등 조선총독부 이왕직의 재정 후원을 받아 세워진 서화미술회는 공적인 성격을 띠는 교육기관으로서 왕실에 필요한 화사를 담당할 화가를 교육했던 듯, 실질적으로 도화서 기능을 이어받은 근대적 교육기관이 되었다.

그러나 더 이상 자주적인 국가의 왕실로서 제 역할을 하지 못하며 이왕직의 후원만으로 꾸려졌던 서화미술회가 도화서처럼 수준 높고 실력도 뛰어난 화원을 길러내는 것은 당연히 무리였을 것이다. 이에 따라 왕실의 장식화는 점차 일본인 화가들의 작품으로 채워져갔다.

## 일본 화가, 조선의 왕을 그리고 조선의 궁궐을 장식하다

1900년대 초부터는 내한 일본 화가의 수가 늘기 시작했다. 이들

화가는 크게 교육적 목적을 지니고 온 일반 화가들과 황실의 도화 업무를 위해 들어온 황실 화가들로 나눠볼 수 있다. 일반 화가로는 아마쿠사 신라이天草神來(1872~1917), 시미즈 도운清水東雲(1879?~1929?), 마스다 교쿠조益田玉城(1881~1955) 등을 꼽을 수 있는데, 이들은 당시 우리나라에 막 들어선 보통학교의 미술교사나 개인 강습소의 지도자로 활동했다.[2]

1905년 러일전쟁에서 승리하고 을사조약을 체결해 한반도를 완전히 손에 넣은 일본은 대한제국 황실의 식민화를 위한 본격적인 발걸음을 내딛었다. 이 과정에서 조선 왕실로 들어온 일본 화가들은 주로 황실에서 활동하면서 어진을 그리거나 궁중 회화를

「고종어진」,
비단에 채색, 143.2×98.7cm,
20세기 초, 국립고궁박물관.

제작했다. 이들 화가가 한반도에 들어오게 된 것은 주로 한국의 관료나 혹은 한발 앞서 들어온 일본인 관료들과 관계있으며, 대체로 한일병합 직후인 1910년에서 1915년 사이였다.

조선 왕실에서 활동했던 일본 화가들 중 후쿠이 고비福井耕美, 안도 나가타로安藤仲太郎(1861~1912), 야마모토 바이가이山本梅涯, 스즈키 시미쓰로 등은 어진 제작에 참여했다. 이 가운데 안도 나가타로는 야마모토 바이가이와 함께 창덕궁 후원에서 열린 오찬 연회에서 어진 제작을 의뢰받고 일본으로 돌아가 완성한 뒤 이듬해에 왕실로 가져온 기록이 있다.[13] 전통 조선 사회에서 어진 제작이 갖는 의미를 떠올린다면 일본 화가들이 어진을 제작했다는 사실은 다분히 정치적인 의도에서 이뤄졌다고 볼 수밖에 없다. 현재 일본 화가가 그린 것으로 보이는 고종 어진이 한 점 남아 있는데, 기록에 나오는 화가 중 누구의 작품인지는 정확히 알 수 없다. 이 작품의 뒷면에는 고종이 주문해 영친왕에게 넘어간 것이라고 하는 '남계嵐溪'라는 묵서가 남아 있다.

조선 왕실의 일본 화가들은 조선 내 일본인 관리들과의 친분으로 왕실 안에서 쓰이는 그림을 상당수 제작했다. 1908년 순종이 주합루에 나아가 일본인 화사 사쿠마 데쓰엔左久間鐵園을 접견하고, 그에게 어원御苑의 전경을 그려 바치게 한 후 각 대신에게 시를 지어 찬하게 했다는 기록은 이전에 궁중 화원들이 맡았던 일을 일본인 화사들이 대신했음을 알려주는 대목이다.[14] 사쿠마가 순종 접견 때 그렸던 그림은 지금 전하지 않지만 그가 금강산을 여행하면서 그렸던 사생화 「금강산의 가을산수」는 구舊창덕궁 소장품으로 남아 있다.

　　일본인 화가들이 주로 맡았던 일 가운데 하나는 궁궐장식
화를 제작하는 것이었다. 일본이나 조선 모두 건축물의 기본 구조
는 기둥으로 칸을 나누고 사이사이에 창호를 설치해 공간을 구분
하는 형식이었기에 각각 그 문을 장식하는 창호 그림, 후스마에가
오랫동안 발전해왔으며, 병풍 그림 역시 두 나라 공통으로 이어온
궁궐 장식화 형식이었다. 따라서 조선 왕실을 장악한 시점에서 장
식 그림의 일본화日本化를 통해 내선일체內鮮一體를 상징적으로 보여
주려 했던 일본의 정치적 의도는 효과적으로 작용할 수 있었다.

　　현재 국립고궁박물관에 소장되어 있는 가나이 덴로쿠金井天
祿의 후스마에 4폭은 그 좋은 예다. 「산수도」와 「노안도」가 4폭 앞뒤
로 그려진 이 후스마에를 그린 가나이는 어전에 들어 휘호를 썼던
기록이 남아 있다.[5] 이 후스마에는 사용 흔적이 남아 있어 궁궐 전
각 어딘가를 장식하는 데 쓰였던 것이 분명해 보인다. 이외에도 아
마쿠사 신라이가 1913년경 덕수궁의 한 전각에 화려한 "금니 금채
색의 송학도 벽화"를 그렸다는 기록도 남아 있다.[6] 일본 화가들의
그림으로 조선 궁궐이 일본식으로 꾸며지고 있었다는 사실은 현재
남아 있는 몇몇 사진을 통해서도 알 수 있다. 아마쿠사 신라이의
송학도 벽화는 현존하지 않으나 어전에 그려 바친 것으로 보이는
「수하쌍록도樹下雙鹿圖」 6폭 병풍이 국립고궁박물관에 전한다.

　　이 당시 궁궐 내부의 장식이 어떻게 변했는지를 잘 보여주
는 사진이 한 점 있는데, 인정전으로 보이는 사진 속은 일본의 영
향이 완연한 서양식으로 꾸며져 있으며, 의자 뒤쪽으로는 「부용안

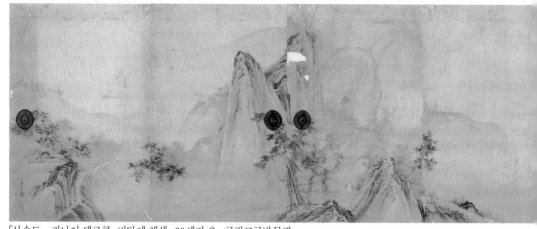
「산수도」, 가나이 덴로쿠, 비단에 채색, 20세기 초, 국립고궁박물관.

도」 금병풍이 둘러져 있다. 이 그림은 1748년 통신사 파견 때 통신사가 일본에서 헌납받아온 것으로, 영조 어필이 남아 있다. 비록 근대의 일본화는 아니지만 일본식 장식화인 금병풍이 궐내 주요 전각에 중요한 장식 요소로 자리잡았다는 점이 주목할 만하다.

특히 이 시기 왕실 가족들의 사진을 촬영하는 배경으로 쓰인 병풍은 대부분 일본화였던 듯하다. 당시 사진이 초상화를 대신했기에 여기서도 정치적 의도가 배어 있음을 부인하기 어렵다. 순정효황후의 사진 배경으로 사용된 병풍은 「한궁도漢宮圖」로 중국풍 청록산수화의 전통을 따라 그린 일본화로 보이며, 고종 황제의 초상 사진 배경으로 사용된 병풍 역시 남화南畫풍의 일본화다. 이외에도 귀인 양씨, 영친왕 등 왕실 가족이 일본화 병풍 앞에서 찍은 사진이 전하고 있다.

창덕궁
깊이읽기

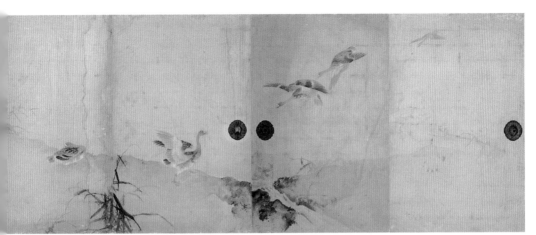

「노안도」, 가나이 덴로쿠, 비단에 채색, 20세기 초, 국립고궁박물관.

뿐만 아니라 앞서 언급한 시미즈 도운이 그린 것으로 보이는 「설중웅도雪中熊圖」, 「설중응도雪中鷹圖」 4폭 병풍도 현재 국립고궁박물관에 전한다. 사생적인 화풍으로 곰과 매를 그려낸 이 병풍은 기존 궁궐 장식그림에 부귀영화나 다산, 왕의 위엄, 학식에의 정진 등을 나타내려는 목적으로 쓰였던 모란·어개魚介·일월오봉도·책가도 등과는 전혀 다른 소재를 택한 전형적인 일본화다. 실제 설치되었던 흔적이 남아 있어 궁궐 장식용으로 쓰였던 것으로 보이며, 이로써 한일강제병합 이후로는 이처럼 이질적인 일본 문화적 요소가 조선 왕실에 받아들여졌음을 짐작케 한다. 시미즈 도운은 교토 출신으로, 원래 히코네彦根에서 수출용 병풍에 밑그림을 그리는 일을 했다. 사생 전통이 강했던 교토파의 주요 인물인 시미즈 도요淸水東陽, 모리 간사이森寬齋(1814~1894) 등에게 수학했고, 그 뒤 조선에

「부용안도」, 비단에 채색, 164.4×56.0cm, 18세기, 국립고궁박물관.

「한궁도」, 비단에 채색, 각 94.6×49.0cm, 국립고궁박물관.

「수하쌍록도」, 아마쿠사 신라이, 비단에 채색, 20세기 초, 국립고궁박물관.

그림과 사진강습소를 열어 학생을 지도하면서 화풍을 전파했으며 조석진이나 안중식, 이도영 등과 같은 우리나라의 중견 화가들과도 교유했던 기록이 있다.[17]

이처럼 조선 왕실의 실내 장식화가 일본화로 꾸며지는 것에 대해 조선 왕실은 어떤 태도를 취했을까? 김은호의 증언에 따르면 1912년 고종 어진을 그리기 위해 궁에 들어갔을 때 이미 일본 화가가 이왕직 차관의 중계로 고종의 어진을 그리게 되어 그 자신은 순종의 어진을 그렸다고 한다. 이에 고종은 자신의 초상을 일본 화가에게 맡기는 것에 불만을 느껴 김은호에게 각별히 호의를 보이며 어진 제작에 적극 도움을 주었다는 것이다.[18] 이를 통해 왕실 구성원들이 일본 화가들의 어전 휘호활동에 대해 내심 부정적인 태도

창덕궁 인정전 사진,
20세기 초,
국립고궁박물관. 「부용안도」
병풍이 배경으로 있다.

순정효황후 사진, 20세기 초, 국립고궁박물관.

고종 황제 사진, 20세기 초, 국립고궁박물관.

「설중응도」, 시미즈 도운, 비단에 채색, 152.0×83.0cm, 20세기 초, 국립고궁박물관.

「설중웅도」, 시미즈 도운, 비단에 채색, 153.0×84.0cm, 20세기 초, 국립고궁박물관.

를 내비쳤음을 알 수 있다. 그러나 궁궐의 장식 그림을 제작할 도화서 화원들이 더 이상 존재하지 않는 터에 일본화로 궁궐이 뒤덮이는 것을 막을 방법도 마땅치는 않았을 것이다. 이러한 왕실의 상황에도 불구하고 1920년 조선 왕조의 마지막 대규모 궁궐장식화 제작작업은 순수 조선 화가들에게 맡겨졌는데, 이는 바로 이러한 조선왕실의 의도가 반영된 것이라고 할 것이다.

## 창덕궁 벽화
## 조선의 마지막
## 궁궐 장식화

창덕궁은 중건된 이후 크고 작은 화재에 시달렸는데 순종이 재위하던 1917년 11월에 대조전大造殿에서 불이 나 내전 일곽이 타버렸다. 화재 뒤 즉시 시작된 내전 재건 공사는 1920년에야 완전히 끝마쳤다.[9] 공사 마무리 단계였던 1920년에 대조전, 희정당, 경훈각 안의 벽화를 제작할 화가들을 뽑는 일이 거론되었다. 이왕직의 일본인 관리들은 일본 대가를 데려와 벽화를 그리게 하려 했고, 조선에 있던 일본인 화가들 가운데 거액의 보수와 명예가 보장된 기회를 차지하려 뒷공작을 한 이들도 있었지만 결국 화가를 택하는 일은 왕실에 맡겨졌다.[10] 앞서 얘기했던 것처럼 왕실의 장식화가 일본화 일색으로 변해가던 시점에서 일본인이 아닌 조선인 화가가 대규모 벽화 제작을 주도하게 된 것은 의외의 일이었다. 벽화를 맡을 화가가 정해졌던 과정은 정확하게 알 수 없지만, 김은호의 회고에 따르면 윤덕영尹德榮(1873~1940)이 그에게 이 일을 제안했다고 한다.[11] 윤덕영은 순종의 계후인 순정효황후의 삼촌으로서 일제강점기 대표적인 조선 왕실의 외척이자 조선총독부에서 장시사장掌侍司長을 맡는 등 요직을 겸하던 인물이었다.[12] 윤덕영은 1917년 순종의 일본행을 강력히 추진했던 인물로, 주로 조선 왕실과 조선총독부 사이에서 조정자 역할을 했다. 1917년에 고종의 강력한 반대에도 불구하고 조선총독부의 뜻에 따라 순종의 일본행을 성사시키는 등 주로 조선총독부 입장에서 조선 왕실을 설득하곤 했던 윤덕영이 이번에는 조선 왕실 입장에서 조선총독부를 설득한 결과 조선인 화가에게 벽화 제작을 맡긴 것으로 짐작된다.

벽화는 다섯 명에게 나누어 맡겨졌다. 순종의 응접실이었던 희정당 벽화는 서화연구회를 이끌던 김규진이 맡았고, 창덕궁의 침전인 대조전과 경훈각은 서화미술회 출신인 오일영(1890~1960), 김은호, 이상범李象範(1897~1972), 노수현盧壽鉉(1899~1978), 이용우李用雨(1902~1952) 등 신진들이 그리게 되었다. 서화미술회 출신 청년 작가들은 공동 제작실로 덕수궁의 준명당浚明堂을 사용했고,[13] 이당 김은호만 자신의 휴양처 취운정翠雲亭에서 제작했다.[14]

창덕궁 왕실의 지원으로 1911년 세워진 서화미술회는 조석진趙錫晉(1853~1920), 심전心田 안중식安仲植(1861~1919), 정대유丁大宥, 김응원金應元, 강필주姜弼周, 이도영李道榮 등 당시 가장 이름 높은 서화가들이 교수진으로 있었다. 전공별로 서과書科와 화과畫科로 나뉘었으며, 『개자원화전芥子園畫傳』 등 전통 화보 모사 등이 교육 과정의 하나였다. 작품을 주문받아 이를 제작해주는 사업도 벌이는 등 도화서의 전통적 기능을 이어받는 모습을 보였다.[15] 사설 강습소였던 서화연구회는 1915년에 세워져 서화미술회와 마찬가지로 만 3년의 수업 과정으로 서화를 가르쳤는데, 사실상 김규진이 독자적으로 이끌어나가던 곳이었다. 공교육 기관으로 강습비가 무료였던 서화미술회와 달리 한 달에 1원의 회비를 내야 했고, 교수진도 1917년 평양의 서가書家 호정湖亭 노원상盧元相을 부강사로 데려올 때까지 김규진뿐이었다. 서화연구회는 첫발을 내디딘 뒤부터 서화미술회와 경쟁적인 관계였던 것으로 보인다.[16]

　　이처럼 경쟁관계에 있던 서화미술회와 서화연구회의 화가들이 창덕궁 벽화 제작을 나누어 담당했는데, 서화미술회에서는 교수진이 아닌 16세에서 30세 사이의 서화미술회 출신 청년 화가들이 일을 맡은 반면, 서화연구회는 52세의 강사 김규진이 참여한 사실이 주목할 만하다. 1920년 6월 24일자『동아일보』는 안중식과 조석진 두 대가의 타계 이후 마땅히 뽑을 화사가 없으므로 서화미술회 총무 김응원과 서화연구회 대표자 김규진, 이 두 사람이 중심이 되어 창덕궁 벽화를 제작하게 된 것이라는 기사를 실었다.[17] 도화서 화원이었으리라 추정되는 조석진과, 그와 함께 서화미술회를 이끌었던 안중식은 창덕궁 벽화가 제작되던 1920년 8월 이전 이미 고인이 되었기에 도화서의 대안 기관인 서화미술회 출신들이 젊은 나이에 벽화를 그리게 된 것이다.[18]

　　그렇다면 농민 출신에다 왕립도화서의 기능을 담당했던 서화미술회의 일원이 아닌 김규진은 왜 뽑혔을까? 그 연유를 1920년 7월 2일자『매일신보』에서는 김규진이 그동안 금강산 모사模寫에 심혈을 기울였던 점과 왕세자의 서사書師였던 인연, 그리고 서화연구회의 강사이기 때문이라고 밝혔다. 게다가 김규진은 전통적인 궁중 행사인 어전휘호연御前揮毫宴에 참가함으로써 고종은 물론 순종에게도 두터운 신임을 얻었던 듯하다. 김규진, 안중식, 사쿠마 데쓰엔은 공동으로 작업해 1908년 어전휘호연에서 「구여도九如圖」 8폭을 그렸다. 또 1916년 5월 순종이 창덕궁 인정전에서 가졌던 어전휘호연에 서화미술회 교수진이었던 안중식, 조석진, 김응원을 비롯한 서화미술회 학생들과 함께 참여한 김규진은 일필휘지하는 필력을 과시해 왕실의 인정을 받았다.[19] 조선 왕실에서는 이처럼 깊은 인상을 심어준 조선 화가를 창덕궁 내부 장식이라는 대업에 참여시키고 싶어했던 듯하다. 이미 어전에 몇 차례 들었던 사쿠마가 끝내 이 작업에 들어가지 못한 것도 이러한 상황을 암시한다.

　　　왕과 궁궐의 신분, 권위, 상징의 표현 수단이라 할 수 있는 궁중벽화는 당대에 가장 뛰어난 솜씨를 지닌 화가의 손끝에서 이뤄진 것이어야만 했다. 왕실 화원이라는 전통의 맥이 완전히 끊겨버린 터에 조선 왕실은 일본이 여러모로 압력을 가함에도 불구하고 왕실이 후원하고 있던 서화미술회 출신 김은호, 이상범, 노수현, 이용우, 오일영 등 젊은 화가들과 서화연구회의 노장 김규진을 택했다. 이는 패망한 왕조의 왕족으로서 가질 수 있었던 마지막 자존심이었으리라. 벽화를 제작할 때 단지 가능성 있는 신진에 불과했던 이들 청년 작가는 창덕궁 벽화를 그린 뒤 명성을 얻었고 이를 발판삼아 1920년대 전통 화단의 주도자가 될 수 있었다. 또한 이름난 서화가였지만 뚜렷하게 주목할 만한 산수화 대작을 내지 못했던 52세의 김규진은 궁중벽화 「금강산도」 두 폭을 통해 숨겨두었던 역량을 다시 한번 떨쳐 조선 전통의 화가들이 기량을 펼칠 수 있는 장이 되었다.

창덕궁 벽화는 모두 6점으로 대조전, 희정당, 경훈각 벽에 각각 2점씩 붙여졌다. 화가들은 자신이 맡은 주제를 극채極彩의 북종화법으로 완성했는데 크기는 희정당의 「금강산만물초승경도金剛山萬物肖勝景圖」, 「총석정절경도叢石亭絕景圖」가 약 가로 9미터, 세로 2미터이고, 대조전의 「백학도白鶴圖」와 「봉황도鳳凰圖」는 약 가로 6미터, 세로 2미터, 경훈각의 「조일선관도朝日仙觀圖」, 「삼선관파도三仙觀波圖」는 약 가로 5미터, 세로 2미터의 대작들이다.

이 벽화는 회벽에 직접 안료를 칠해 그리지 않고 비단에 그림을 그려 벽에 붙이는 속칭 부벽화付壁畵 형식으로 제작되었다.[20] 이러한 방식은 벽에 직접 작업할 때 시간과 장소의 제약으로 효율성이 떨어지는 점 때문에 택해진 것으로 생각된다. 부벽의 서화로 실내를 장식하는 것은 예부터 이어져온 조선 왕조의 전통이기도 했다.

창덕궁 벽화가 붙여질 곳은 대청에서 동·서 온돌을 잇는 분합문의 위쪽 벽으로 정해졌다. 이런 전통은 이전의 궁궐 장식에도 있었지만 창덕궁 벽화처럼 대청 상단 벽 전체를 대규모 벽화로 장식하는 것은 전통에서 벗어난 새로운 방식이었다.

희정당을 장식한 김규진의 「금강산만물초승경도」와 「총석정절경도」만 실경산수이고, 나머지 네 점은 중국의 전설을 소재로 삼았다. 대조전은 오일영, 이용우, 김은호에 의해 화조화로, 경훈각은 노수현과 이상범에 의해 산수화로 장식되었다. 각 공간의 기능과 관련된 주제가 벽화로 장식되었던 듯한데, 침전인 대조전의 벽화는 부부애, 장생불사長生不死, 부귀영화를 소재로 하는 동물을 그렸고, 대조전 뒤편에 행각으로 연결되어 있어 왕비 등 왕실 여성의 처소로 쓰였을 것으로 보이는 경훈각의 벽화는 중국 전설을 표현했다. 순종의 응접실이었던 희정당은 왕실의 사랑방 같은 곳이었기에 예부터 사랑방을 금강산도 병풍으로 꾸미던 유습을 따랐던 듯하다.[21]

대조전의 대청마루를 사이에 두고 오른쪽에는 왕의 침실, 왼쪽에는 왕비의 침실이 있었는데, 대조전 대청마루의 동·서쪽 벽은 세밀한 묘사와 화려한 채색의 화조화로 꾸며 궁중장식화의 정수를 보여준다. 대조전 동쪽 벽의 「봉황도」는 서화미술회 제1회 동기생으로 제작 당시 서른 살이었던 오일영과 열여덟 살이었던 이용우가 합작해 그렸다. 대조전이 침전이므로 부부의 애정을 상징하는 봉황을 화재畫才로 택했다. 바위를 청색, 녹색, 황색 순으로 조절해가며 채색한 후에 태점을 찍어 표현했는데, 전형적인 궁중장식화의 형태로 표현하려 했던 신진 화가들의 열의를 볼 수 있다. 「봉황도」에는 전통 왕실 장식화에서는 잘 등장하지 않는 원추리가 화면 오른쪽 아랫부분에 그려졌는데, 원추리가 '망우초忘憂草'라는 뜻을 지니는 것으로 보아 오일영이 순종의 처지에 대한 위로를 담아 넣었을 것으로 여겨진다.

김은호는 창덕궁 대조전의 서쪽 벽을 맡아 「백학도」를 완성했다. 역시 궁중장식화의 전통적 양식과 주제에 충실한 대작이다.

「금강산만물초승경도」, 김규진, 비단에 채색, 205.1×883.0cm, 1920, 창덕궁 희정당.

「총석정절경도」, 김규진, 비단에 채색, 205.1×883.0cm, 1920, 창덕궁 희정당.

「백학도」, 김은호, 비단에 채색, 214.0×578.0cm, 1920, 창덕궁 대조전.

「봉황도」, 오일영·이용우, 비단에 채색, 214.0×578.0cm, 1920, 창덕궁 대조전.

「삼선관파도」, 이상범, 비단에 채색, 194.9×524.5cm, 1920, 창덕궁 경훈각.

「조일선관도」, 노수현, 비단에 채색, 194.8×524.5cm, 1920, 창덕궁 경훈각.

「봉황도」는 왼쪽에 여백을 두고, 「백학도」는 오른쪽에 여백을 두어 대칭적인 구도를 보인다. 즉 동·서 벽면을 일경日景과 월경月景으로 화합시킨 것인데, 이는 왕을 대표하는 그림인 일월오봉도를 분할 해 사용한 것으로 보인다. 왼쪽에 굵은 노송 두 그루가 치우쳐 있고 아래쪽에 암산, 작약꽃, 총죽이 있으며 열여섯 마리의 백학이 육지 로 날아들고 있다. 이 그림은 백학을 중심으로 달, 구름, 소나무, 돌, 물, 영지 등이 함께 표현되어 있어 십장생十長生을 주제로 한 듯 하다. 이러한 소재들은 부서지는 물보라의 흰색과 더불어 두드러진 색감을 표현한다. 탐스럽고 화사한 모란은 부귀영화를 상징해 왕과 왕비의 처소에 걸맞은 소재다. 섬세하고 부드러운 묘사에 우아한 채색으로 나타낸 북종화풍의 「백학도」는 장식적 기교의 극치를 보 여주며, 서른 살이 채 안 된 젊은 화가의 특출한 기량을 드러냈다.

경훈각의 동·서쪽 벽은 중국 전설을 소재로 삼아 동양적 낙원의 분위기가 뿜어나는 장식화로 꾸며졌다. 웅장한 구성을 보 여주는 화면은 청록산수의 녹색조 색감을 주조로 하면서 신비롭 고 환상적이며 몽유적인 분위기를 풍긴다. 두 벽화를 완성한 노수 현과 이상범은 이십대 초반의 나이로 작업에 참여해 아직 자신들의 독자적 양식을 세우지 못했던 까닭에 스승 안중식의 기법을 충실 히 따른 것이 드러난다. 그렇더라도 그 기량은 매우 뛰어나 훗날 대 가가 된 이들의 청년기 필력을 경훈각 벽화를 통해 볼 수 있다.

경훈각의 동쪽 벽은 스물한 살의 심산 노수현이 그린 것으 로 공자가 천도복숭아를 들고 있는 내용을 주제로 삼았다. 「조일선 관도」는 사선 구도로 시선이 왼쪽에서 오른쪽으로 옮겨가도록 내용

창덕궁
깊이 읽기

봉황도 부분.

「백학도」 부분.

이 전개되고 있다. 이 그림의 주제가 원래 '천보구여도天保九如圖'였다는 당시의 신문 기사를 감안한다면 역시 이는 왕실의 안녕과 평온을 기원하는 주제라 할 수 있다.[22] 중국 전설을 표현한 이 그림은 집, 나무, 산, 바위, 인물 등의 묘사가 모두 전형적인 공필 화원화풍이다. 흰색과 검은색 태점이 청록색의 암석을 강조하며, 대담하고 세밀한 필치로 그려졌다. 당시 이십대 초반이었던 노수현이 사사한 안중식의 화풍 또는 서화미술회에서 학습하던『개자원화전』류의 화집을 그대로 답습한 중국화풍을 보여준다.

노수현과 함께 안중식의 제자였던 이상범은 경훈각 서쪽 벽에 「조일선관도」와 같은 크기의 「삼선관파도」를 그려 짝을 이루었다. 『동파지림東坡志林』에 나오는 고사대로 한 신선이 바다를 가리키며 저 바다가 뽕나무밭으로 여러 번 변하도록 오래 살았음을 다른 신선들에게 자랑하는 모습이 묘사되어 있다.[23] 화면의 윗부분 왼쪽으로 갈수록 경물의 크기를 줄이고 색채를 흐리게 하여 공간감을 이루었고, 각 형태는 정교한 묘사와 함께 짙은 청록색으로 표현했다. 원체화풍과 서양화법의 영향이 고루 스며든 작품이다. 구성과 형태를 과장해 화면을 꽉 채우는 구도인데, 촘촘한 태점이 많고, 신비한 산의 형상들이 첩첩이 화면에 쌓여 있는 듯하다. 심하게 주름지고 유난히 뒤틀린 모습의 산 모양과 날카로운 돌기들의 불규칙한 형태, 나무 묘사와 청록색의 사용 등 스승 안중식의 화풍을 외형적으로 이어받았음이 뚜렷이 드러난다. 수지법樹枝法이나 파도의 표현 등은 심산 노수현의 기법과 매우 유사하다. 「삼선관파도」는 이상범이 스물세 살 때 완성한 것으로 그의 수련기 대표작이라 할 수

「조일선관도」 부분.

「삼선관파도」 부분.

있지만, 산천의 토속미를 정형화해 먹의 농담으로 표현하는 그의 독특한 화풍과는 많은 차이가 있다.

희정당 동·서쪽 벽은 해강 김규진의 금강산 그림으로 장식 되었다. 창덕궁 벽화 제작에 참여했던 화가 중 유일하게 두 점을 제 작했으며, 전설적인 내용을 소재로 한 여느 벽화와 달리 희정당의 금강산도 두 폭만이 실경산수를 소재로 했다. 희정당 서쪽 벽면의 「금강산만물초승경도」는 동쪽 벽면의 해금강 총석정 일대를 소재 로 한 같은 크기의 「총석정절경도」와 함께 희정당 접견실을 금강산 속에 들어온 듯한 분위기로 만들고 있다.

전반적으로 창덕궁 벽화의 화풍은 개인의 특별한 기량을 드러낸다기보다는 전통적인 궁중 화사가 그러하듯 집단 작업으로 서 공필 화원화풍의 전통을 이어받고 있다. 궁중장식화는 단순히 장식적 차원을 넘어 왕실의 권위를 상징하고 궁궐이라는 공간을 격 상시키는 기능을 했다. 이러한 기능을 가장 잘 이뤄내려면 화려한 색채와 장식성은 반드시 구현되어야 할 요소인데, 1920년에 제작된 창덕궁 벽화는 장식과 기교 면에서 충분히 두드러진 역할을 했다고 볼 수 있다.

20세기 초는 조선왕조가 식민지화의 시련을 겪던 시기다. 그 과정에서 이름뿐인 왕족으로 전락한 조선 왕실은 궁궐장식화로 대표되는 그 본연의 취향마저도 타국에 강요당하는 처지였지만 전 통과 자주성을 확보하려는 노력을 포기하지 않았다. 그 노력을 잘 드러내는 것이 바로 창덕궁 벽화 제작의 상황과 그 결과물이다.

도화서의 폐지와 함께 흐름이 거의 끊겼던 공필 채색 화원화의 전통이 1920년에 이르러서 창덕궁 벽화에서 화려하게 되살아난 것은 주목할 만한 사실이다. 1920년은 정치적으로 일본이 3·1 운동의 충격으로 식민지 조선에 유화 정책을 펴기 시작한 시점이었다. 조선 왕실의 자존심과 취향이 조선총독부에게 받아들여져 대작이 탄생할 수 있었던 데에는 이러한 정치적 상황도 한몫 했으리라 생각된다. 이후 김은호 등 창덕궁 벽화 제작에 참여한 인물 가운데 상당수가 친일 행각을 벌이며 논란에 휩싸이기도 했지만 적어도 제작 당시 이 창덕궁 벽화는 왕실의 장식화로 대표되는 취향을 일본화하도록 일방적으로 강요당하는 상황에 완전히 압도되지 않고 조선의 전통을 되살리고 자주성을 확보하고자 했던 마지막 노력의 산물이었다.

# 대한제국
# 황실의
# 마지막 모습

## 영 친 왕 과      덕 혜 옹 주

**서영희** 한국산업기술대 교양학과 교수

# 가깝고도
# 먼 존재,
# 대한제국 황실

우리 역사에서 마지막 왕조의 유산인 대한제국 황실은 가깝고도 먼 존재다. 조선왕조 500년 역사의 끄트머리에 있어 가까운 듯하지만, 일제의 국권침탈 과정에서 강제로 해체되는 운명을 맞아 그 최후가 제대로 알려지지 않은 채 박물관 속으로 사라져버린 잊힌 역사이기도 하다. 특히 마지막 황제인 순종의 이복동생들로서 일제에 의해 강제로 끌려간 영친왕(1897~1970)과 덕혜옹주(1912~1989)는 어떠한 학문적 조명도 받지 못한 채 그 비극적 최후가 철저히 베일에 싸여 있었다. 최근에야 일부 대중매체의 관심 속에 두 사람의 신산한 삶이 조금씩 알려지기 시작했으나, 역사의 수레바퀴 속에 끼인 한 개인의 기구한 인생사의 차원이 아니라 일제가 을사늑약 이후 국권침탈 과정에서 대한제국의 황실을 어떻게 해체해갔는지, 그 과정에서 황실 가족들을 어떻게 압박하고 정치적으로 이용했는지에 대해 진지하게 조명한 일은 거의 없었다.

일제는 1907년 헤이그 특사 사건을 빌미로 고종 황제를 강제로 퇴위시킨 뒤 본격적으로 황실재산 정리사업을 시작해 대한제국 황실의 물적 토대 해체를 추진했다. 또한 황태자인 영친왕 이은李垠을 유학이란 명목을 내세워 일본에 데려감으로써 인적인 면에서도 황실의 명맥을 끊으려 했다. 대한제국 황실이 민족 내부의 민권운동 세력에 의해 극복된 것이 아니라 이민족 지배 세력인 일제 통감부에 의해 해체 수순을 밟은 것이다. 그 결과 대한제국 황실은 다른 어떤 나라의 근대국가로의 이행 과정에서보다 더 철저하게 부정되었고, 황실의 사유재산 성격이 강한 세전世傳 상속재산마저 일제에 의해 강탈당했다. 이 과정에서 왕조의 유제遺制는 물질적 차원에서 흔적도 없이 사라져버렸고, 마지막 황태자가 일본 여인과 결혼한 것을 계기로 인적 차원에서도 종지부를 찍었다.

이러한 대한제국 황실의 해체 과정은 이민족 지배자에 의한 국권침탈 과정의 하나로 이뤄졌기에 한국인 스스로 민권 세력의 성장에 의한 왕조질서의 극복, 근대국가의 수립 과정과는 무관하게 이뤄졌다는 점 또한 지적되어야만 한다. 그런 면에서 일제에 의한 대한제국 황실의 해체 과정은 외삽적으로 이민족 지배자에 의해 부가된 식민지적 근대성이 지닌 형식적 성과와 함께 한국 근대 사회가 자체적으로 획득하지 못한 경험적 한계를 보여준다. 즉 봉건적 왕조질서의 종말이 근대적 정치 세력의 성장에 의해 이뤄지지 못하고 이민족 지배 권력에 의해 강제적이고 위압적으로 단기간에 진행됨으로써 근대국가로의 이행기에 황제권과 대립·갈등·조정하는 과정에서 성장했을 한국인의 근대적 민권의식은 미성숙한 결과를 낳게 되었다. 뿐만 아니라 급작스럽게 이민족 지배 권력에 의해 해체된 대한제국 황실에 대해 역사적으로 정리해볼 기회도 갖지 못한 채 일제강점기 독립운동 과정에서 곧바로 공화정에 대한 논의를 시작해야 했다. 이런 와중에 영친왕과 덕혜옹주로 대변되는 황실 가족의 비극적 최후는 국권 상실 과정과 오버랩되면서 단지 기구한 인생사의 관점에서만 조명되고 있는 것이다.

이토 히로부미와 친일 각료들에 의해 둘러싸인 순종 황제.
가운데가 순종 황제이고, 왼쪽의 인물이 이토 히로부미 통감이다.
통감부 설치 이후 일제는 대한제국 황실의 물적·인적 토대를 해체시켰다.

# 일제의
대한제국
황실 정책과

## 영친왕 이은

영친왕 이은은 대한제국이 수립되던 해인 1897년 10월 20일 고종
(1852~1919)과 엄비(1854~1911) 사이에서 태어났다. 순종 이척李坧
(1874~1926)과 의친왕 이강李堈(1877~1955)에 이어 고종의 세 번째
아들이다. 고종은 명성황후와의 사이에서 총 4남1녀를 두었지만
1871년에 태어난 원자가 쇄항증鎖肛症이라는 선천적 기형으로 닷새
만에 죽은 것을 비롯해 아들 둘과 딸 하나를 어려서 잃었고 1874년
에 태어난 순종만 병약한 상태로 살아남았다. 그 밖에 후궁 소생으
로 여러 아들, 딸이 있었지만 모두 어려서 사망했고 귀인 장씨가 낳
은 의화군 강堈과 지밀상궁 출신으로 황귀비에 책봉된 엄비 소생
은垠만 장성했다. 나중에 황제위에서 물러난 고종이 덕수궁 유폐
중에 얻은 고명딸 덕혜옹주는 귀인 양씨福寧堂 소생이다.

영친왕은 고종이 황실의 권위 확립 차원에서 중국의 친왕親
王제도를 도입한 1900년 8월, 네 살의 나이로 의화군 강과 함께 친
왕에 책봉되었다. 흔히 영왕英王이라 불러야 하며 영친왕英親王은 일
본식 호칭이라고 오해하기도 하나, 당시에 설치된 관부 명칭도 영
친왕부英親王府이고 실록 등 관찬 자료에서도 영친왕이라고 기록하
고 있는 것을 볼 때 영친왕이라 하는 것이 맞다고 생각된다. 고종은
대한제국을 선포한 뒤 의례와 복식, 상징물들을 황제국의 위상에
맞게 고치고 각종 기념일과 훈장 등을 제정해 근대국가적인 외형도
갖추고자 했다. 이 과정에서 들여온 친왕제도는 근대국가적이라기

보다는 예전부터 전해 내려오는 동아시아적인 황제국 체제의 관행에 따른 것이다.

영친왕은 1907년 7월 고종이 강제로 퇴위된 뒤 순종이 황제에 즉위하자, 뒤이어 황태자로 책봉되었다. 서열상으로는 스무 살이나 위인 형 의친왕이 있었지만 엄비의 견제와 일본 측의 반대로 영친왕이 황태자 자리를 차지하게 되었다. 의친왕 이강은 귀인 장씨가 순종의 나이 네 살 때 출산했지만 궁중의 관례상 서출庶出 왕

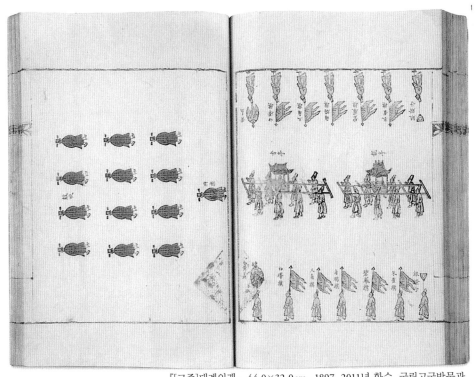

『[고종]대례의궤』, 44.0×32.0cm, 1897, 2011년 환수, 국립고궁박물관.
이 의궤에는 고종 황제 즉위식과 황후·황태자 책봉, 각종 의장물과 어책·어보를
그에 맞게 제작하는 내용들이 실려 있다.

자는 세자가 열 살이 될 때까지는 궁중에서 기르지 못한다는 규정에 따라 금릉위錦陵尉 박영효의 집에서 양육되었다. 하지만 세자가 만 열 살이 된 뒤에도 왕자 책립 의식도 없이 궐 밖에서 평민처럼 생활하다가 1891년에야 의화군에 봉해졌다. 그 뒤에도 갑오개혁 실패로 일본에 망명한 개화 정객들의 쿠데타에 연루되거나 미국으로 보내져 학교에 다니는 등 거의 망명생활을 하다시피 했다.

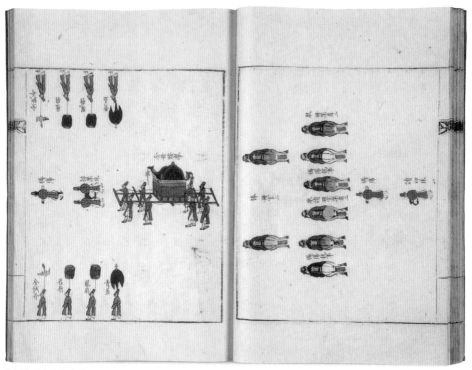

『의왕영왕책봉의궤』, 44.0×32.5cm, 1900, 2011년 환수, 국립고궁박물관.
1900년 7월 고종 황제의 2남 의화군 강堈과 3남 은垠을 각각 의친왕과 영친왕으로 책봉하는
내용과 도설이 실려 있다.

1900년 의친왕에 봉해졌을 때도 미국 유학 중이었고, 1906년 4월에야 일본에서 귀국해 정식으로 수책授冊 의식이 거행되었다. 고종은 그동안 의친왕의 유학 비용과 해외 체류 생활비를 지급해왔으나 정작 그의 귀국을 바라지는 않았다. 의친왕이 망명 정객들과 연계되어 반정부 세력의 옹립 대상이 되거나 황실의 권력 승계상 혼란을 초래할까 우려해서였다. 특히 순종에게 건강상의 문제가 있기도 해서 그 후견인인 민씨 척족들이 의친왕을 경계했고, 엄비도 자신의 소생인 영친왕을 황태자로 세우려는 야심 때문에 의친왕의 귀국을 방해했던 것이다.

의친왕, 1910년 이후,
국립고궁박물관.
일본 군복을 입고 있는
의친왕의 모습이다.

이러한 권력 구도 아래서 마침내 영친왕이 황태자로 책봉되었지만, 영친왕은 불과 넉 달 만인 1907년 12월 5일, 열한 살의 어린 나이에 통감 이토 히로부미의 손에 이끌려 강제로 일본 유학을 떠나야 했다. 경운궁에 기거하던 영친왕을 미리 창덕궁 낙선재로 옮겨 살게 했던 일제는 고종과 엄비의 강력한 반대에도 불구하고 영친왕을 볼모로 데려가기 위해 이보다 앞서 일본 황태자를 방한하게 했다. 일본의 요시히토 황태자가 대한제국을 방문했으니 대한제국 황태자 영친왕도 일본에 가야 한다는 명분을 만들기 위해서였다. 하지만 영친왕의 일본 유학은 단순한 한일 친선교류 차원이 아니라 반일적인 고종을 압박하기 위한 수단이었음이 명백하다.

이토 히로부미는 일본에서 메이지 유신 이후 천황제와 황실 제도 마련에 앞장선 경험을 바탕으로 대한제국 황실을 이용하고 압박하는 모든 정책을 총괄했다. 메이지 유신 이후 일본의 천황제는 조슈長州, 사쓰마薩摩 등 웅번雄藩 연합정권으로 불안하게 출발한 번벌관료藩閥官僚 세력이 의도적으로 만들어낸 것으로서, 천황의 권위를 높여 그를 정점으로 강력한 근대국가 체제를 확립하려는 수단으로 탄생하였다. 또한 막부 말기 이래 아래로부터 광범한 민중의 혁명적 진출과 자유민권 운동의 거센 도전에 맞닥뜨려 천황의 권위를 전면에 내세움으로써 이를 제압해보려는 의도를 지니고 있었다.

메이지 천황은 즉위 초기에는 국무에 별로 관심이 없고 건강도 좋지 않아 각의閣議에 결석하기 일쑤였다. 이토 히로부미는 이러한 메이지 천황을 견인하여 국무에 책임감을 부여하고, 그를 국민적 숭배의 대상으로 삼아 정권의 구심점으로 만들고자, 그리고

1907년 10월 대한제국을 방문한 요시히토 황태자 일행과 영친왕, 이토 히로부미.

이로써 민권운동 세력에 대한 방패막이로 삼고자 부단히 노력했다. 그가 직접 유럽 각국의 헌법을 조사해 자유민권 운동의 입헌 요구에 대응한 헌법을 제정하되, 황실 대권을 영원히 유지할 방안을 찾은 것도 그러한 노력의 하나였다. 이토는 독일과 오스트리아, 영국, 프랑스, 러시아, 이탈리아 등 유럽에 1년 반 동안 머물고 돌아온 뒤, 1884년 직접 유럽 국가들의 왕실제도 등을 참조한 화족華族제도를 만들었다. 황실과 황실제도를 입헌정체와 국제화 시대에 적응

할 수 있게 개혁한 제도였다.

1885년 내각제를 실시함과 더불어 이토가 초대 총리대신이 되어 국무를 총괄했지만, 결코 천황권이 부정된 것은 아니었다. 오히려 천황 권력은 제도화되었고 이후 황실 재산도 의도적으로 확대되었다. 1889년 헌법 발포와 의회 개설에 앞서 만세일계萬世一系의 통치권자로서 천황의 위치를 확실히 해둔 것이다. 헌법 개정도 천황의 발의가 있어야만 이뤄지도록 규정해 정당 세력에 의한 헌법 개정을 미리 막고, 민선의회인 중의원의 권한은 될 수 있는 대로 적게 했다. 또한 화족 상원인 귀족원을 설치하고 이토가 직접 귀족원 의장에 취임하였다. 정부 내각과 의회 및 정당 세력이 충돌하는 경우에는 천황이 조칙을 내려 정국을 타개할 수 있게 한 규정도 마련했다. 한편, 본격적인 천황 신격화 작업을 진행해 1882년 '군인칙유', 1890년 '교육칙어' 발표 등으로 충군애국주의를 고취하고 국민도덕의 근원이 항상 황실에 있다는 점을 강조했다. 요컨대 일본에서는 황실전범皇室典範과 천황제의 확립을 통해 메이지 국가체제를 만들어간 장본인이 이토 히로부미였다.

이토는 이러한 일본에서의 경험을 바탕으로 대한제국 황실 문제에도 접근했으나, 대한제국과 일본은 정치 지형과 권력 구도가 전혀 달랐다. 우선 일본의 천황권과 달리 조선의 군주권은 실질적인 전제군주권으로서 이미 실체를 지니고 있었고, 더욱이 대한제국 선포 이후 황제권이 절대적으로 강화된 상태에서 일제의 국권침탈 과정의 하나로 시행된 황실 정책은 거센 반발을 불러일으켰다. 이토가 이를 만회하려고 강행한 1909년 순종의 남북순행도 일제

순종의 남북순행 행렬 중 평양역 앞에서의 촬영, 1909, 국립고궁박물관.
이토 통감이 추진한 순종의 서북순행은 통감부의 정책 효과를 홍보하기는커녕 한국인들의 반발만 더했다.

1907년 12월 일본 유학길에 오른 영친왕과 이토 히로부미.

통감부의 정책 효과를 홍보하기는커녕 오히려 한국민들의 충군애국주의를 고취하는 원치 않는 결과를 가져오기도 했다. 결국 일제의 대한제국 황실 이용책은 실패로 돌아갔고, 영친왕의 강제 유학에서 볼 수 있듯이 직접적으로 황실에 압박을 가해 저항을 봉쇄하고 그 명맥을 완전히 끊어버리는 쪽으로 정책 방향이 수정되었다. 1910년 병합 이후 대한제국 순종 황제는 다시 조선의 창덕궁 이왕 전하로, 황태자 영친왕은 왕세자로 강등되었다.

일본에 간 영친왕은 일본의 황족 교육기관인 가쿠슈인學習院을 거쳐 육군유년학교에 입학했고, 1911년 7월 생모인 엄비가 사망했을 때 잠깐 귀국했다. 엄비가 사망한 원인에 대해서는 영친왕의 일본 생활을 담은 영상을 보고 충격을 받아 토사곽란을 일으켰다는 설, 장티푸스로 사망해서 장례식 참석을 위해 귀국한 영친왕이 유해조차 가까이하지 못했다는 설이 있다.

영친왕은 1915년 육군사관학교에 입학했으며, 도쿄에서 처음에는 시바芝 이궁離宮에서 생활하다가 나중에 도리이사카鳥居坂로 옮겼다. 군복을 착용하고 오전 6, 7시에 일어나 오후 3시까지 짜인 일과를 소화하는 엄격한 일본 군인의 생활이었다. 그동안 영친왕은 엄비 사망 후 홀로 된 고종을 위로하기 위해 1919년 고종이 사망할 때까지 9년 동안 하루도 빠짐없이 문안 엽서를 띄우는 남다른 효심을 보였다고 한다. 영친왕은 순종이 비장하고 있다가 선원전 창고에서 발견되었다는 『영친왕유년시서화첩』에서 보이듯이 그림에 남다른 재주를 지닌 다감한 소년이었다. 그의 조부 흥선대원군 이하응이 난 그림에 일가견이 있었던 사실도 떠올리게 한다.

영친왕이 일본에서 고종에게 보낸
문안엽서.

『영친왕 유년시서화첩』,
필사, 19.4×29.3cm, 순종 연간, 한국학중앙연구원 장서각.
영친왕이 유년 시절에 그린 그림첩 가운데 한 점이다.

한편 영친왕이 스무 살 되던 해인 1916년 8월, 일제는 일본 황족인 나시모토梨本 궁가 모리마사守正 친왕의 첫째 왕녀 마사코方子(1901~1989)와 영친왕의 약혼 사실을 전격적으로 발표했다. 일본 군부는 한때 히로히토 황태자비의 물망에도 올랐던 마사코가 아이를 낳지 못할 체질이라는 이유로 조선 왕실의 대를 끊어놓기 위한 계략으로 이 결혼을 추진했다고 한다(이방자李方子, 『세월이여 왕조여』). 원래 일본의 『황실전범』에 따르면 황족의 여자는 황족 또는 화족에게만 출가하게 되어 있었는데, 왕족이나 공족과도 결혼할 수 있도록 전범을 고쳐가면서까지 이 결혼을 추진했다고 이방자는 회고록에서 밝히고 있다. 조선의 왕·공족에 일본인의 피를 섞어 일본에 동화시키려는 책략이었다. 하지만 고종의 강경한 반대로 결혼식은 계속 뒤로 미루어졌다.

이에 일제는 고종을 강하게 압박한 결과 1917년 6월, 순종이 직접 도쿄를 방문해 일본 천황을 알현하고 교토의 메이지 천황릉에 참배까지 하게 했다. 1909년 순종이 이토에 이끌려 남북순행에 나섰을 때도 부산 앞바다에서 일본 군함에 탑승하는 것을 곧바로 일본에 납치되는 것으로 알고 막아섰던 한국민들이 순종의 일본행에 대해 어떻게 생각했을지는 충분히 상상할 수 있다. 순종은 도쿄에서 영친왕과 상봉했으며, 반년 뒤인 1918년 1월 영친왕 역시 잠시 귀국한다.

이때 영친왕이 엄비 장례식 이후 근 7년 만에 귀국한 목적은 무엇일까? 그 직전에 발표된 미국 대통령 윌슨의 민족자결주의 선언에 대응하여 일본이 식민지 조선의 왕족을 잘 대우하고 있다

고 과시하는 차원에서 귀국을 허락했다는 설도 있다. 혹은 영친왕
과 일본 황족 여인의 결혼에 반대하는 고종을 회유하기 위해 직접
영친왕을 불러들인 것일 수도 있다. 어쨌거나 영친왕은 2주일여 머
무르는 동안 각종 공식 일정을 소화하고 일본군 보병대 방문, 창경
원 동물원 및 식물원 관람, 경성고보·숙명고보 방문 등의 사진을
남겼다. 열한 살의 어린 나이에 일본으로 끌려간 황태자가 일본 군
인의 모습으로 나타나 식민지 조선의 근대화된 각종 시설들을 시찰
하는 모습이 조선 민중에게는 어떻게 받아들여졌을까 궁금하다.

이후에도 영친왕의 결혼은 미뤄지다가 우여곡절 끝에 결혼
식을 올리기로 한 날을 나흘 앞둔 1919년 1월 21일, 고종이 갑작스
럽게 사망했다. 고종의 사망 원인으로 독살설이 나도는 것이 영친
왕의 결혼 반대와 관련 있는지는 확실치 않으나, 고종이 살아생전
에 영친왕의 결혼에 끝까지 반대했음은 고종 사망 1년 뒤인 1920년
4월 28일에야 비로소 결혼식이 거행된 사실로 미루어 짐작할 수
있다.

영친왕이 일본 황족의 여자와 결혼한 것에 대해 독립운동
계에서는 '원수의 여자와 결혼한 금수만도 못한 인물'이라며 격렬
히 비난했다. 상하이 임시정부에서 발행하던『독립신문』 기사는 '광
무 황제의 붕어와 의친왕의 의거가 전 국민에게 다대한 감동을 주
어 500년 이李왕조의 무한한 죄악을 용서하고 동정의 눈물을 뿌리
게 하더니, 적자賊子 이은으로 인해 이왕조는 영원한 정죄定罪와 저
주를 받게 되었다'고 단언하면서 이제부터 영친왕이라는 존칭도 쓰
지 않겠다며 분노를 드러냈다. 실제로 도쿄의 영친왕 저택으로 연

1918년 일본 군함을 타고 귀국하여 하세가와 요시미치 총독의 인사를 받는 영친왕(위 왼쪽),
엄비가 설립한 숙명여고보를 방문한 영친왕(위 오른쪽), 창경궁에 만들어진 동물원을 구경하며
직접 하마 사진을 찍는 영친왕(아래), 서울대박물관.

일 투서와 협박 전화가 날아들었다고 한다. 영친왕은 의친왕이 독립운동 세력과 연계되어 1919년 11월 상하이 망명을 시도하다가 붙잡힌 사건과 비교되며 그에 대한 반감은 더욱 고조되었다.

마지막 황태자 영친왕이 일본 여자와 결혼함으로 인해 황실 복원이나 복벽에 대한 논의는 더 이상 거론될 수 없는 분위기가 되어버렸다. 이보다 앞서 상하이 임시정부에서 이미 공화제를 채택했지만 이후에도 복벽론이 완전히 사라지게 된 데는 영친왕의 결혼이 결정적인 계기를 마련한 셈이다. 다른 나라에서 왕정을 극복하고 입헌군주정 혹은 공화정으로 넘어가는 과정에 치러졌던 지난

1922년 순종 근현례식觀見禮式 때 적의 차림을 한 영친왕비, 1922, 국립고궁박물관.

창덕궁
깊이 읽기

영친왕 부부의 결혼사진, 국립고궁박물관.
고종의 갑작스런 사망 이후 1920년 4월 28일 영친왕의 결혼식이 치러졌다.

한 과정들이 한국 역사에서는 영친왕의 한일 결혼으로 아주 손쉽게 종지부를 찍게 된 면이 있다. 일제의 대한제국 황실 말살책은 국권의 상징으로서 저항의 구심점을 완전히 해체하는 데 목적이 있었지만, 그것이 또한 한국민에게는 일찌감치 왕조 의식을 벗어던지고 공화정을 채택하게 된 계기가 되었던 점은 역사의 아이러니가 아닐 수 없다.

한편 1921년 8월 첫아들 진晉을 낳은 영친왕 부부는 1922년 4월 순종 황제 앞에서 다시 조선식으로 결혼식을 올리기 위해 8개월 된 아들을 데리고 귀국해 창덕궁 대조전에서 왕실 예법대로 결혼식을 거행했다. 하지만 이때 건강하던 아들 진이 갑자기 사망하는 바람에 장례식까지 치러야 했고, 이진은 엄비가 묻힌 청량리 영휘원 옆 숭인원에 묻혔다. 고종 황제 때와 마찬가지로 누군가에 의한 독살설이 떠돌기도 했다.

이후 영친왕은 우수한 성적으로 일본 육군대학을 졸업했는

이진 왕자 장례식
때의 영친왕비,
1922,
국립고궁박물관.

창덕궁
깊이 읽기

데, 보불전쟁사를 전공했고 군사 지식 외에 영어와 불어 등에도 능통했다고 이방자는 회고하고 있다. 1926년 4월 26일 순종이 사망하자 형식적으로 왕위를 이어받아 이왕李王 전하라고 불린 영친왕은 1927년 5월, 1년여에 걸친 유럽 여행을 떠났다. 상하이, 홍콩, 싱가포르를 거쳐 프랑스 마르세유에 도착해 프랑스, 영국, 독일, 스웨덴, 네덜란드 등 유럽 각국의 원수를 예방했다. 이 여행은 영친왕이 오래전부터 원했던 것이고 개인 자격의 여행이라고는 하지만 일본 측에서 차일피일 미루기만 했던 것을 갑자기 허락한 데에는 어떤 곡절이 있었을 듯싶다. 마침 제네바에서 열리고 있던 군축회의에 사이토 조선 총독이 참가한 것과 연관시켜 볼 때 유럽 열강에 대해 일본이 조선의 왕족을 이처럼 대우하고 있음을 과시하고자 마련한 여행이 아니었을까 생각된다. 하지만 상하이 독립운동계에서는 영친왕이 이 기회를 이용해 해외 망명 등을 택하지 않고 일신의 안락만을 구하며 여유자적 여행을 즐겼다는 비난 여론이 거셌다. 일부 독립운동가들은 영친왕 납치 계획을 세우기도 했다고 한다.

한편, 1931년 첫아들 이진이 사망한 뒤 10년 만에 다시 아들 구玖를 얻은 영친왕은 이방자와 함께 한때 행복한 생활을 했으나 중일전쟁 발발로 북경군 사령부로 혹은 만주로 파견되는 등 일본 군인으로서 참전해야만 했다. 일본 군부는 영친왕을 전쟁터에 파견함으로써 조선 청년들의 참전 의욕을 높인다는 전략을 세웠던 것 같고, 이 때문에 해방 뒤에 한국민들은 영친왕의 친일 경력을 시비하게 되었다. 사실 이때 황실의 남자들은 모두 일본군에 소속되어 참전했는데, 1923년 일본에 끌려간 의친왕의 차남 이우李鍝는

유럽 순방 때 영친왕 부부의 모습, 1927, 국립고궁박물관.

히로시마 원폭 투하 때 사망했다. 그는 일본 측 반대에도 불구하고
4년여의 끈질긴 투쟁 끝에 박영효의 손녀인 박찬주와 결혼했던 인
물인데, 그의 형 이건李鍵이 일본 여자와 결혼했다가 결국 이혼하고
나중에 일본에 귀화해버린 것과는 대비된다.

      1945년 전쟁이 끝난 뒤 일본의 황족들이 신적강하臣籍降下
조치(1947)로 평민의 생활로 내려앉은 것과 마찬가지로 영친왕 부부
도 평민이 되었다. 이승만 정부는 영친왕의 귀국에 적극적이지 않
았을 뿐 아니라 1954년 구황실재산처리법을 제정해 이왕가의 재산
을 모두 국유화했던 까닭에 영친왕 부부도 경제적으로 매우 곤궁
한 생활을 해야 했다. 사실 이승만은 대한제국 시기 독립협회 내
급진파로서 반정부, 반황제정 운동에 앞장서 공화정 실시를 주장했

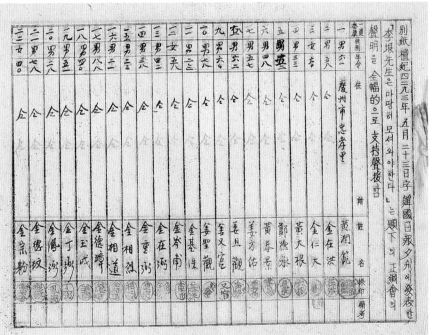

영친왕 환국 촉구 알림문과 서명문, 국립고궁박물관.
박정희 정권이 들어선 1961년 영친왕의 환국을 촉구하며 알림문 2장과 서명문을 작성했다.
서명문에는 성별과 연령, 주소, 이름, 인장이 찍혀 있다.

던 만큼 대한제국 황실에 좋은 감정을 가지고 있을 리가 없었다. 게다가 일본군 중장으로 일본 군국주의를 위한 전쟁에 앞장선 영친왕에 대한 냉대는 어쩌면 정치적 명분까지 있는 일이었다.

이런 와중에 영친왕의 아들 이구는 미국인 상점의 점원으로 취직했다가 미국 유학길에 올라 MIT 건축과에 입학했고 나중에 미국인 여성 줄리아와 결혼했다. 영친왕은 박정희 군사정부가 들어선 1963년 11월에야 조국을 떠난 지 56년 만에 귀국할 수 있었다. 그 자신도 만주군 출신인 박정희는 이승만과 달리 영친왕의 일본군 경력에 거부감을 가지지 않았을 터이고, 또 영친왕을 정치적으로 이용하려는 의도도 있었다고 생각된다.

하지만 귀국한 영친왕은 뇌졸중과 실어증으로 정상적인 사회활동을 못하고 7년여 동안 병상생활을 하다가 1970년 5월 1일 73세로 창덕궁 낙선재에서 숨을 거두었다. 미망인 이방자 역시 그 뒤 창덕궁 낙선재에 기거하면서 활발한 사회복지 활동을 벌였고 1989년 5월 11일 지병으로 사망했다.

## 비극의 주인공 덕혜옹주

영친왕의 이복 여동생인 덕혜옹주는 엄비 사망 이후인 1912년 5월 25일 고종의 나이 61세에 얻은 고명딸이다. 덕수궁에 유폐되어 있던 노년의 고종에게 유일한 낙이었던 덕혜옹주를 위해 고종은 덕수

덕혜옹주, 1925, 한국학중앙연구원 장서각.
덕혜옹주가 일본으로 떠나기 전 소학교에서 찍은 사진이다.

히노데 소학교에서 수업 중인 덕혜옹주(위 왼쪽), 과학실험 중인 덕혜옹주(위 오른쪽),
일본 유학 떠나기 전 자신의 작품 앞에 앉은 덕혜옹주(아래 왼쪽), 덕혜옹주의 작품들(아래 오른쪽).

궁 내에 유치원을 설립해 황족 아이들과 함께 교육시킬 정도로 애지중지했다. 덕혜옹주가 여덟 살 되던 해에는 영친왕처럼 일본에 끌려가 정략결혼의 대상이 되는 것을 막기 위해 미리 황실의 시종 김황진의 조카 김장한金章漢과 약혼까지 시켰다.

하지만 고종이 사망한 뒤 창덕궁 관물헌에 옮겨 생활하던 덕혜옹주는 1921년부터 일본인 자녀들과 함께 히노데日出 소학교에 다니게 된다. 소학교 생활 중 음악, 무용, 그림 등에 특별한 재주를 보이며 총명했던 덕혜옹주는 1925년 3월 25일, 열네 살의 나이로 역시 일본으로 강제 유학을 떠난다.

일본에서 황족 학교인 가쿠슈인學習院에 입학한 덕혜옹주는

1925년 출국 직전의 덕혜옹주, 1925, 국립고궁박물관. 옹주는 일본 황실의 내선일체 교육 방침에 따라 1925년 3월 일본으로 유학을 떠났다.

일본 가쿠슈인 시절의 덕혜옹주.

1926년 순종 황제의 급환
소식을 듣고
일본에서 귀경하는
영친왕과 덕혜옹주의 모습.

말수를 잃어가며 제대로 적응하지 못했던 모양이다. 더구나 여덟 살 때 아버지 고종을 잃은 데 이어 1926년 순종, 1929년 생모인 양 귀인까지 사망하자 그로 인한 충격 때문인지 건강에 심각한 이상 증세가 나타나기 시작했다.

1930년 조발성 치매증이란 진단을 받고 영친왕의 거처로 옮겨 치료를 받던 중 조금 차도가 있자, 일제는 1931년 5월 대마도 번주藩主의 아들인 소 다케유키宗武志 백작과 옹주를 강제로 결혼시켜 버렸다. 양친은 물론 순종 황제까지 사망한 마당에 덕혜옹주의 결혼을 반대해줄 사람은 아무도 없었다. 그 자신도 일본 여인과 결혼한 영친왕은 이러한 결혼을 반대할 처지가 못 되었고, 의친왕 이강 공의 장남 이건도 일본 황족 마쓰다이라 요시코와 결혼하는 등 한일 간의 강제 결혼은 이미 거스를 수 없는 대세였다. 덕혜옹주까지

덕혜옹주와 소 다케유키의 결혼사진, 1931, 서울역사박물관.

일본 남자와 결혼함으로써 이제 대한제국 황실은 완전히 일본과 동화되었다고 할 수 있었다. 일제는 일본에 저항했던 고종 황제의 마지막 후예들을 모두 일본인과 강제결혼하게 함으로써 그에 앙갚음을 한 셈이다. 그 뒤 "덕수궁의 꽃"이라 불리며 대중의 관심을 받았던 덕혜옹주에 대한 소식은 점점 멀어져갔다. 대한제국의 마지막 황태자 영친왕이 일본 여인과 결혼함으로써 공식적으로 황실의 종통宗統이 단절되었다면, 대중의 관심을 한 몸에 모았던 덕혜옹주의 결혼을 마지막으로 황실에 대한 심정적 기억마저 완전히 사라지게 되었다.

덕혜옹주의 남편인 소 다케유키는 도쿄대학 영문과를 졸

덕혜옹주와 소 다케유키 백작.

창덕궁
깊이 읽기

1962년 38년 만에 귀국하는
덕혜옹주.

업했고, 대마도 번주의 양자로 들어가 백작 지위를 승계한 사람으로 결혼 뒤에는 대마도가 아닌 도쿄의 저택에서 생활했다. 만년에는 레이타쿠麗澤대학 교수를 역임했다. 두 사람 사이에 딸 마사에正惠를 두었지만 출산 직후 덕혜옹주의 정신병이 재발하는 바람에 마사에는 태어나자마자부터 어머니의 사랑을 받지 못하고 자랐다. 마사에는 나중에 평범한 가문 출신의 일본인 스즈키와 결혼했는데 1956년 어느 날 집을 나가 행방불명되었다고 한다.

　　한편 덕혜옹주의 정신병이 점점 심해지자 소 다케유키는 옹주를 병원에 입원시켰고, 십수 년이나 도쿄의 정신병원에 입원하고 있던 옹주는 결국 남편과 이혼했다. 1962년 1월 일본에 간 지 38년 만에 귀국한 덕혜옹주는 창덕궁 낙선재에서 순종의 계후인 윤대비, 영친왕비 등과 함께 지냈으나 실어증과 지병으로 고생하다가 1989년 4월 21일 77세의 나이로 세상을 떠났다.

창덕궁에 스며든 오백 년 세월, 그 어긋남의 미학

1 | 『태종실록』 권10, 태종 5년 10월 19일(신사)

2 | 『태종실록』 권10, 태종 5년 10월 25일(정해)

3 | 경복궁은 처음 지어질 때부터 그 터가 좋지 않다는 논의가 있었으며 세종 때는 구체적으로 경복궁의 주산인 백악이 도성 북쪽 중심에 있지 않아서 나쁘고 남산과 마주보는 응봉 아래쪽이 길하다는 주장이 있었다. 『세종실록』 권61, 세종 15년 7월 3일(갑인) 기사를 시작으로 약 2개월간 실록에는 경복궁 터의 불길함을 언급하고 응봉 아래로 궁을 옮겨야 한다는 풍수가 최양선 등의 반대하는 일련의 논의가 실려 있다.

4 | 궁궐제도에 대해서는 『주례周禮』와 같은 고대 중국의 문헌에 외조外朝, 치조治朝, 연조燕朝라는 삼조三朝와 각 조에 설치하는 문에 대한 언급이 있고 조선왕조 궁궐도 이런 개념으로 공간이 이루어졌을 것이라는 주장이 있다.(주남철, 『(개정판) 한국건축사』, 고려대학교 출판부, 2006) 그러나 조선시대 궁궐 관련 문헌에서 이런 개념이 언급된 사례는 보이지 않는다. 『주례』의 궁궐 제도는 중국의 역대 궁궐에서도 그대로 적용되었다는 사례가 알려진 것이 없는 실정이다. 『주례』의 궁궐 제도는 후대의 학자들에 의해 다양한 해석이 가해졌고 특히 고증학이 유행한 청대에 와서 많은 저술이 나왔다. 이러한 청대 고증학의 영향으로 조선 말기 근정문의 상량문에는 삼조에 대해 언

급한 사례도 보인다.

그러나 이것은 청대 고증학에 영향을 받은 상량문의 수식어로 이해되며 실제 조선왕조 궁궐이 『주례』의 삼조를 바탕으로 조성되었다고 보기는 어렵다.

5」 이를 불편하게 여긴 세조는 근정전의 북쪽 문으로 전내를 관통해서 남쪽 월대로 내려가겠다고 주장하여 이를 관철시킨 적이 있지만 다음 왕들은 신하들의 말을 따라 근정전 동쪽 처마를 돌아서 남쪽 월대로 갔다. (『세조실록』 권36, 세조 10년 4월 25일)

6」 김동욱, 『한국건축공장사연구』, 기문당, 1993

7」 조선시대 건축의 전반적인 흐름에 대해서는 김동욱, 『(개정)한국건축의 역사』, 기문당, 2007 참조.


붓끝에서 살아난 창덕궁

1」 경복궁을 복구해야 한다는 의견이 계속 있었고 광해군이나 숙종이 경복궁의 구기舊基에 친림했다는 기록은 있지만 경제적인 부담과 광해군대 인경궁 영건의 폐단이 왕들로 하여금 선뜻 중건을 결정하지 못하게 만들었다. 그런데 영조는 1745년(영조 21) 근정전 구기에만 10여 차례 방문했다. 단순한 친림에 그치지 않고 이곳에서 과거 설행, 수작례受爵禮, 망배례望拜禮, 훈유의 반포 같은 의식을 적극적으로 행했다.

2」 미국 로스앤젤레스 주립미술관의 『무진진찬도병』(1868), 국립중앙박물관의 『정해진찬도병』(1887), 『임진진찬도병』(1892) 참조. 도판은 서인화·박정혜·주디 반자일, 『조선시대 진연 진찬 진하병풍』, 국립국

악원, 2000 참조.

3」 경희궁은 원래 인조의 생부 정원군元宗定遠君元宗(1580~1619)이 살
　　았던 곳에 1620년 경덕궁이라는 이름으로 창건되었다.

4」 그 외에도 1710년의 「숭정전진연도」, 1744년의 「숭정전갑자진연도
　　병」, 1744년의 「영조병술진연도」와 같은 연향도와 1741년의 「경현당갱
　　재첩」, 1819년의 「익종관례진하계병」 등이 경희궁을 배경으로 한 그
　　림이다.

5」 조선시대 궁궐도의 개관 및 종류와 특징에 대해서는 안휘준, 『옛 궁
　　궐 그림』, 대원사, 1997 참조.

6」 『선조실록』 권200 39년(1606) 6월 17일(갑인).

7」 『연산군일기』 권54 10년(1504) 7월 23일(신해); 『선조실록』 권158
　　36년(1603) 1월 13일(경오); 『광해군일기』 권150 12년(1620) 3월 16일
　　(갑오).

8」 鄭士龍, 『湖陰雜稿』 卷之四 應製錄 「漢陽宮闕圖」.

9」 『승정원일기』 고종 11년(1874) 5월 12일(계축).

10」 이하 각 궁중기록화 작품의 내용과 특징에 대해서는 박정혜, 『조선
　　시대 궁중기록화 연구』, 일지사, 2000 참조.

11」 『숙종실록』 권19 14년(1688) 5월 2일(계유); 「제정각기」, 『궁궐지』
　　I, 서울시립대학교 부설 서울학연구소, 1994, 83~84쪽.

12」 『순조실록』 권28 27(1827) 2월 9일(을묘).

13」 한영우, 『昌德宮과 昌慶宮』, 열화당·효형출판, 2003, 157~160쪽.

14」 「동궐도」를 설명한 글에는 대부분 이구와貳口窩라고 쓰여 있는데 이
　　는 「동궐도」에 '貳▽窩'라고 쓴 글씨의 '▽'를 '口'로 잘못 읽었기 때
　　문이다.

15ı「동궐도」에 관한 종합적인 내용은「동궐도」, 문화부 문화재관리국, 1991 참조.

16ı 安輝濬,「韓國의 宮闕圖」,「동궐도」, 문화부 문화재관리국, 1991, 13~61쪽; 손신영,「연경당 건축연대 연구」,『미술사학연구』242·243, 2004, 121~154쪽 참조.

17ı 연경당 진작은 1828년 6월 1일에 거행되었으나 그전에 연경당이 완성되자 곧 자경전 진작 습의가 같은 해 1월 20일에 연경당에서 이미 치러졌다.

18ı『연산군일기』권61 12년(1506) 1월 21일(신축).

19ı『연산군일기』권61 12년(1506) 2월 3일(계축).

20ı『중종실록』권2 2년(1507) 윤1월 5일(기유).

21ı 문헌마다 차이를 보이는 의두합의 명칭에 대한 설명과 이유에 대해서는 한영우,『昌德宮과 昌慶宮』, 열화당·효형출판, 2003, 234~239쪽 참조.

22ı 正祖,『弘齋全書』卷一「春邸錄」一 詩 上林十景 참조.

23ı 上林十景에 대해서는 이수학,「창덕궁 후원의 경관에 관한 소고-정조의 "상림십경上林十景"을 중심으로」,『한국조경학회지』Vol. 28, No. 1, 한국조경학회, 2001, 92~108쪽 참조.

24ı『광해군일기』권25 2년(1610) 2월 13일(기미).

25ı『숙종실록』권24 18년(1692) 5월 12일(신유).

26ı『영조실록』권95 36년(1760) 3월 14일(기미).

27ı『영조실록』권 82 30년(1754) 8월 8일(을묘).

28ı『광해군일기』권187 15년(1623) 3월 12일(임인).

29ı『인조실록』권30 12년(1634) 9월 9일(임술).

비운의 왕, 뛰어난 문예취미

1ᅵ 한국역사연구회, 「조선정치사 1800-1863」, 청년사, 1990

2ᅵ 윤정현 찬, 「헌종대왕 묘지문」, 『헌종실록』 부록.

3ᅵ 「헌종대왕 행장」, 『헌종실록』 부록.

4ᅵ 헌종, 「효현왕후 행록」, 『원헌집』『헌종 철종 문집』, 한국정신문화연구원, 1999, 13~14쪽.

5ᅵ 노진하·이상해, 「낙선재 일곽 건축의 조영에 관한 복원적 고찰」, 『건축역사연구』 7호, 1995

6ᅵ 헌종, 『원헌집』, 14쪽.

7ᅵ 헌종, 『원헌집』, 6~8쪽.

8ᅵ 조희룡, 『석우망년록』 제69항, 한길아트, 1998, 116~117쪽.

9ᅵ 박종훈 찬, 『문사저영』 제8권 4책 규장각(4627).

10ᅵ 조희룡, 「석우망년록」 제70항, 117쪽.

11ᅵ 『내각일력』, 1783년 7월 3일자.

12ᅵ 『승화루서목』 필사본, 규장각한국학연구원 9875-9878

13ᅵ 남권희, 「승화루서목고」, 경북대 사회과학연구원, 63~86쪽; 이종훈, 「조선시대 왕실 도서의 수장에 대하여」, 『서지학보』 제26호, 2002, 5~39쪽; 황정연, 「19세기 궁중 서화 수장의 형성과 전개」, 『미술자료』 70·71호, 2004, 131~145쪽.

14ᅵ 『보소당 인존』 6종에 대한 연구는 성인근, 「보소당 인존의 내용과 이본의 제작시기」, 『장서각』 14집, 한국학중앙연구원, 2005, 213~232쪽 참조.

15ᅵ 유홍준, 『완당평전』 2, 학고재, 2002, 435~437쪽.

16ᅵ 김정희, 『완당전집 국역』 제1권, 솔출판사, 1995, 144~147쪽.

17। 허련, 『소치실록』, 서문당, 1976, 16~34쪽.


왕의 얼굴을 화폭에 담다

1। 『삼국사기』 권50, 열전 10 궁예: "嘗南巡至興州浮石寺, 見壁畫新羅 王像, 發劍擊之, 其刀迹猶在."

2। 『승정원일기』 제477책, 숙종 39년(1739) 5월 임오: "上日, 宋時, 御 容之文矣. 向日影子之教, 蓋是自我所稱, 永禧殿, 既云眞殿, 則御眞 之稱, 似好矣." 물론 이 당시 어진御眞이라는 용어가 가장 합당한 것 으로 채택되긴 했으나 이후로도 여전히 어용御容, 영정影幀, 쉬용晬容 등의 용어가 함께 쓰였다. '어진'이란 용어에 대해서는 조선미, 『한국 의 초상화』, 열화당, 1983, 147~148쪽; 이성미, 「朝鮮王朝 御眞關係 都監儀軌」, 『朝鮮時代 御眞關係 都監儀軌 研究』, 한국정신문화연구 원, 1997, 29~32쪽 참조.

3। 의궤의 연대는 행사가 완료된 시점을 기준으로 삼았다. 서울대 규장 각한국학연구원에는 10종이 모두 소장되어 있고, 한국학중앙연구 원 장서각, 국립문화재연구소, 국립고궁박물관, 파리국립도서관(현 재 국립중앙박물관 보관 중)에는 일부만 소장되어 있다.

4। 『어진도사사실』에 대해서는 윤진영, 「藏書閣 所藏 『御眞圖寫事實』의 正祖~哲宗代 御眞圖寫」, 『장서각』 11집, 한국학중앙연구원, 2004, 283~336쪽 참조.

5। 어진의 제작 과정에 대해서는, 이강칠, 「御眞 圖寫過程에 대한 小考 −李朝 肅宗朝를 中心으로−」, 『고문화』 제11집, 한국대학박물관협 회, 1973, 3~22쪽; 이성미, 앞의 논문(1997), 1~94쪽 참조.

6ꞏ 이 글에서 언급하지 못한 조선시대 화원의 다양한 활동상에 대해서는 김원룡, 「李朝의 畫員」, 『鄕土 서울』 11, 서울시사편찬위원회, 1961; 안휘준, 「朝鮮王朝時代의 畫員」, 『韓國文化』, 서울대 한국문화연구소, 1998; 박은순, 「朝鮮時代 王世子冊禮儀軌 班次圖 硏究」, 『韓國文化』 14, 서울대 한국문화연구소, 1993; 김지영, 「18世紀 畫員의 활동과 畫員畫의 변화」, 『韓國文化』 32, 서울대 한국문화연구소, 1994; 박정혜, 「儀軌를 통해 본 朝鮮時代의 畫員」, 『美術史硏究』 9, 미술사연구회, 1995; 홍선표, 「朝鮮 後期 通信使 隨行 畫員의 파견과 역할」, 『美術史學硏究』 205, 한국미술사학회, 1995; 박정혜, 『조선시대 궁중기록화 연구』, 일지사, 2000; 강관식, 『조선 후기 궁중화원 연구』(상ꞏ하), 돌베개, 2001; 배종민, 「朝鮮初期 圖畫機構와 畫員」, 전남대 사학과 박사학위 논문, 2005; 박수희, 「朝鮮 後期 開成 金氏 畫員 硏究」, 『美術史學硏究』 256, 한국미술사학회, 2007; 이현주, 「朝鮮後期 在地畫員 小考」, 『문물연구』 14, 동아시아문물학술재단, 2008; 이성미, 『가례도감의궤와 미술사』, 소와당, 2008; 정은주, 「燕行 및 勅使迎接에서 畫員의 역할」, 『明淸史硏究』, 한국명청사학회, 2008 등 참조.

7ꞏ 어진 제작을 위한 화가(화원)의 선발에 대해서는, 진준현, 「英祖ꞏ正祖代 御眞圖寫와 畫家들」, 『서울대박물관연보』, 서울대박물관, 1994, 19~72쪽; 진준현, 「肅宗代의 御眞圖寫와 畫家들」, 『고문화』 46, 한국박물관협회, 1995, 89~119쪽; 김지영, 앞의 논문(1994), 1~68쪽; 이성미, 앞의 논문(1997), 69~94쪽 참조.

8ꞏ 유송옥, 「影幀摸寫都監儀軌와 御眞圖寫都監儀軌의 服飾史的 考察」, 『朝鮮時代 御眞關係 都監儀軌 硏究』, 한국정신문화연구원,

창덕궁
깊이 읽기

1997, 137~201쪽.

9 | 이성미, 앞의 논문(1997), 116쪽.

10 | 1928년 김은호가 그린 순종어진 유지초본과 사진의 관계는 박정
혜, 「藏書閣 소장 일제강점기 의궤의 미술사적 연구」, 『미술사학연
구』 259, 한국미술사학회, 2008, 117~150쪽 참조.

11 | 1713년 숙종의 어진을 도사한 후 초본에 대한 처리를 논의하는 와
중에 초본일지라도 지극히 잘된 본은 훗날 참고하기 위해 오대산 사
고에 보관하기로 결정한 것을 예로 들 수 있다. 『[肅宗]御容圖寫都
監儀軌』 「啓辭秩」, 47쪽.

12 | 대한제국기 도화서 제도와 화원의 지위 변화에 대해서는 박정혜,
「대한제국기 화원 제도의 변모와 화원의 운용」, 『근대미술연구』, 국
립현대미술관, 2004, 88~118쪽 참조.

13 | 申叔舟, 『保閑齋集』 卷15, 「永慕錄序」.

14 | 최근 국립고궁박물관 소장의 17세기 공신초상화가 원종의 어진
일 가능성이 제기되었다. 임현우, 「국립고궁박물관 소장 반소半燒
된 공신초상화의 주인공 검토」, 『고궁문화』 제3호, 국립고궁박물관,
2010, 9~29쪽.

15 | 유송옥, 앞의 논문(1997), p. 141.

16 | 유송옥, 앞의 논문(1997), p. 150.

17 | 『숙종실록』 권19, 14년(1688), 4월 경술(8일).

18 | 경기전본 「태조어진」에 대해서는 이수미, 「경기전 태조어진의 조형
적 특징과 봉안의 의미」, 『미술사학보』 26, 미술사학연구회, 2006,
5~32쪽; 동저, 「경기전 태조어진의 원본적 성격 재검토」, 『조선왕실
과 전주』, 국립전주박물관, 2010, 234~242쪽 참조.

19 । 대한제국기 사진술의 도입과 고종어진의 제작에 대해서는 권행가, 「高宗 皇帝의 肖像: 近代 시각매체의 流入과 御眞의 변용 과정」, 홍익대 미술사학과 박사학위논문, 2006 참조.

20 । 『궁궐지』「慶熙宮志」泰寧殿: "惟以御國之要, 德敎爲本, 遺像之道, 影子最先, 伊旣奉搨之有正, 其宜完固之傳, 億是用重營斯殿, 復揭前名."

21 । 근래 학계에서는 '진전眞殿'이라는 용어 대신 '어진봉안처御眞奉安處'라는 좀 더 폭넓은 용어를 사용하기도 한다. 이는 역대 임금들의 초상화를 봉안하는 공식적인 장소인 진전 외에 조선 후기 개별 전각에도 임금의 초상을 봉안한 예가 늘어난 현상을 고려한 것이다. 조선시대 진전에 대해서는 안선호, 「조선시대 진전眞殿 건축 연구」, 원광대학교 박사학위논문, 2011 참조.

22 । 『승정원일기』 제477책, 숙종 39년(1713) 5월 임오: "上曰, 宋時, 御容之文矣. 向日影子之敎, 蓋是自我所稱, 永禧殿, 旣云眞殿, 則御眞之稱, 似好矣."

23 । 고려시대 진전에 대해서는 다음의 논저를 참조할 수 있다. 김철웅, 「고려 경령전의 설치와 운영」, 『정신문화연구』 32, 한국학중앙연구원, 2009, 101~127쪽; 김철웅, 「고려시대 서경의 聖容殿」, 『문화사학』 32, 한국문화사학회, 2009, 109~128쪽; 장동익, 「고려시대의 景靈殿」, 『歷史敎育論集』 제43집, 역사교육학회, 2009, 487~512쪽; 한기문, 「고려시대 開京 奉恩寺의 창건과 태조진전」, 『한국사학보』 33, 한국사연구회, 2008, 205~246쪽; 홍영의, 「고려시기 개경의 궁궐조영과 경영」, 『한국중세사연구』 28, 한국중세사학회, 2010, 289~340쪽.

24 」 『태종실록』 권10, 5년(1405) 12월 계미(21일).

25 」 조선 초기 태조진전에 대해서는 조인수, 「경기전 태조어진과 진전의 성격」, 『왕의 초상-경기전과 태조 이성계』, 국립전주박물관, 2005, 266~278쪽; 동저, 「전통과 권위의 표상-高宗代의 太祖 御眞과 眞殿」, 『미술사연구』 20, 미술사연구회, 2006, 29~56쪽; 동저, 「태조어진과 전주」, 『조선왕실과 전주』, 국립전주박물관, 2010, 225~233쪽; 김철배, 「조선 초기 태조진전의 건립과 경기전」, 『전북사학』 34, 전북사학회, 2009, 77~104쪽 참조.

26 」 『태종실록』 권24, 12년(1412) 11월 병신(15일).

27 」 영희전의 역사에 대해서는 장필구, 「복원연구를 통한 永禧殿의 고찰」, 서울대 건축학과 석사학위논문, 2003 참조.

28 」 『인조실록』 권26 10년(1632) 3월 병오(9일).

29 」 문소전을 중심으로 한 조선 초기 궁궐 진전에 대해서는 이강근, 「경기전과 조선전기의 궁궐 진전」, 『조선왕실과 전주』, 국립전주박물관, 2010, 218~224쪽.

30 」 (구)선원전과 (신)선원전은 오늘날 두 전각을 편의상 구별해서 부르는 이름일 뿐 원래 모두 '선원전'으로 불렸다. 선원전에 대해서는 이강근, 「조선 후기 선원전璿源殿의 기능과 변천에 관한 연구」, 『강좌미술사』 35, 한국불교미술사학회, 2010, 239~268쪽 참조.

31 」 『昌德宮 奎章閣·舊璿源殿 圈域 復元工事報告書』, 문화재청, 2004, 132~133쪽.

32 」 덕수궁 선원전에 대해서는 이강근, 「덕수궁璿源殿 복원의 제문제」, 『건축역사연구』 14집, 한국건축역사학회, 2005, 203~208쪽 참조.

33 」 김지영, 「19세기 眞殿 및 御眞奉安處 운영에 관한 연구」, 『장서각』,

한국학중앙연구원, 2011, 162~187쪽.

34 ı 국립문화재연구소에서는 2009~2010년 (신)선원전의 내외부 건물 및 유물 등을 조사하고 그 결과를 보고서로 발간했다. 『최후의 진전-창덕궁 신선원전』, 국립문화재연구소, 2010 참조.

35 ı 『순종실록부록』 권20 2년(1908) 7월 23일(양력).

36 ı 『순종실록부록』 권12 14년(1921) 3월 22일(양력).

37 ı 『순종실록부록』 권12 14년(1921) 3월 22일(양력).

38 ı 『순종실록부록』 권17, 21년(1928) 7월 6일(양력).

39 ı 오봉병의 기원과 기능에 대해서는 이성미, 「朝鮮王朝 御眞關係 都監儀軌」, 『朝鮮時代御眞關係都監儀軌研究』, 한국정신문화연구원, 1997, 95~118쪽; Yi Song-mi, "The Screen of the Five peaks of the Chosŏn Dynasty." *Oriental Arts*, vol., XLII, no.4, 1996/97, pp. 13~24 참조.

40 ı 조선왕실의 모란병에 대해서는 김홍남, 「朝鮮時代 '宮牡丹屛' 研究」, 『미술사논단』 9호, 한국미술사연구소, 1999, 63~105쪽; 이종숙, 「조선 후기 국장용 모란병의 사용과 그 의미」, 『古宮文化』 창간호, 국립고궁박물관, 2007, 61~91쪽; 신한나, 「조선왕실 凶禮의 儀仗用 屛風의 기능과 의미」, 홍익대 미술사학과 석사학위논문, 2009 참조.


그 넓은 후원을 가꾼 이들의 마음을 엿보다

1 ı 사정기비각(1690, 숙종 16)은 옛 술성각 자리에 세운 네 개의 연못을 기록한 비각으로, 정면 1칸, 측면 1칸의 초익공으로 겹처마에 팔작지

붕을 하고 있으며 각 마루에는 양성을 했다.

2, 주합루의 정문인 어수문은 가는 제모기둥 두 개가 크고 화려한 우진
각 지붕을 지탱하고 있으며, 짜임은 단층의 일주문 형식으로 6단의
디딤돌을 놓은 돌계단을 둔 장대석의 긴 돌기단이 높이 세워지고, 그
위로 어문과 좌우 협문이 세워져 일종의 삼문 형식을 이루고 있다.

3, 경사지형을 처리하기 위해 조영한 부용지·주합루 일원의 화계는 어
수문으로 시작해 주합루로 접근하는 석단에 중심으로 축을 이루고
있으며, 주합루 권역의 조성 당시(1776) 모습은 「규장각도」에, 이후
주합루 권역의 변화된 모습은 「동궐도」에서 찾아볼 수 있다. 「규장각
도」와 「동궐도」에 나타난 주합루 권역 화계 지역은 취병과 일부 단일
수목이 식재되어 있을 뿐 창덕궁 내 낙선재나 연경당 지역의 화계처
럼 화목류나 기타 수종이 없다. 이는 주합루 조성 당시 건축물의 성
격에 의해 나타난 현상으로, 당시에는 임금의 어서, 어필, 어진, 어
장 등을 보관하는 곳이었기 때문에 엄숙한 장소로서 경건한 마음을
갖게 하고자 화목류의 식재를 기피한 듯하다.

4, 주합루(1776, 정조 즉위년)는 정면 5칸, 측면 4칸의 중층 팔작지붕
으로 네벌대의 장대석 기단 위에 놓였으며 기단 전면에 3조의 돌계단
이 있다. 중앙의 돌계단에는 호형의 모서리돌이 있는데 그 바깥 면에
운문을 부각했다. 기단 위의 외진평주에는 네모난 주춧돌을 놓고 그
위에 네모기둥을 세웠고, 내진고주는 원형 주춧돌에 통기둥을 썼다.

5, 서향각은 정면 8칸, 측면 3칸의 단층 팔작지붕의 초익공으로 장대석
세벌대 기단 위에 전을 깔고 네모난 주춧돌을 놓은 뒤에 네모기둥을
세웠다. 평면은 평주로 구성된 외진주와 고조로 배열된 내진주로 이
루어졌다.

6 । 「동궐도」에서 보는 애련지·연경당 일원(어수당 권역)은 어수당을 중심으로 애련정, 애련지, 연경당 그리고 역안제와 운경거의 네 구역으로 되어 있다. 그러나 「동궐도형」에 한하여 보면, 어수당과 연경당 구역이 「동궐도」에서 보는 공간 구성과 다르다. 즉 어수당은 보이지 않으며, 어수당 동서에 있는 연못의 위치도 큰 차이를 보이고 있고, 또한 연경당의 건물 배치도 현재와 유사하게 되어 있음을 알 수 있는데 이는 시간의 흐름에 따른 어수당 권역의 경관 변천으로 보인다.

7 । 낙선재 후원 일원에서의 문은 행랑에 마련된 중문과 담장 사이의 합문, 담장과 건물 사이의 편문으로 구성되어 있으며, 중문은 현재 낙선재 일원에는 대문으로 추정되는 이극문은 물론이고 외행랑까지도 남아 있지 않기 때문에 현재 남아 있는 5개의 행랑문이 이에 해당된다. 그중 헌종이 사용하는 낙선재 중문인 '장락문'만 솟을대문이고 나머지는 행랑채와 같은 지붕 속에 문을 설치한 평대문이다. 합문은 낙선재 일원에 14개가 있고, 낙선재, 석복헌, 수강재 등의 공간을 연결해준다. 편문은 동선에 따라 한 건물에서 다른 건물로 이동해갈 때 좀더 편리하기 위해 간략하게 설치한 문으로, 모두 처마 밑에 조영되었기에 기와지붕이 없다. 낙선재 일원의 편문은 반드시 문으로 조영된 것은 아니므로, 외관은 문의 형태지만 때로는 벽의 역할을 하기도 한다.

8 । 낙선재 일곽의 굴뚝은 온돌 구조로 낙선재, 석복헌, 수강재 건물 뒤의 화계와, 후원의 한정당, 취운정에 있다. 전벽돌 및 기와를 이용해 만들어졌으며, 전면에 수壽자를, 측면에는 세歲자를 새겨 넣었고 기와지붕 위에 연가를 올린 형태다.

1 | 풍수에서는 명당을 둘러싸고 있는 주위의 자연 조건을 총칭하여 '사砂'라고 한다. 가장 대표적인 것이 전후좌우 사방을 지켜주는 수호신 개념과 관련된 청룡靑龍·백호白虎·주작朱雀·현무玄武 사신사다. 청룡은 명당 뒤의 주산 맥세에서 나와 앞쪽을 향해 명당의 왼쪽을 감싸안는 산세를 말하고, 백호는 명당의 오른쪽을 감싸면서 청룡 쪽으로 명당의 앞을 지나가는 산세를 말한다. 그리고 명당의 전면에 있는 안산과 조산은 주작이 되고, 명당 뒤에 두어 마디 떨어져 솟아 있는 주산과 주산으로부터 명당까지 이어지는 내룡來龍의 맥세 중 우뚝 솟은 현무정玄武頂은 사신사 중 가장 중요한 현무가 된다.

2 | 『고려사』 지, 제27, 선거 1: "삼국 이전에는 과거법이 없었고 고려 태조가 처음으로 학교를 세웠으나 과거로 인재를 뽑는 데까지는 이르지 못하였다. 광종이 쌍기의 의견을 채용하여 과거로 인재를 뽑게 하였으며 (…) 과거에는 제술, 명경 두 과가 있었고 의복, 지리, 율학, 서학, 산학, 삼례, 삼전, 하론 등의 잡과가 있었는데 각기 그 전문 과목에 대해 시험치고 출신을 주었다."

3 | 고려시대 지리과 시험 과목으로 채택된 서책들에 당대에 중국에서 편찬된 풍수서가 거의 들어 있지 않음을 볼 때 오히려 한국 고유의 풍수서가 주를 이루었다고 할 수 있다. 현재로서는 고려시대 지리과 시험 과목으로 제시된 서책의 내용은 둘째치고 서책 자체도 확인할 방도가 없지만 말이다.

4 | 『고려사』 지, 제27, 과목 1: "지리과의 방식은 첩경帖經 방법으로 2일 내에 실시하되 첫날에는 『신집지리경』에 10조를, 다음 날에는 『류씨서』에 10조를 첩경 시험을 쳐 이틀 동안의 것이 모두 6조 이상씩 통

해야 한다. 『지리결경』 8권, 『경위령』 2권을 합하여 10권을 읽히는데, 문리와 글 뜻을 잘 안 것이 여섯 궤가 되어야 하며 문리를 잘 안 것이 네 궤가 되어야 한다. 『지경경』 4권, 『구시결』 4권, 『태장경』 1권, 『가결』 1권을 합해 10권을 읽는데 문리와 글 뜻을 잘 안 것이 여섯 궤가 되어야 하며 문리 잘 안 것이 네 궤가 되어야 한다. 또 『소씨서』 10권을 읽는데 그 안에서 문리 잘 안 것이 한 궤가 되어야 한다."

5ㅣ 취재取才에는 『경국대전』에 『청오경』, 『금낭경』, 『착맥부』, 『지남指南』, 『변망辨妄』, 『의룡』, 『감룡』, 『명산론』, 『곤감가坤鑑歌』, 『호순신』, 『지리문정』, 『장중가掌中歌』, 『지현론至玄論』, 『낙도가樂道歌』, 『입시가入試歌』, 『심룡기尋龍記』, 『이순풍李淳風』, 『극택통서剋擇通書』, 『동림조담』 등이 있으며, 『속대전』에는 『명산론』, 『곤감가』, 『장중가』, 『지현론』, 『낙도가』, 『입시가』, 『심룡기』, 『이순풍』, 『삼진통재三辰通載』, 『대정수大定數』, 『육임六任』, 『오행정기五行精記』, 『자미수紫薇數』, 『응천가應天歌』, 『현흥자평玄興子平』, 『난대묘선蘭坮妙選』, 『성명총괄星命總括』 등이 제시되어 있다.

6ㅣ 양균송, 『감룡경·의룡경』, 김두규 역주, 비봉출판사, 2010; 호순신, 『호순신의 지리신법』, 김두규 역해, 장락, 2001; 채성우, 『명산론』, 김두규 역해, 비봉출판사, 2002; 최창조 역주, 『청오경·금낭경』, 1993, 민음사.

7ㅣ 『태종실록』 6년 11월 신미조. "태종 6년(1406)에는 십학을 설치하면서 천문, 지리 영역을 합쳐 음양풍수학으로 칭하기도 하였다."

8ㅣ 『세종실록』 20년 10월 계유조. "육전에 천문·지리·성명·복과를 총합하여 음양학이라 하였사온데, 이제 지리를 배우는 것을 음양학이라 하고 역상·일월·성신을 맡은 자를 천문학이라 하여, 음양과 천문

이 갈려서 둘이 되었사오니 이치에 매우 합당하지 못합니다. 이제부
터는 지리를 배우는 자를 예전대로 풍수학이라 하게 하소서."

9 ┃ 『세조실록』 12년 1월 무오조.

10 ┃ 권선정, 「텍스트로서의 풍수경관 읽기」, 『문화역사지리』 211호,
2009, 120쪽.

11 ┃ 권선정 「조선시대 읍치의 진산과 주산: 대전·충남 지역을 중심으
로」, 『문화역사지리』 222호, 2010, 62쪽.

12 ┃ 조선시대 한양은 고려 중기 양주군이 남경유수관으로 승격되며 당
시 아차산 남쪽에 있던 양주군 읍치가 이동한 곳이다.

13 ┃ 홍순민, 『우리 궁궐 이야기』, 청년사, 2000, 74쪽.

대한제국 최후의 정전正殿, 인정전

1 ┃ 양정석, 『한국 고대 정전의 계보와 도성제』, 서경문화사, 2008

2 ┃ 『비서감일기(승정원일기)』 융희 원년 10월 8일 병인

3 ┃ 『고종실록』과 『순종실록』이 일본의 조선 침략을 합리화하기 위해 당
시의 상황을 일본 입장에서 정리한 것과는 달리 한국인의 입장에서
여러 자료를 바탕으로 정리한 것이 『대한계년사』이다.

4 ┃ 곤도 시로스케, 『대한제국 황실비사』, 이언숙 옮김, 이마고, 2007,
75쪽.

5 ┃ 곤도 시로스케, 위의 책, 2007, 75쪽.

6 ┃ 문화재청·창덕궁관리소, 『동궐도 읽기』, 2005.

7 ┃ 국립고궁박물관, 『창덕궁, 아름다운 덕을 펼치다』, 2011.

8 ┃ 『近代建築圖面集』, 한국학중앙연구원 장서각, 2009.

9| 이강근, 「장서각 소장 근대 건축도면에 대하여」, 『근대건축도면집』, 한국학중앙연구원 장서각, 2009a

10| 한영우, 『조선의 집, 동궐에 들다』, 열화당·효형출판, 2006.

11| 이강근, 「근대기 창덕궁 건축의 변화─장서각 소장 건축도면을 중심으로」, 한국대학박물관협회 제61회 추계 학술발표대회, 『한국대학박물관협회 학술대회 자료집』, 2009b

12| 이강근, 앞의 글, 한국학중앙연구원 장서각, 2009a

13| 이강근, 앞의 글, 2009a

14| 김순일, 「구한국 탁지부 건축소에 관한 연구」, 『부산대공대연구보고』 27, 1985

15| 이경민, 『제국의 렌즈』, 산책자, 2010.

16| 곤도 시로스케, 앞의 책, 2007, 109쪽.

17| 仁政殿,秘苑,昌慶苑, 特別縱覽者, 許可取扱規定, 告示于方外.

18| 이 옥돌부는 순종의 장례 과정을 정리한 『순종국장록』에 사진으로 소개되고 있다.

19| 곤도 시로스케, 앞의 책, 2007

조선 왕실의 마지막 자존심을 지키다

1| 고종에 대한 이러한 재평가는 2000년대 이후 이태진 전 서울대 국사학과 교수를 중심으로 꾸준히 이루어져왔다. 이태진, 『고종시대의 재조명』, 태학사, 2000, 152~243쪽 참조.

2| 강민기, 「근대 전환기 한국화단의 일본화 유입과 수용」, 홍익대 박사학위 논문, 2005, 56~70쪽.

3 ı 순종純宗(부록), 4년 11월 9일

4 ı 순종(부록), 1년 7월 20일

5 ı 순종(부록), 6년 7월 20일, "화가 가나이 덴로쿠에게 금 500원 및 은제 주식 내사존 1개를 하사하였다. 창경원 내의 수정오 및 장자의 휘호를 쓰느라 노고하였기 때문이다."

6 ı 日吉守, 「朝鮮美術界の回顧」, 『朝鮮の回顧』, 近澤書店, 1945: 日吉守, 이중희 옮김, 「朝鮮美術界의 回顧」, 『한국근대미술사학』 제3집, 1996, 182~189쪽에서 재인용.

7 ı 강민기, 「근대 전환기 한국화단에의 일본화 유입과 한국화가들의 일본체험-1890년대부터 1910년대까지」, 『미술사학연구』 253, 2007, 257~260쪽.

8 ı 金銀鎬, 『書畫百年』, 中央日報, 1977, 66~70쪽.

9 ı 마침 경복궁이 헐리고 있던 때라 소요 재목들은 경복궁의 전각들을 철거해 이전했는데, 경복궁의 강녕전康寧殿, 교태전交泰殿, 만경전蔓慶殿이 각각 창덕궁의 희정당熙政堂, 대조전大造殿, 경훈각景薰閣으로 건립되었다. 이덕수, 『新궁궐기행』, 대원사, 2004, 182쪽.

10 ı 이구열, 『近代韓國畫의 흐름』, 미진사, 1983, 20쪽.

11 ı 김은호, 앞의 책, 90쪽.

12 ı 장시사掌侍司는 조선시대의 예조, 대한제국기의 장례원 등의 기능을 이어받은 기관으로, 주로 이왕가의 제례와 의식에 관한 일을 주관한 조선총독부 소속 기관이었다.

13 ı 김은호, 앞의 책, 91쪽.

14 ı 이구열, 『畫壇一境: 以堂先生의 生涯와 藝術』, 東洋出版社, 1968, 81쪽.

15 ı 박정혜, 「대한제국기 화원 제도의 변모와 화원의 운용」, 『근대미술 연구』, 국립현대미술관, 2004, 89쪽.

16 ı 이구열, 『韓國近代美術散考』, 을유문화사, 1972, 11~12쪽.

17 ı 김규진은 단독으로 그리려고 금강산을 방문했지만, 김응원은 원래 난초만 그리는 화가라 서화미술회 졸업생 가운데 김은호, 이상범, 노수현, 오일영, 이용우에게 대조전과 경훈각의 벽화를 부탁했다.

18 ı 조선조의 마지막 도화서 화원이라 불리는 조석진과 안중식이 도화 서 출신인가에 대해서는 여전히 규명되어야 할 문제이지만, 평범한 선비 집안의 자제였던 안중식과 달리 화원 임전 조정규의 손자였던 조석진은 도화서에서 일했을 가능성이 높다. 조석진은 1886년부터 도화서가 폐지되었던 1894년까지 화원으로 봉직했던 것으로 여겨진 다. 이 기간 동안 그는 아홉 차례 도감에서 화원의 주요 임무인 관 의화보기화官衣畫補起畫와 보전문보획寶篆文補劃을 담당했는데, 경험 을 요했던 이런 작업은 외부에서 화원을 차출하기보다는 도화서 화 원들이 담당하는 것이 원칙이었다. 박정혜, 앞의 글, 105쪽.

19 ı 昌德宮에서는 25일 9시부터 仁政殿에서 御前揮毫宴를 개최하고 現 代書畫家 十名을 招하야 해강 김규진, 소호 김응원, 소림 조석진, 심전 안중식, 정대유, 이도영 (⋯) 해강 김규진씨는 龍虎龜壽四大 字와 卽筆蘭竹 百餘梅를 一筆揮之 하얏다 하더라.(「昌德宮御前揮 毫」, 『매일신보』, 1916년. 5월 27일자)

20 ı '부벽화付壁畫'는 그림을 따로 그려 벽에 부착하는 형식의 그림을 통 칭하는 말이다. 국립고궁박물관, 『궁궐의 장식그림』, 2009, 66쪽 참조.

21 ı 홍선표, 「金剛山 그림의 실상과 그 흐름」, 『월간미술』, 1989년 4월

창덕궁
깊이 읽기

호, 64쪽.

22। "……희정당 두벽의 길이가 스물아홉자 광일곱자의 두폭 풍경화는 서화연구회 대표자 김규진에게 일천삼백오십원의 윤필요를 주어 촉탁을 하고 대조뎐 경훈각의 두 대 청량편벽에 부칠 네 폭의 봉황도와 텬보구여도는……"(『동아일보』, 1920년 6월 24일자)

23। 허영환, 「조선시대의 도석인물화」, 『공간』, 1980년 6월호, 75쪽.

• 참고문헌 및 더 읽어볼 책들 •


창덕궁에 스며든 오백 년 세월, 그 어긋남의 미학

『태종실록』

『세종실록』

『세조실록』

김동욱, 『한국건축공장사연구』, 기문당, 1993

──── , 『(개정) 한국건축의 역사』, 기문당, 2007


붓끝에서 살아난 창덕궁

『궁궐지』 I, 경복궁·창덕궁, 서울시립대학교 부설 서울학연구소, 1994

『東闕圖』, 문화부 문화재관리국, 1991

『조선시대 궁중행사도』 I, 국립중앙박물관 한국서화유물도록 제18집,
          국립중앙박물관, 2010

『창덕궁, 아름다운 덕을 펼치다』, 국립고궁박물관, 2011

박정혜, 『조선시대 궁중기록화 연구』, 일지사, 2000

安輝濬, 「韓國의 宮闕圖」, 『東闕圖』, 문화부 문화재관리국, 1991

──── , 『옛 궁궐 그림』, 대원사, 1997

이덕수, 『新 궁궐기행』, 대원사, 2004

장순용, 『창덕궁』, 대원사, 1990

최종덕, 『조선의 참 궁궐 창덕궁』, 눌와, 2006

한영우, 『昌德宮과 昌慶宮』, 열화당·효형출판, 2003

———, 『조선의 집 동궐에 들다』, 열화당·효형출판, 2006


비운의 왕, 뛰어난 문예취미

『내각일력』

『승화루서목』(필사본), 규장각한국학연구원

김정희, 『완당전집』(국역) 제1권, 솔출판사, 1995

박종훈 찬, 『문사저영』, 규장각한국학연구원

허련, 『소치실록』, 서문당, 1976

헌종, 『원헌집』

헌종, 「효현왕후 행록」, 『원헌집』(『헌종 철종 문집』, 한국정신문화연구
　　　원, 1999)

윤정현 찬, 「헌종대왕 묘지문」, 『헌종실록』 부록

남권희, 「승화루서목고」, 『사회과학연구』, 경북대 사회과학연구원,
　　　1987

노진하·이상해, 「낙선재 일곽 건축의 조영에 관한 복원적 고찰」, 『건축
　　　역사연구』 통권 7호, 1995. 6

성인근, 「보소당 인존의 내용과 이본의 제작시기」, 『장서각』 14집, 한국
　　　학중앙연구원, 2005

유홍준, 『완당평전』 제2권, 학고재, 2002

이종훈, 「조선시대 왕실 도서의 수장에 대하여」, 『서지학보』 제26호,
　　　2002

조희룡, 『석우망년록』, 한길아트, 1998

한국역사연구회, 『조선정치사 1800-1863』, 청년사, 1990

황정연, 「19세기 궁중 서화 수장의 형성과 전개」, 『미술자료』 70·71호,

2004

왕의 얼굴을 화폭에 담다

국립문화재연구소, 『다시 보는 우리 초상의 세계』, 2007

──, 『開城 高麗宮城 發掘調査報告書』, 2008

──, 『최후의 진전─창덕궁 新璿源殿』, 2010

국립전주박물관, 『왕의 초상─경기전과 태조 이성계』, 2005

──, 『조선왕실과 전주』, 2010

문화재청, 『한국의 초상화─역사 속의 인물과 조우하다』, 2007

──, 『昌德宮 奎章閣·舊璿源殿 圈域 復元工事報告書』, 2004

──, 『昌德宮 新璿源殿 修理報告書』, 2002

강관식, 『조선후기 궁중화원 연구』(상·하), 돌베개, 2001

권행가, 「高宗 皇帝의 肖像: 近代 시각매체의 流入과 御眞의 변용 과정」, 홍익대 미술사학과 박사학위논문, 2006

김지영, 「19세기 眞殿 및 御眞奉安處 운영에 관한 연구」, 『藏書閣』, 한국학중앙연구원, 2011

김철웅, 「고려 경령전의 설치와 운영」, 『정신문화연구』 32, 한국학중앙연구원, 2009

박정혜, 「藏書閣 소장 일제강점기 儀軌의 미술사적 연구」, 『美術史學研究』 259호, 한국미술사학회, 2008

신명호, 「대한제국기 御眞 제작」, 『조선시대사학보』 33집, 2005

윤진영, 「藏書閣 所藏 『御眞圖寫事實』의 正祖~哲宗代 御眞圖寫」, 『장서각』 11집, 한국학중앙연구원, 2004

이강근, 「조선후기 선원전의 기능과 변천에 관한 연구」, 『강좌 미술사』

35, 2010

이강칠, 「御眞 圖寫過程에 대한 小考-李朝 肅宗朝를 中心으로-」, 『古
　　文化』 제11집, 한국대학박물관협회, 1973

李成美·劉頌玉·姜信沆 공저, 『朝鮮時代 御眞關係都監 儀軌』, 한국정
　　신문화연구원, 1997

이성미, 『어진의궤와 미술사』, 소와당, 2012

이수미, 「경기전 태조어진의 조형적 특징과 봉안의 의미」, 『미술사학보』
　　26, 2006

장필구, 「복원연구를 통한 永禧殿의 고찰」, 서울대 건축학과 석사학위
　　논문, 2003

조선미, 『한국의 초상화』, 돌베개, 2009

조인수, 「전통과 권위의 표상-高宗代의 太祖 御眞과 眞殿」, 『미술사연
　　구』 20, 2006

진준현, 「英祖·正祖代 御眞圖寫와 畫家들」, 『서울대박물관연보』, 서울
　　대박물관, 1994

―――, 「肅宗代의 御眞圖寫와 畫家들」, 『古文化』 46, 한국박물관협회,
　　1995

한기문, 「고려시대 開京 奉恩寺의 창건과 태조진전」, 『한국사학보』 33,
　　한국사연구회, 2008


오백 년 왕의 숨결과 함께한 창덕궁의 꽃과 나무

『조선왕조실록』, http://sillok.history.go.kr/

한국 고전 종합DB, http://db.itkc.or.kr/

『東闕圖』, 문화부 문화재관리국, 1991

김학주, 『신완역 시경詩經』, 명문당, 2002

문화재청, 『창덕궁.종묘 원유 조사 보고서』, 2002

──────, 『창경궁 수목조사 보고서』, 2005

박상진, 『궁궐의 우리나무』, 눌와, 2001

──────, 『우리나무의 세계』, 김영사, 2011

이선, 『우리와 함께 살아온 나무와 꽃』, 수류산방, 2006

이원복, 『회화』, 솔, 2005

이창복, 『대한식물도감』, 향문사, 1980

최영전, 『한국민속식물』, 아카데미출판, 1992


그 넓은 후원을 가꾼 이들의 마음을 엿보다

김기호, 「조선왕조 궁궐건축의 배치계획에 관한 연구」, 서울대학교 석사
        학위논문, 1971

김영모, 「전통공간의 구성원리에 관한 연구」, 서울시립대학교 박사학위
        논문, 1998

문화재관리국, 『한국의 고궁』, 문화공보부 문화재관리국, 1980

박영민, 「조선시대 궁궐건축의 내부공간에 관한 연구」, 서울대학교 석
        사학위논문, 1975

손신영, 「동궐도를 통해 본 창덕궁의 연구」, 동국대학교 석사학위논문,
        1995

우동선, 「창덕궁의 변천에 관한 연구」, 서울대학교 석사학위논문, 1991

윤장섭, 『한국의 건축』, 서울대학교출판부, 1996

이강근, 『한국의 궁궐』, 대원사, 1993

장순용, 『창덕궁』, 대원사, 1990

정재훈, 『한국의 옛 조경』, 대원사, 1990

――――, 『한국전통의 원』, 조경, 1996

주남철, 『비원』, 대원사, 1992

진상철, 「조선시대의 궁궐조경양식 연구」, 서울시립대 박사학위논문,
    1996

한국조경학회, 『동양조경사』, 문운당, 1996

허균, 『서울의 고궁산책』, 효림, 1994

홍순민, 『역사기행 서울궁궐』, 서울학연구소, 1994

――――, 「조선왕조 궁궐경영과 양궐체제의 변천」, 서울대학교 박사학위
    논문, 1996

동궐을 꽃피운 예술의 절정

『국조오례의』

『수작의궤』(영조 을유)

『악학궤범』

『진연의궤』(숙종 기해, 영조 갑자)

『진작의궤』(순조 정해·무자, 고종 계유)

『진찬의궤』(순조 기사·기축, 헌종 무신, 고종 무진·정축·정해·임진)

『춘관통고』

『풍정도감의궤』

『역주 원행을묘정리의궤』, 수원시, 1996

송방송 외 역, 『영조조갑자진연의궤』, 민속원, 1998

――――――, 『순조기축진찬의궤 1, 2, 3』, 민속원, 2007

이재숙 외, 『조선조 궁중의례와 음악』, 서울대학교출판부, 1998

장사훈, 『한국전통무용연구』, 일지사, 1977

한국정신문화연구원 편, 『정재무도홀기』, 한국정신문화연구원, 1994

──────────── , 『조선후기 궁중연향문화 1』, 민속원, 2003

한국학중앙연구원 편, 『조선후기 궁중연향문화 2, 3』, 민속원, 2005


조선의 서울 자리를 겨루다

『경국대전』

『고려사』

『속대전』

『조선왕조실록』

양균송, 『감룡경·의룡경』, 김두규 역주, 비봉출판사, 2010

채성우, 『명산론』, 김두규 역해, 비봉출판사, 2002

호순신, 『호순신의 지리신법』, 김두규 역주, 장락, 2001

권선정, 「텍스트로서의 풍수경관 읽기」, 『문화역사지리』 제21집 1호,
    2009

──── , 「조선시대 읍치의 진산과 주산: 대전·충남 지역을 중심으로」,
『문화역사지리』 제22집 2호, 2010

최창조 역주, 『청오경·금낭경』, 민음사, 1993

홍순민, 『우리 궁궐 이야기』, 청년사, 2000


대한제국 최후의 정전正殿, 인정전

『승정원일기』

『대한계년사』

『조선고적도보』(제10권), 조선총독부, 1930

창덕궁
깊이 읽기

『황성신문』

『매천야록』

『근대건축도면집』, 한국학중앙연구원 장서각, 2009

곤도 시로스케, 『대한제국 황실비사』, 이언숙 옮김, 이마고, 2007

김순일, 「구한국 탁지부 건축소에 관한 연구」, 『부산대공대연구보고』
    27, 1985

세키노 다다시, 『한국건축조사보고』, 동경대학, 1904

양정석, 『한국 고대 정전의 계보와 도성제』, 서경문화사, 2008

이강근, 「장서각 소장 근대 건축도면에 대하여」, 『근대건축도면집』, 한
    국학중앙연구원 장서각, 2009

─────, 「근대기 창덕궁 건축의 변화─장서각 소장 건축도면을 중심으
    로」, 한국대학박물관협회 제61회 추계학술발표대회, 2009

조선 왕실의 마지막 자존심을 지키다

『조선왕조실록』 http://sillok.history.go.kr/main/main.jsp

한국사데이터베이스 http://db.history.go.kr

국립중앙박물관, 『일본근대미술』, 2007

국립고궁박물관, 『궁궐의 장식그림』, 2009

『每日新報』, 1916

강민기, 「근대 전환기 한국화단의 일본화 유입과 수용」, 홍익대학교 박
    사학위 논문, 2005

─────, 「근대 전환기 한국화단에의 일본화 유입과 한국화가들의 일본
    체험─1890년내부터 1910년대까시」, 『미술사학연구』 253, 2007

김영나, 『20세기의 한국미술』, 예경, 1998

김영나 엮음, 『한국 근대미술과 시각문화』, 조형교육, 2002

金銀鎬, 『書畵百年』, 中央日報, 1977

명세나, 「조선시대 오봉병 연구」, 이화여자대학교 석사학위논문, 2007

박소현, 「제국의 취미」, 『미술사논단』 18, 2004

박정혜, 「대한제국기 화원 제도의 변모와 화원의 운용」, 『근대미술연
　　구』, 국립현대미술관, 2004

安輝濬 外, 『日本繪畵調査報告書(昌德宮所藏)』, 文化財管理局, 1987

오광수, 『한국현대미술사(개정판)』, 열화당, 1995

이구열, 『近代韓國畵의 흐름』, 미진사, 1983

──, 『畵壇一境 : 以堂先生의 生涯와 藝術』, 東洋出版社, 1968

──, 『韓國近代美術散考』, 을유문화사, 1972

──, 『근대한국미술사의 연구』, 미진사, 1992

이덕수, 『新궁궐기행』, 대원사, 2004

이미나, 「이왕가 미술관의 일본미술품 전시에 대하여」, 『미학·미술사연
　　구』 11, 2000

이태진, 『고종시대의 재조명』, 태학사, 2000

허영환, 「조선시대의 도석인물화」, 『공간』, 1980년 6월호

홍선표, 「金剛山 그림의 실상과 그 흐름」, 『월간미술』, 1989년 4월호

日吉守, 「朝鮮美術界의 回顧」, 『한국근대미술사학』 제3집, 이중희 옮
　　김, 1996


대한제국 황실의 마지막 모습

『서울대학교박물관 사진특별전, 마지막 황실 잊혀진 대한제국』, 서울대
　　학교박물관, 2005

『순종황제의 서북순행과 영친왕·왕비의 일생』, 국립고궁박물관, 2011

곤도 시로스케, 『대한제국 황실비사』, 이언숙 옮김, 이마고, 2007

서영희, 『대한제국 정치사 연구』, 서울대학교출판부, 2003

이방자, 『세월이여 왕조여』, 정음사, 1985

이해경, 『나의 아버지 의친왕』, 1997

정범준, 『제국의 후예들』, 황소자리, 2006

혼마 야스코, 『덕혜옹주』, 이훈 옮김, 역사공간, 2008

• 지은이 •

김동욱  경기대 건축학과 교수. 저서 『도산서당, 선비들의 이상향을 짓다』, 『영건의궤—의궤에 기록된 조선시대 건축』, 『한국건축의 역사』, 『실학정신으로 세운 조선의 신도시 수원화성』 외 다수.

박정혜  한국학중앙연구원 문화예술학부 교수.  저서 『조선시대 궁중기록화 연구』, 『왕과 국가의 회화』, 『조선왕실의 행사그림과 옛지도』 외 다수.

유홍준  전 문화재청장·명지대 미술사학과 교수. 『완당평전』(1~3), 『화인열전』(1~2), 『진명 권헌의 화론과 문학론』, 『건천궁, 찬란했던 왕조의 마지막 기억』 외 다수.

황정연  국립문화재연구소 학예연구사. 공저 『조선왕실의 미술문화』, 『조선 궁궐의 그림』, 『조선 전문가의 일생』, 『왕과 국가의 회화』, 논문 「『흠영欽英』을 통해 본 유만주俞晩柱의 서화 감상과 수집 활동」 외 다수.

박상진  경북대 명예교수. 저서 『문화와 역사로 만나는 우리 나무의 세계』(1·2), 『궁궐의 우리나무』, 『역사가 새겨진 나무이야기』, 『나무에 새겨진 팔만대장경의 비밀』 외 다수.

최종희  배재대 생명환경디자인학부 교수. 공저 *Korean Traditional Landscape Architecture*, 역서 『신의 정원, 에덴의 정치학』, 『이슬람의 이상세계』, 논문 「조선시대 객사의 입지 및 배치, 조경적 특성」 외 다수.

김영운  한양대 국악과 교수. 저서 『가곡 연창형식의 역사적 전개』, 『정재 무도홀기』, 『조선후기 궁중연향문화』(1, 2, 3), 논문 「매화점식 장단기보법 연구」 외 다수.

권선정  전 서원대 지리교육과 교수. 저서 『풍수로 금산을 읽는다』, 『대덕 의 풍수』, 공저 『산·수·풍의 조화를 꿈꾸는 풍수』, 『역사지리학강의』, 논문 「텍스트로서의 풍수경관 읽기」, 「조선시대 읍치의 진산과 주산」 외 다수.

양정석  수원대 사학과 교수. 저서 『한국 고대 정전의 계보와 도성제』, 『황 룡사의 조영과 왕권』, 논문 「고고학적 조사를 통해 본 행주대첩에 대한 재검 토」 외 다수.

박수희  국립고궁박물관 학예연구사. 논문 「조선 후기 개성 김씨 화원 연 구」 외 다수.

서영희  한국산업기술대학교 교양학과 교수. 저서 『일제침략과 대한제국의 종말-러일전쟁에서 한일병합까지』, 『대한제국 정치사 연구』, 논문 「일본 학 계의 병합사 연구와 역사교과서 서술에 대한 비판적 검토」, 「명성황후 다시 보기」 외 다수.

# 창덕궁 깊이 읽기

ⓒ 국립고궁박물관 2012

1판 1쇄 | 2012년 9월 7일
1판 3쇄 | 2014년 12월 31일

엮은이 | 국립고궁박물관
지은이 | 김동욱·유홍준 외 9인
펴낸이 | 강성민
편　집 | 이은혜 박민수 이두루
편집보조 | 유지영 곽우정
독자 모니터링 | 황치영
마케팅 | 정민호 이연실 정현민 지문희 김주원
온라인 마케팅 | 김희숙 김상만 한수진 이천희

펴낸곳 | (주)글항아리　출판등록 | 2009년 1월 19일 제406-2009-000002호

주　소 | 413-756 경기도 파주시 문발동 파주출판도시 513-8
전자우편 | bookpot@hanmail.net
전화번호 | 031-955-8891(마케팅) | 031-955-2670(편집부)
팩　스 | 031-955-2557

ISBN 978-89-6735-012-3 03900